ENSEÑANZAS
del
CRISTO CÓSMICO

El restablecimiento del hilo de contacto

ENSEÑANZAS
del
CRISTO CÓSMICO

El restablecimiento del hilo de contacto

ELIZABETH CLARE PROPHET

Gardiner (Montana)

ENSEÑANZAS DEL CRISTO CÓSMICO   Primer volumen
El restablecimiento del hilo de contacto
de Elizabeth Clare Prophet
Edición en español Copyright © 2022 The Summit Lighthouse, Inc.
Todos los derechos reservados.

Título original:
Teachings of the Cosmic Christ
Restoring the Thread of Contact
de Elizabeth Clare Prophet
Copyright © 2021 The Summit Lighthouse, Inc.
Todos los derechos reservados.

A excepción de un solo ejemplar para uso personal y no comercial, ninguna parte de este libro puede utilizarse, reproducirse, almacenarse, publicarse o transmitirse de ninguna forma y por ningún medio sin permiso escrito, excepto por críticos, quienes podrán citar breves extractos para una reseña.

Para obtener más información, póngase en contacto con
The Summit Lighthouse, 63 Summit Way, Gardiner, MT 59030 USA
Tel: 1-800-245-5304 o 1 406-848-9500
info@SummitUniversityPress.com
www.SummitLighthouse.org

Library of Congress Control Number: 2022947632
(Número de control de la Biblioteca del Congreso: 2022947632)
ISBN: 978-1-60988-428-4 (rústica)
ISBN: 978-1-60988-429-1 (libro digital)

SUMMIT UNIVERSITY 🔥 PRESS ESPAÑOL®

The Summit Lighthouse, Summit University, Summit University Press, Summit University Press Espanol, 🔥, Iglesia Universal y Triunfante (Church Universal and Triumphant), Guardianes de la Llama (Keepers of the Flame) y *Perlas de Sabiduría (Pearls of Wisdom)* o sus equivalentes en inglés son marcas registradas en la Oficina de Patentes y Marcas de los Estados Unidos y en otros países. Quedan reservados todos los derechos sobre su uso.

25 24 23 22   1 2 3 4

ÍNDICE

PRÓLOGO   vii

PRIMER CAPÍTULO   1
El restablecimiento del hilo de contacto
(8 de enero de 1979)

SEGUNDO CAPÍTULO   65
Una transferencia de poder
(17 de enero de 1979)

TERCER CAPÍTULO   103
La meta del discipulado
(23 de enero de 1979)

CUARTO CAPÍTULO   207
La iniciación del resplandor solar
(26 de enero de 1979)

QUINTO CAPÍTULO   265
La iniciación del Espíritu Santo
(6 de febrero de 1979)

SEXTO CAPÍTULO   313
El manto del Cristo
(23 de febrero de 1979)

NOTAS   351

PRÓLOGO

El sendero espiritual, con su mística meta de unión con Dios, es sencillo como idea: Dios es Amor. Pero si los sencillos preceptos que yacen en el seno de todas las religiones del mundo bastaran, habríamos alcanzado la meta de la ascensión hace muchas encarnaciones. Se necesita algo más que buenas intenciones y pureza de corazón. Se necesita un guía.

Ya sea que ese guía nos sea conocido como instructor, gurú o maestro, él ve nuestra realidad interior y eterna e instruye a nuestra alma a través de las difíciles iniciaciones del Sendero. El maestro nos abraza mientras trascendemos las limitaciones de la personalidad humana y nos integramos con la presencia personal de Dios.

Maitreya fue el Gurú en la antigua escuela de misterios descrita en la alegoría del Génesis como jardín del Edén. En Oriente se lo conoce a través de la tradición budista: Gautama profetizó a sus discípulos que el Señor Maitreya descendería tras un período de oscuridad para presidir sobre una futura era de iluminación.

Actualmente los budistas esperan la venida de Maitreya de una manera muy parecida a como los cristianos esperan la Segunda Venida de Jesús. Sin embargo, Maitreya *está aquí*. Este maestro lleva dando sus enseñanzas en Occidente a través de Mark y Elizabeth Clare Prophet, Mensajeros de los Maestros Ascendidos, desde la década de 1960. En 1970, Maitreya convocó a un grupo de estudiantes para que estudiaran sus enseñanzas y se conectaran de nuevo con su corazón, el corazón del Gurú.

Enseñanzas del Cristo Cósmico deja constancia de las profundas enseñanzas personales impartidas a un grupo de estudiantes. Únase a ellos ahora. Aquí hallará claves valiosísimas para acelerar su sendero espiritual. Aprenderá a restablecer y fortalecer el hilo de contacto con su instructor interior y su gurú, y aprenderá a prepararse para las iniciaciones que afrontan todos los que quieren recorrer el Sendero que lleva al Origen.

Tómese este libro como un manual de viaje hacia su destino final. Maitreya enseña el camino y le invita a que lo inicie; y enseña cómo, en el mundo actual, uno puede seguir de verdad los pasos de Jesús, de Gautama y de todos los que han hallado su Realidad suprema.

Los editores

PRIMER CAPÍTULO

El restablecimiento del hilo de contacto

Si tuviera que responder a la pregunta: «¿Cuál es el don más grande que nos dan los Maestros Ascendidos?», de inmediato contestaría que es su persona, la persona del gurú. En realidad, la enseñanza no es enseñanza sin la persona.

¿Qué es la persona? La persona es la integración de la enseñanza, de la Trinidad de Dios y de la Madre, en una percepción autoconsciente que vive, se mueve y respira, una llama de Dios en acción. Entonces, gracias a la acción y al movimiento, gracias a la interacción de la persona, conocemos la enseñanza.

Esto es el gran regalo que nos dio Jesucristo: *no que él fue el Cristo, sino que fue Jesús*. Él era el Cristo antes que Abraham fuese,[1] eterno como el Hijo de Dios. Pero el gran regalo es que, de su libre albedrío, respondió a la orden de Dios y se convirtió en el hombre llamado Jesús. La Palabra se hizo carne. Jesús se convirtió en la persona, personificando una luz que, sin la persona, no era comprensible.[2]

Cuanto más recorremos el Sendero y cuando más iniciaciones atravesamos, las cuales ponen a prueba los límites absolutos de la capacidad de nuestro ser, más agradecidos estamos por la persona. En medio de la noche más oscura, siempre podemos acordarnos de una persona, pero no lo podemos hacer de un vapor, de un éter, de algún tipo de concepto etéreo y metafísico sobre Dios. Podemos recordar la sonrisa de nuestro instructor, y podemos recordar que una persona, *el gurú,* nos ha amado de una forma personal.

Y el amor del gurú es el amor de Dios. Es infinito. Va más allá de la capacidad de comprensión de cualquiera de nosotros, excepto el comprender la única gran verdad, que somos amados total y completamente. Lo hemos leído en un libro: Dios te ama. Pero cuando nos encontramos con la persona de carne y hueso que como gurú nos ama totalmente, sabemos que Dios nos está amando —«que os améis unos a otros; como yo os he amado»[3], que es lo que Jesús dijo a sus discípulos—, entonces estamos seguros.

No estamos seguro del todo hasta ese momento simplemente porque hora tras hora y día tras día lidiamos con una fuerza que está en la Materia como anti-Materia y con su condenación, su menosprecio, su crítica. Parece que es el mismísimo polvo que forma parte de la Tierra, y el hombre está formado «del polvo de la tierra».[4] Las motas de condenación forman parte de la conciencia caída de la mente carnal, de los luciferinos, etcétera.

Eso no es real. Con eso no estamos sintonizados. Pero después de vivir momentos de dicha, en la luz y en un gran resplandor que desciende, cuando volvemos a la normalidad de nuestra casita, nuestra pequeña morada que es nuestro templo, en el que vivimos con nuestras pequeñas costumbres y nuestros modos, cuando volvemos a ese sitio, en comparación con la luz tan grande de Dios que hemos vivido, ese sitio parece inferior e inadecuado para recibir la luz. Por tanto, es fácil tener un sentimiento que nos lleva a condenarnos a nosotros mismos, porque la luz es grandísima.

Eso es lo que significa realmente la noche oscura del alma y la Noche Oscura del Espíritu: ser muy conscientes de esa intensidad de luz a la vez que somos conscientes del karma que nos queda por transmutar. De ahí que se albergue la vibración del desmerecimiento. Por tanto, en medio de este sentimiento de desmerecimiento mientras subimos por la montaña del Sendero a lo largo de los años, nos encontramos con la persona del gurú que está en la carne, que podrá tener la apariencia de las costumbres y fragilidades humanas, así como de las cualidades humanas, como nosotros, porque si no fuera así no podríamos equipararnos con esa persona.

Ella nos es suficientemente cercana de modo que se puede relacionar con nosotros, pero a través de ella resplandece la intensidad del amor cósmico personalizado. Y esa persona, dedicada a nosotros por completo, transmite el mensaje «te amo» de un Dios que parece demasiado lejano para que podamos imaginarnos que podemos llegar a él o comprenderlo.

Dios como persona

Este amor como persona se me manifestó en nuestro amado Lanello, en Mark Prophet. En él vi al gurú. Y mientras meditaba en el Señor Maitreya y su mensaje de hoy para ustedes, que es el primer mensaje de las Enseñanzas del Cristo Cósmico en Summit University, me llenó un sentimiento hacia Dios como persona.

El Señor Maitreya, como saben, es el Señor Dios que estuvo con Adán y Eva en el Edén. Él hablaba con ellos, les daba instrucciones, era un amigo muy personal e íntimo de Adán y Eva. Es la misma presencia de la persona.

Entonces llegó la serpiente junto con el argumento intelectual —un argumento filosófico e ideológico— y la fascinación del cuerpo mental con esa ideología se convirtió en la antítesis del amor personal del gurú; se convirtió en algo más intrigante, más fascinante, más estimulante y elogiador que el amor puro y simple del gurú hacia su chela.

La serpiente ofrece lo llamativo, el elogio, la atención al yo inferior. Parece ser el amor que buscamos, pero no puede entregar nunca el bien. Nunca puede ser fiel hasta el final. No tiene la capacidad de contener amor. Puede contener un intercambio mecánico de personalidades y desde luego puede utilizar su magnetismo para adornar y hacer que uno se sienta estupendamente. Pero no es esa cualidad muy, muy especial del amor del Padre hacia su hijo que el verdadero gurú es capaz de impartir.

Esto es lo más sorprendente que tiene la persona de Jesucristo con respecto a Pedro y los apóstoles. Ellos tenían imperfecciones patentes. Pedro con su impetuosidad incluso se convierte en instrumento de Satanás. Cuando Jesús le dice que va a atravesar la crucifixión como la iniciación más intensa, Pedro no es capaz de comprenderlo y con mucha impaciencia dice: «En ninguna manera esto te acontezca».[5] Y luego está el dubitativo Tomás y las preguntas y las dudas. Con todo lo que soportó con sus discípulos, Jesucristo aún los amó con ese amor perfecto de Dios.

Lo que más asombra del amor del gurú es que este, por ser quién es, lo ve todo de nosotros. Sabe lo que somos, sabe cuáles son nuestras debilidades, conoce las cosas que hemos hecho, sabe cuándo mentimos y cuándo decimos la verdad, sabe cuándo tratamos de tapar esa creación humana. Sin embargo, nos ama, nunca deja de hacerlo, nunca deja de ver al Dios que somos. Recuerdo que Jesús me amaba de una manera personal, aunque yo era imperfecta. Y recuerdo que Mark Prophet me amaba de una manera personal, aunque yo era imperfecta. Para mí, ese es el gran milagro de Dios.

Perfección e imperfección humana

La gran mentira de los caídos es que debemos llegar a ser perfectos antes de ser aceptables ante Dios, antes de ser dignos de comulgar con él, de estar con él o de ser amados por él. Los gurús falsos han llegado a donde están porque tienen un enorme empuje por lograr esa perfección. Han llegado y han dicho: «Puedes dominar tu conciencia haciendo esto, esto, esto y esto».

¿Por qué respondemos nosotros? Por la acción del péndulo entre la condenación de uno mismo, que dice: «Sea cual sea el medio a mi disposición, tengo que salir de este estado en el que me siento indigno», y la necesidad de recibir elogios, al pensar uno en realidad, bajo toda esa condenación, que es una gran persona y al estar feliz de encontrar a alguien que le dé elogios y lo reafirme. Esto es el balanceo del péndulo que tiene el problema del ego: engrandecimiento y denigración de uno mismo, que están a la derecha y la izquierda, siendo el más y el menos. Las dos cosas son perversiones del ego real del Cristo.

Al responder a esas necesidades humanas y del ego, aceptamos a los gurús falsos que nos van a enseñar a ser perfectos para que podamos acudir a Dios y decirle: «Mira, ahora soy perfecto. Ahora puedes aceptarme». Entonces los caídos querrán que demos un paso más y digamos: «Dios, ahora tienes que aceptarme. Ahora *debes* aceptarme, porque he llegado a ser perfecto». Esa es una gran sutileza que invade nuestra conciencia en el Sendero. La esencia de la caída de Lucifer es su intento de controlar a Dios llegando a ser un adepto. Él pensó que era tan grande que le daría a Dios un ultimátum y Dios tendría que sucumbir. Él es el maníaco original con ansias de poder, el deseo de controlar al Gurú, Dios, llegando a ser omnipotente a través de una perfección mecánica.

Ustedes volverán a escuchar esta conferencia al final de este trimestre de Summit University porque creo que entonces lo entenderán mucho mejor. Este es el punto crucial del Sendero. La búsqueda de la perfección humana conlleva un gran orgullo.

La gente cree que soy una Mensajera porque me he hecho humanamente perfecta. Me hace gracia. La gente me entrevista y da por sentado que soy humanamente perfecta en muchos sentidos. No. Soy una Mensajera porque Dios ha decidido estar donde yo estoy y porque me ama a pesar de mis imperfecciones. Y esa es una diferencia muy, muy grande. Recuerden que son chelas porque Dios ha decidido estar donde ustedes están, en su corazón, y no porque hayan hecho alguna cosa buena, grande y maravillosa en lo humano.

¿Quiere eso decir que no podamos complacer a Dios haciendo buenas obras? No. Pero las buenas obras con las que lo complacemos siempre se hacen por su gloria y con una gran alegría en el ritual, en el hacer algo por amor a Dios sin pensar que lo que hacemos, de hecho, es algo que hacemos para perfeccionar el alma. El alma va logrando la perfección porque nosotros ponemos en marcha los engranajes de nuestras energías y de nuestro ser para realizar el mayor bien que seamos capaces de comprender.

El secreto está en no dejar que la conciencia humana se atribuya el mérito ni piense que *ella* es la que se está perfeccionando. Eso es lo que hace la mente carnal. La mente carnal no quiere rendirse, no quiere ceder, por lo cual pretenderá ser una persona perfecta al tiempo que es una gran serpiente.

El amor de Lancelot por Ginebra

En los relatos de Cámelot y los caballeros de la mesa redonda hay historias sobre mujeres capaces de hechizar a la gente. Hasta en la versión de Cámelot de John Steinbeck, *Los hechos del rey Arturo y los caballeros de la mesa redonda (The Acts of King Arthur and His Noble Knights)*, Lancelot ve a una mujer que cree que se ha convertido en hechicera. El mensaje que uno recibe es que la hechicera, la bruja o el brujo es capaz de manifestar el yo perfecto, la forma perfecta, el rostro perfecto. Sin embargo, Lancelot sabe que detrás de ese rostro hay una serpiente, un dragón, un monstruo.

Hay cuatro reinas. Una sale del norte, otra sale del sur, otra sale del este y otra, del oeste. Ellas hacen caer a Lancelot en una trampa y lo encierran en un castillo, todo ello siendo una ilusión. Es un castillo ilusorio con una mazmorra ilusoria. Ahí lo retienen, ofreciéndole cada una de las reinas algo a cambio de que él dé su alma y su vida. Sienten celos de Ginebra porque él la ama solo a ella. Se le conoce por ese motivo y jamás se apartará de ese amor.

Le ofrecen poder y todas las cosas que una mujer pueda ofrecer en todos los aspectos de su ser. Él rechaza todas las cosas y les da un discurso sobre su impactante belleza, cada cual más hermosa que la otra. Pero les dice que no puede creer o saber con seguridad que eso es lo que ellas son, que detrás hay un monstruo, el dragón, la vieja bruja, la vieja bruja de verdad, y que la hechicera tiene el poder de ponerse la máscara.

Entonces Steinbeck hace que Lancelot diga lo siguiente, que es fundamentalmente la esencia de lo que diría el gurú. Lancelot expresa su amor por Ginebra y dice que podrá ser imperfecta, que podrá no ser tan hermosa, que podrá no ser esto o aquello, pero «Ginebra es Ginebra».

Esta es toda la esencia de su amor: lo que ella es, es real. Él la ama por el hecho de que es real, y esa realidad incluye la imperfección. No se deja engañar por la mentira mecánica de la serpiente que dice: «Soy mejor que Dios. Soy mejor que sus hijos e hijas porque tengo esta perfección mecánica y la capacidad de manipular la sustancia de la Materia con toda esta brujería y esta magia y todas estas proezas como muestras de poder».

Lo que ve el gurú

Sin el amor de Dios como persona hacia nosotros de manera individual, nunca logramos triunfar del todo en el Sendero, porque cuando aceptamos los granos de arena, las motas de polvo de condenación hacia nosotros mismos, empezamos a creer con bastante seguridad que esa es la opinión que el gurú tiene de nosotros. Pensamos que lo que nos lleva a condenarnos a nosotros mismos es lo mismo por lo que Dios nos condena, por lo que el Mensajero nos condena, por lo que el gurú nos condena.

Los caídos nunca nos dejan en paz. Amplifican cada acto equivocado que hayamos hecho. Lo enseñan como ejemplo del desmerecimiento que tenemos y hacen que creamos que ellos son el gurú hablándonos en nuestra conciencia, que son Dios que está hablando, y que debemos ser condenados para siempre.

Bien, un Dios que nos condena es un Dios al que odiamos. Odiamos al Dios que nos condena. Los caídos lo saben. Si pueden hacerse pasar por el gurú, condenarnos y hacer que aceptemos la condenación y que nos creamos la mentira de que el gurú es quien nos condena, entonces odiaremos al gurú, entonces tendremos que separarnos del gurú, tendremos que desvincularnos de la persona de Dios. Esta trampa es muy sutil, *muy sutil.*

He descubierto que Dios en la persona del Guardián de los Pergaminos tiene una conciencia muy precisa, coma por coma, punto y coma por punto y coma, acerca de todo lo que hemos hecho. ¡Gracias a Dios que Dios no lee el libro y los registros del Guardián de los Pergaminos cada día! También he descubierto que Dios en la persona del Cristo tiene una conciencia completa sobre la totalidad de nuestro ser real y puede ser consciente de nuestras fragilidades e imperfecciones humanas.

Pero Dios en el corazón del gurú, la Virgen María, la Madre María, es el corazón inmaculado que solo ve lo que es real y lo que es luz. La gran cualidad de la Madre del Mundo es que no puede recordar las diabluras y las pequeñas travesuras de sus hijos. Parece que malcría a sus hijos, porque hagan lo que hagan que no esté en el Cristo ella no puede contenerlo, no puede verlo, no puede recordarlo. Ese estado de conciencia es casi inimaginable, pero es real. La Virgen María me ha dado ese don. No puedo acordarme de los pecados, como los denominan, de los chelas. Cuando me encuentro con chelas, cuando los veo, no retengo nada, sino la realidad y la perfección del chela. Pero también retengo y soy consciente de lo que podría llamarse imperfección humana, que forma la personalidad y que determina por qué todos sus rostros son distintos, sus posturas son distintas, por qué han aparecido a través de razas distintas, etcétera. Esas cosas no tienen por qué ser malas, simplemente son las cosas que hacen que sean como son. Todo el mundo sabe que hemos llegado a ser como somos a través de una combinación de nuestro karma y nuestro cuerpo etérico, nuestro cuerpo causal.

Por tanto, el gurú no solo ama lo que es perfecto en ustedes. El gurú los ama tal como son ahora mismo.

Dios tiene muchos niveles de conciencia. En las escrituras leemos que odia ciertos estados de vicio y de mal, y las obras de los caídos. Le desagradan mucho ciertas vibraciones. Pero en lo que respecta a sus hijos, a los que ha creado, ama al niño, aunque pueda odiar la capa de conciencia que le haya sobrevenido a ese niño. Y podrá defender al niño vigorosamente contra la intrusión del escorpión y la víbora dentro del hogar de ese niño. Maitreya dijo que la Hermandad y él mismo, el Gurú, defienden a los chelas contra los chismes, la condenación y las críticas siempre que los chelas también defiendan a la Mensajera.

Un amor verdadero

Entendiendo cómo nos ama Dios, también tenemos a nuestra vez que amar al gurú a ese nivel. Sabemos que el gurú no nos ama por nuestra perfección mecánica, por lo cual no debemos amar al gurú porque pensemos que el gurú tiene una perfección mecánica. Esto se convierte en idolatría, un culto a la personalidad.

La vibración del culto a la personalidad es inconfundible. Cada vez que veo a alguien que me ama porque soy mecánicamente perfecta y porque entonces me convierto en un adorno de su ego y por eso les conviene conocerme y estar conmigo, cada vez que estoy cerca de gente así salgo corriendo, desaparezco, no quiero estar presente. Y me tengo que marchar porque no tienen comprensión alguna de por qué estoy aquí o quién soy. No me aman por quien soy de verdad: un alma que ha incurrido en karma y que ha cometido errores, que se está esforzando, que se ha unido a Dios y que puede dar la opción a otros de lograr la misma unión.

Si alguien no los ama tal como son y tal como han sido, ese amor no es verdadero. Cuidado con esa clase de gente. La gente no solo tiene un sentimiento idólatra hacia mí, también lo tiene hacia ustedes. Se casan con nosotros, se hacen socios de negocios nuestros, forman amistades en base a un amor idólatra, por lo que podamos hacer por ellos para adornar su persona y porque creen que uno tiene talentos, dinero, belleza o glamur, lo cual es la imagen que tienen de Dios, un dios humano; en eso consisten las cosas.

Existe la tentación de convertir a los chelas y a los Mensajeros en dioses humanos. Por tanto, al haber puesto esto en evidencia, podemos echarlo todo por la ventana y centrarnos en esta relación real, viva y sencilla que tenemos. Y ustedes, los chelas, como personas, son quienes siempre enseñan al gurú. Los gurús siempre aprenden de sus chelas. Los gurús son gurús porque sus chelas lo son; es una interacción de doble sentido.

La relación gurú-chela

Como Gabriel nos está enseñando en sus *Perlas de Sabiduría,* que ustedes aún no han recibido,[6] el gurú siempre es la polaridad positiva y el chela es la polaridad negativa. El gurú ocupa el impulso Alfa, al enviar el impulso de luz al chela. El chela es el receptor pasivo de esa luz. Sin el chela, la luz no tiene donde afianzarse en la Tierra. Una vez que el chela ha recibido la luz, el impulso del chela es una corriente de amor que regresa y que entonces se convierte en positiva, siendo enviada al gurú como amor activo. Y ese amor activo es el vivir la vida del gurú: «Si no coméis mi carne y bebéis mi sangre, no tenéis vida en vosotros».[7]

Por tanto, cuando ustedes reciben la enseñanza y la luz, primero la reciben como un receptor pasivo; la asimilan, se convierten en ella. En esa medida se habrán convertido en el gurú y en esa medida se habrán convertido en la vida que el gurú imparte. En esa medida uno va al mundo para ser la presencia de los Maestros Ascendidos. Así es que ahora *ustedes* son el factor activo, al enviar de manera activa el impulso de luz a otros que están por debajo de ustedes en la escala de conciencia. Ellos entonces se convierten en la polaridad negativa, los receptores pasivos. Jesús dijo que no todos los que dicen «Señor, Señor», entrarán.[8] Cuando dijo «entrar» se refería a entrar en el reino, pero estaba hablando de la conciencia, en realidad estaba hablando de la relación gurú-chela. El Cristo no establece este enorme flujo en forma de ocho con todos los que claman llamando al Cristo.

La relación gurú-chela es un flujo en forma de ocho. El mismo flujo está representado en la Gráfica de tu Yo Divino, entre el gran cuerpo causal y la Presencia YO SOY y su yo inferior. Cuando tenemos a un gurú de verdad, una persona que sea un gurú en la carne y que nos reciba como chelas, esta es la relación que existe. Las veinticuatro horas al día, durante toda la vida, el cuerpo causal del gurú fluye hacia nosotros y nosotros fluimos hacia el gurú. El gurú lava, fortalece, purifica y nos devuelve el yo. Ahora bien, esa es la relación precisa que ustedes deben tener entre el alma y la Presencia YO SOY, con el Cristo en el centro como mediador de ese flujo.

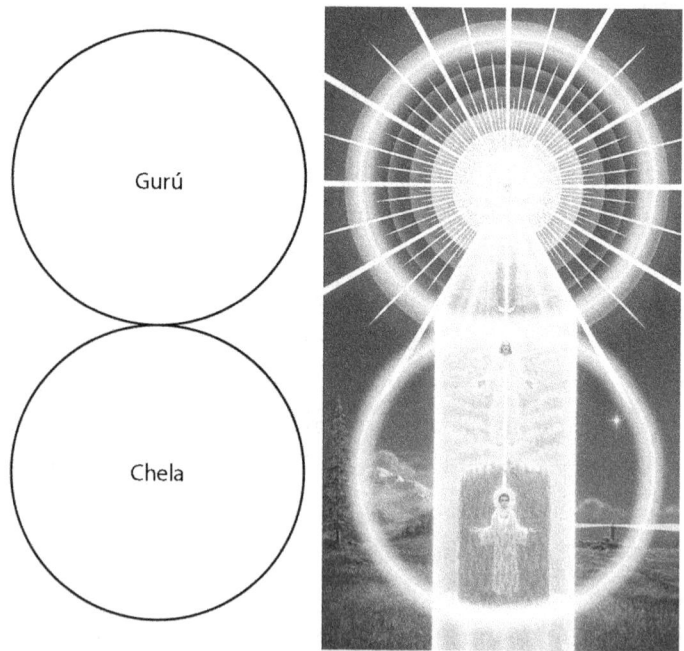

FIGURA 1
El flujo en forma de ocho entre el gurú y el chela.

Serán «los vivos»⁹ si mantienen las veinticuatro horas del día el flujo entre su yo inferior y su Yo Superior. Una vez fueron «los muertos», pero ahora están vivificados por la presencia de la luz y la persona de los Maestros Ascendidos. Este proceso es un despertar y una vivificación de cada célula y átomo de conciencia. Ninguno de ustedes tiene el cien por cien del flujo de su cuerpo causal hacia su yo exterior. Si lo tuvieran, tendrían una conciencia Divina y una maestría sobre ustedes mismos mucho mayor. Pero esa es la meta.

El Mensajero se convierte en el mediador hacia esa meta, al entregar la luz por la cual ustedes van adquiriendo cada vez más conciencia sobre la persona de Dios. No habrán visto a la persona de Dios Padre a no ser que hayan visto al Hijo. Y deben ver al Hijo de carne y hueso. Deben ser capaces de comprender al Cristo en la persona del testigo. Todo lo demás es simplemente su imaginación, lo mejor que puedan conjurar a partir de la Biblia, de historias y de visualizaciones. Pero hasta que el Cristo esté afianzado en la carne y la sangre de alguien con quien tengan esa relación, no comprenderán de verdad qué es la persona del Cristo.

El problema de la idolatría

Puesto que tenemos una tendencia hacia la idolatría y puesto que los caídos se aprovechan de ese hecho, la mayoría de las personas que se consideran religiosas hoy día son idólatras, idólatras hacia la persona del hombre llamado Jesús, sin haber entendido nunca el significado de Cristo en la carne.

Esto es algo que a algunos de nosotros nos resulta fácil de entender y otros se lo toman con gran estupor, el pensar que quizá a Jesús se le ensuciaban los pies y se los tenía que lavar, que sudaba, que se le ensuciaba la ropa, que comía como la gente normal y corriente, que se podía enojar o molestar, enojarse con los saduceos y molestarse con sus discípulos, que podía tener momentos de gran dolor, pesadumbre y lamentación y momentos de alegría, que pudo tener un momento de indecisión en el huerto de Getsemaní durante unas horas, afrontando en agonía la decisión de si pasaría o no por la crucifixión, decidiendo finalmente que lo haría.

Si uno habla la idea de que, como apunta Gabriel en sus *Perlas,* Jesús en una vida anterior fue David y tuvo imperfecciones, para el idólatra esto destruye a Jesús. Lo destruye absolutamente porque la única forma en que lo puede ver es como la estatua de un dios perfecto que ha bajado a la tierra. Y por eso, la idea de que pudo haber sido David, con todo lo que David pasó, es detestable. Pero para mí no lo es en absoluto, sino que es una gran gloria para la corriente de vida que pudiera vivir todas las fases de la experiencia humana y aun así buscar al Dios vivo, y aun así llegar a ser Dios.

Hay que ser Dios lo suficiente para comprender la pureza de David. Son los malvados, los demonios y los caídos quienes le imputan esa gran impureza de su ser.

Pero cuando uno está en Dios y puede fluir y comprender su conciencia, uno se da cuenta de que, con todo lo que atravesó, tenía una gran pureza. Su alma era la misma alma que había en Jesús. Y sus otras encarnaciones del Antiguo Testamento —José, el más joven de los hijos de Jacob; Abel, hijo de Adán a quien Caín mató; y Josué, que guio a los hijos de Israel con Moisés al mando—, todos ellos fueron la persona de Jesús, que culminó en Eliseo, que estuvo con el profeta Elías.

Estas encarnaciones nos dan un conocimiento enriquecido sobre cómo un ser Crístico encarnado se comporta en medio de una batalla, en medio de un pueblo contumaz, cómo resuelve su karma, cómo lidia con los que fueron sus discípulos, cómo se equivoca, cómo pasa por la agonía de su pecado, invoca la ley del perdón y finalmente expía ese pecado. Esto hace que la persona sea real; y esa persona les dice a ustedes: «Puesto que yo lo he hecho, tú también puedes hacerlo».

El hombre-Dios en Mark Prophet

Las palabras que les estoy diciendo en realidad no son la esencia de mi mensaje. La esencia de mi mensaje es el sentimiento, el amor y la impartición de luz que les da la capacidad de apreciar a esta persona del gurú que es imperfecta. Jamás ha habido un gurú que fuera perfecto, nunca. La naturaleza de la perfección de Dios dice que no estarían en la Materia si fueran perfectos.

Debido a que valoro muchísimo a esta persona y esta relación personal, hoy voy a empezar con Mark Prophet dando el primer dictado del Cristo Cósmico, el Señor Maitreya, del que tenemos una grabación. Este dictado tuvo lugar en la ciudad de Nueva York, en 1960. No conocemos el mes o el día, ¿se imaginan? Sé que tuvieron lugar unas clases en la ciudad de Nueva York y es posible que podamos investigar la fecha mirando el historial de los viajes que realizó Mark a esa ciudad.[10]

Les pongo esta grabación porque quiero que escuchen la voz de Mark como la escuché yo. Oí por primera vez esa voz en abril de 1961, en Boston, cuando dio un dictado del Arcángel Miguel. Este dictado es de un año antes (yo no lo conocía en aquel entonces) y aquí está Maitreya dictando.

Maitreya es el gran iniciador de nuestra alma. Cada dictado que da Maitreya contiene una iniciación tácita. El desafío al que se enfrenta esta clase de Summit University consiste en escuchar los dictados de Maitreya y meditar con el Cristo Cósmico a través de su Ser Crístico para determinar cuál es la iniciación de cada dictado. Les puedo decir con tres palabras cuál es la iniciación del dictado de Maitreya de la conferencia que escuchamos ayer.[11]

A raíz de la iniciación principal cada uno de ustedes tendrá una iniciación secundaria, que será la adaptación de la luz a su alma en su actual estado de evolución. Cada dictado no es del todo único para cada persona que lo escuche. Cada dictado tiene una finalidad específica y esa finalidad, esa iniciación, se puede expresar de una forma muy breve. Pero hacen falta más párrafos para describir cómo ustedes se relacionan con ella y cómo ella se relaciona con ustedes, porque eso siempre depende de la persona.

Cuando Mark dio este dictado, yo estaba buscando a Saint Germain y a El Morya, cuando era una estudiante en Boston. Y quiero subrayar que siempre, desde que tengo uso de memoria, he estado haciendo y he hecho lo mejor que sé para ser la mejor discípula, la mejor seguidora de Jesucristo y los Maestros Ascendidos, considerando el material que tenía. Y todo lo que tenía en aquel momento era simplemente la Biblia, la *Ciencia y salud con clave a las Escrituras* y otros escritos de Mary Baker Eddy (que fue el sendero que encontré de niña), los tres libros del «YO SOY» y unas afirmaciones «YO SOY». Eso es todo lo que tenía como lecturas espirituales.

La gente siempre cree que lo debo haber leído todo sobre el campo de lo oculto, pero nunca he leído esos libros. Nunca he tenido la necesidad de leerlos. He tenido la llama directa de Dios. Eso fue todo lo que tuve. Y a través de eso tuve el contacto absoluto con los Maestros Ascendidos, con Dios Padre, Dios Hijo y Dios Espíritu Santo.

Nos encontramos con gente erudita que lo ha leído todo y que nunca ha establecido ningún contacto, porque lo intenta hacer con el cuerpo mental en vez de hacerlo a través del alma y su elevación al plano de la Presencia YO SOY. Con ese material y siguiendo su enseñanza, yo había llegado tan lejos como me fue posible llegar sin un gurú. No podría haber dado un paso más hacia mi salvación personal o hacia las iniciaciones en el Sendero. Me hacía falta encontrarme con Dios en la carne para saber qué estaba haciendo bien, qué estaba haciendo mal y qué problema tenía la percepción subjetiva de mi conciencia. Tenía muchas ideas equivocadas que había aceptado simplemente porque se habían ido arraigando en mí con el paso de los años.

Fue necesario que me encontrara con el Mensajero personal. Por eso estoy tan agradecida por la venida a Summit University de la persona del Cristo Cósmico y de la persona del Mensajero Mark Prophet. Hasta que no les llegue ese día, no avanzarán en el Sendero. Esa es la verdad absoluta.

Esa relación, la relación gurú-chela, ha estado sujeta a ataques en los últimos meses debido a las acusaciones contra las «sectas». Pero el ataque más grande a la verdadera relación gurú-chela es el que hacen los gurús falsos, que exponen un sendero paralelo que atrapa a muchas almas de luz en sus círculos. Y luego vemos a padres y otras personas, que se van dando cuenta y no se dejan engañar por sus manipulaciones, por su hipnotismo y todo eso. Sin embargo, a pesar de los ataques a la llama de los profetas y a su relación con la gente de Dios, tengo que decir la verdad absoluta: el chela llega hasta donde llegue su percepción subjetiva. El chela debe encontrarse con el hombre-Dios.

Por tanto, aquí está el hombre-Dios, empezando con la invocación antes del dictado.

Invocación de Mark Prophet

Adorable Presencia Divina, semilla grande y magnífica de fuego eterno plantada en nuestro corazón para expandir su resplandor hacia nuestra vida, nos inclinamos adorándote agradecidos por tu Presencia en el universo y en nosotros, sustentándonos a cada momento de cada hora.

Invocamos aquí la Presencia de nuestro amado Saint Germain, de nuestro amado Señor Morya El, de todos los chohanes de los rayos, las damas del cielo, las huestes angélicas, el Gran Consejo Kármico, la magnífica Diosa de la Libertad y todos los que están relacionados con el fuego sagrado. Y pedimos que nos rodeen a cada uno de nosotros con su gran amor, el cual borra de forma automática todos nuestros pensamientos que no se correspondan con los propósitos eternos.

Te pedimos, oh, Padre Eterno, gran Presencia YO SOY, que hagas de nuestro corazón y nuestra conciencia un cáliz eterno y que podamos recibir el resplandor y el beneficio de la radiación de nuestro querido Maitreya, que viene a nosotros y nos habla con su corazón, su amor y su compasión.

SEÑOR MAITREYA
18 de septiembre de 1960

La imagen de Dios

Saludos, hijos del Altísimo. Con un manto de perfección divina y luz eterna, ahora os cubro con la infinita Presencia de vuestro Padre y el mío.

Comprender su perfección es llegar a ser como Él. Ser consciente de su luz es manifestarla. Pensar como Dios piensa es ser como Dios es: vida, luz y amor.

La paz sea con vosotros en el nombre del Cristo Cósmico y por el manto del Buda. Que cada uno de vosotros se reconozca a sí mismo como un ser espiritual en desarrollo, creado por Dios y destinado a ser un centro radiante de luz en su eterno jardín del Edén eterno. La paz, pues, sea con vosotros.

Hace mucho, cuando el amado Jesús, que hablaba a los hijos de Galilea y Judea, pronunció sus sabias palabras, dijo: «Mostradme una moneda. ¿De quién es esta imagen, y la inscripción?». Y ellos respondieron: «De César». Y les dijo: «Dad, pues, a César lo que es de César, y a Dios lo que es de Dios».[12]

Los hombres, tratando de averiguar los propósitos eternos con el simple intelecto, con frecuencia han malinterpretado la intención que tiene esto. Y parecen creer que su identidad humana, su yo exterior, es un mundo separado de su ser divino.

Hoy deseo enseñaros un poquito del propósito eterno, al utilizar la misma ilustración. Es cierto que la moneda tiene dos caras, pero también es cierto que ambas pertenecen a Dios. Ambas pertenecen a vuestra poderosa y amada Presencia YO SOY.

Mientras os hablo ahora, hay legiones de ángeles en la atmósfera suspendidas sobre este sitio, y derraman su resplandor en la ciudad de Nueva York y entre vosotros. ¿Cuántos de vosotros sois conscientes de que, como hijos e hijas del Altísimo, tenéis el poder de invocar a las huestes angélicas, que son reales y tangibles? ¿Cuántos han olvidado su propósito eterno? ¿Cuántos son capaces de hacer hoy lo que hizo el amado Jesús en Getsemaní, hablarle al Padre y recibir el consuelo angélico?[13]

Vosotros también sois hijos del Altísimo. Algunos lo han olvidado. Y al olvidaros, vuestros poderes han menguado y ya no parecéis capaces de invocar esa protección que la humanidad conoció en su estado edénico. La jerarquía del cielo desea devolveros eso, no solo hoy, sino para siempre.

Nosotros de la Gran Hermandad Blanca, nosotros de la luz, deseamos restablecer en el hombre el poder de eliminar la sombra, deseamos devolveros el poder de la comunión de los santos y la comunión con las huestes angélicas.

Estos ángeles tienen realidad. Los hombres han sonreído; sin embargo, muchos andan por las calles de este mundo gracias a la intercesión de los seres angélicos, que los ayudaron y les devolvieron la salud cuando estaban en lechos de dolor y desgracia que ellos mismos habían creado.

Estos ángeles son reales. Son seres tangibles de luz y fuego. Salen del corazón de Dios, mensajeros alados de luz, amor y poder. Están para que les deis órdenes igual que yo, pero las órdenes siempre deben ser órdenes de luz.

Cuando os encontráis con los que se sientan en las carreteras y los caminos en la penuria, pidiendo la moneda de pago, y se os abre el corazón y metéis la mano en el bolso y sacáis de él una moneda y la ponéis en sus manos, ¿por qué lo hacéis? ¿Para quedar bien ante los hombres o porque extendéis el corazón y comprendéis que se encuentran en un estado inferior al vuestro y deseáis elevarlos a uno superior?

Sin embargo, los hombres saben que el simple dar monedas en sí mismo no resuelve el problema. Pero devolver a esas personas a la plenitud, a que enderecen la espalda, a que corrijan la mente, a que tengan una comprensión adecuada de las cosas, esto eliminaría esta desgracia de vuestra tierra y del mundo.

Y, por tanto, como guías de luz a lo largo de los siglos, han llegado seres cósmicos magníficos a la escena del tiempo. Se han proyectado sobre la pantalla de la vida como una película; sin embargo, fueron hombre y mujeres vivos. Ellos han enseñado el camino de luz.

Muchos han salido de los reinos de luz. Como voces que claman en el desierto,[14] los hombres los han oído. Sin embargo, el mundo ha seguido en la sombra.

Hoy día muchas de las maravillas de la Atlántida se han recuperado para esta Tierra. Vuestros televisores, vuestras radios, el uso de la electricidad, vuestras modernas transmisiones y comunicaciones, todos son reminiscencias de la Atlántida.

Pero, amados corazones, niños de Dios, el simple logro físico y el simple uso de las ciencias físicas no es la maravilla más grande de los tiempos. La maravilla más grande de los tiempos es el milagro de vuestro ser, vuestro ser que dijo, porque está dotado de poder para decirlo: «¡YO SOY!».

Cuando decís así el nombre de Dios, esa es la maravilla de la era, el milagro del ser, el dulce misterio de la vida, esa conciencia de la que estáis dotados y con la que os reconocéis unos a otros y con la que podéis levantar los ojos y vuestra vida hacia el sol y percibir sus rayos que derraman el amanecer de cada día a cada vida. Esto en sí mismo es el milagro de las eras.

Y el don de la vida que Dios da es sagrado. Es sagrado porque ese don de la vida está conectado al fuego sagrado. Y cuando se retira el fuego de vuestra forma física, entonces, por supuesto, no queda nada más que los átomos inertes. Sin embargo, ellos también tienen vida. Y ellos permanecen, pero no están animados.

Por tanto, lo que os mueve y hace que existáis es vuestra poderosa Presencia Divina. Reverenciad y adorad a esa Presencia. Es vuestro Padre y mi Padre. Es vuestro Dios y mi Dios.[15] Este es el Dios de todos los maestros y seres cósmicos. Este es el fuego sobre el altar del cielo ante el cual se hincan todas las rodillas y confiesan todas las lenguas, diciendo con un gran amor y adoración y conocimiento: «¡YO SOY!».[16]

Decir «YO SOY» es todo el poder de Dios. Sentir YO SOY es estar en paz. Pero ser YO SOY es manifestar lo eterno en la forma, en la sustancia y en la dimensión. La victoria la consiguen los que son capaces de percibir su vida no como perteneciente al César, sino como perteneciente a Dios.

No es necesario que los hombres se vuelvan ascetas siempre. No es necesario que los hombres se retiren del mundo como si este no fuera del Padre. Pero es necesario que los hombres transformen el mundo porque, como eternos jardineros, reciben les medios para transformar al mundo y convertirlo en un jardín del Edén, un paraíso de belleza, al utilizar el conocimiento científico y las bendiciones que se les entregan sabiamente y bien, utilizando la religión, no como un medio de engrandecimiento personal o como un medio con el que el ego alivie algunos de sus conflictos, al utilizar la religión como se quiso que se utilizara, como un simple orden de servicio que dirige su conciencia hacia su Yo Superior, para que esa Conciencia Superior pueda responderles y en la respuesta del corazón de Dios pueda salir el rayo de sabiduría y que ese rayo de las alturas pueda enseñarles a transformar el mundo, a transformar sus vidas, a eliminar sus temores, a caminar por la Tierra con dignidad, a llevar las vestiduras de justicia, a ser capaces de tener la vista que ve y percibe a un ser cósmico y se reconoce a sí misma como un ser cósmico.

La Gran Hermandad Blanca es una organización del Espíritu. A lo largo de los siglos y las eras ha dotado a varias personas de poder. Ha formulado planes y conceptos en sus cónclaves sagrados para enseñar a los hombres a hallar la senda de regreso a la luz. Ha establecido iglesias, templos, mezquitas y santuarios por todo el mundo. Muchos se encuentran en la periferia de la luz y otros se encuentran más cerca del corazón del fuego sagrado. Pero estos se han ordenado con un propósito.

Las maquinaciones sacerdotales y la humanidad, al obrar en el reino de la avaricia y el egoísmo, han pervertido sus propósitos. Pero el eterno propósito de Dios no se puede tomar a la ligera. Los hombres han pervertido el plan de Dios solo en la conciencia humana. A niveles superiores este permanece intacto, puro, magnífico y glorioso, con la gloria de lo Eterno que emite su resplandor en todo momento. A lo largo de todo el tiempo y el espacio llena e impregna la vida y devuelve la salud, la fortaleza y la vitalidad al universo.

Porque el universo, el universo físico, no es más que un reflejo de un mundo grande y macrocósmico de Dios que sostiene en sus brazos y en sus manos como un cáliz de belleza, donde él puede derramar las esencias de su Espíritu y dirigir esas esencias para que asuman las formas y los seres santificados de grandiosidad y gloria, cuerpos indestructibles, mentes llenas de sabiduría, poder y gloria divina y el reino que se acerca.

Por toda la cristiandad ha sonado la exclamación: **¡Venga tu reino! ¡Hágase tu voluntad, como en el cielo, así también en la tierra!**[17]

Este mantra eterno, pronunciado a través de la boca de miles de hijos del Eterno, aunque no lo sepan, ha producido un llamado que ha llegado al mismísimo corazón del cielo, al rasgar el velo humano y traer poder a esta Tierra, el poder del fuego sagrado que resplandeció en los altares de la Atlántida y que resplandece sobre el altar aquí, hoy, para haceros conscientes de vuestro destino eterno.

La humanidad enfoca su atención en lo efímero. La humanidad mira y contempla las luces brillantes de las calles de Nueva York y del resto del mundo. Sus ojos se quedan fijos en el poder de sus televisores. Sin embargo, ¿quién declarará que no llegará el día en que nuestro rostro se proyecte sobre ellos? ¿Quién puede decir que los seres cósmicos no den algún día sus directrices a través de estas mismas vías y canales? Y entonces, puesto que el tema es correcto, la humanidad tendrá ayuda para dirigirse hacia su libertad eterna.

¿Qué buscáis, hijos de la humanidad? ¿No buscáis ser libres de la carencia? ¿No buscáis ser libres del temor? ¿No buscáis la paz, la victoria, la luz, el amor? ¿No deseáis que se os ame? ¿No deseáis que no se os rechace? ¿Por qué?

La mayoría de vosotros (casi todos vosotros, creo) a veces tiene un sentimiento al que yo llamaría un «sentimiento de progenitor». Esto es de Dios. Tenéis un sentimiento de progenitor, de padre o de madre, hacia alguna parte de la vida. Recordad, queridos, que el Padre tiene un sentimiento de progenitor hacia cada uno de vosotros. El Padre eterno es vuestro padre y vuestra madre.

Por tanto, es necesario que los hombres comprendan la condición de mediador, que comprendan que está su Presencia y que, en un sentido de la palabra, ellos también son mediadores al tomar los rayos de luz del cáliz de su ser e irradiarlos al mundo, actuando, pues, como YO SOY el que actúa al dispensar la luz de Dios.

En un sentido, podría utilizar la ilustración prosaica de una hermosa pradera de verde hierba y bellas flores de todas clases, de una hermosa niña que camina por la pradera y arranca esas flores y llena una cesta con ellas, símbolo, pues, de la gracia de Dios.

Y puesto que ella es una mediadora del Sol eterno, el cual florece a través de esas flores, se lleva las flores a su casa, a su comunidad y ciudad, y las va pasando entre los niños y la gente de la ciudad. Y así, la esencia, la dulzura y la fragancia de la flor se esparce, y muchos pueden recibir la generosidad de la luz y el sol. Así se quiere que sean las cosas.

Todos vosotros sois mediadores, si queréis, mediadores de la luz eterna de Dios, como YO SOY, como fue el Cristo.

Recordad las palabras de Jesús cuando ellos dijeron: «¿Tú quién eres?». «Antes que Abraham fuese, yo soy», fue su respuesta.[18] Y así, amados corazones, vosotros también podéis decir: «Antes que Abraham, antes que Adán fuese, "¡YO SOY!"».

Porque antes de que llegara a existir la discordia en este planeta, Dios percibía toda la perfección en toda la vida, y hasta el presente nunca ha dejado de percibir aquí solo la perfección. Sois vosotros, benditos, quienes habéis fallado de alguna forma. Pero esto no tiene porqué continuar, porque el propósito de la religión, el propósito de la vida, es manifestar su eterno destino.

Yo le daría la vuelta a la moneda. Yo no enseñaría la imagen del César, ¡sino la imagen de Dios! La imagen de Dios es tan hermosa que una descripción con palabras no basta y solo podría transmitiros qué gloriosa es con mi sentimiento y mi radiación.

¿Quién puede describir al Eterno? Los filósofos de las eras, los grandes oradores de todos los tiempos, incluso Daniel Webster y los oradores romanos y griegos y los filósofos, no podrían describirlo. Ninguno de los grandes ha emprendido la descripción del Eterno; han hablado de Sus atributos.

Y hoy solo añadiría mi luz a este santuario y a estas palabras, aumentando la intensidad de esa luz y ordenando en el nombre de Dios, YO SOY: **¡Aumenta, aumenta, aumenta!, oh luz de la sabiduría eterna del fuego sagrado, y deja que los hijos de esta Tierra lleguen a conocer más la belleza de Dios. ¡Engrandécela diez mil veces!**

Yo, Maitreya, lo ordeno, al desplegar mi estandarte que dice que esta era de oro será porque el Eterno lo ha dicho, y Él no fallará.

¡La luz de Dios no fallará, la luz de Dios no fallará, la luz de Dios no fallará, y la poderosa Presencia YO SOY es esa luz!

Oh niños de Dios, ved reflejada en vuestros ojos, en vuestro corazón, la radiación eterna, y no os desmayéis, mas ocupaos de los negocios de vuestro Padre,[19] y galvanizaréis a esta era. Llenaréis los tabernáculos y templos con devotos que adorarán en espíritu y en verdad,[20] quienes reconocerán su propia divinidad y comprenderán que la farsa de los tiempos se debe a que los hombres han mirado al César y no han mirado a Dios.

Os doy las gracias.

¡Salve, Maitreya! (6x)
¡Salve Lanello! (4x)
¡Salve al Gurú siempre presente! (3x)
Tomen asiento.

¿Cuál es la iniciación?

Maitreya toma la moneda que tomó Jesús; y las dos caras de la moneda —Dios y el hombre— se convierten en el tema y el medio para ilustrar la iniciación de este dictado. ¿Cuál creen que es la iniciación de este dictado? ¿Qué vino a hacer Maitreya en su primer dictado de este siglo a través del mensajero Mark Prophet?

Estudiante: A través de la Presencia YO SOY uno puede conectar a Dios con el hombre; que uno podría lograr la unión a través de su Presencia YO SOY, conectando las dos caras de la moneda.

ECP: Eso se acerca a la iniciación, pero él lo dice con más claridad y mejor.

Estudiante: Somos Dios.

ECP: Más.

Estudiante: Uno puede guardar el concepto inmaculado de su llama gemela.

ECP: Quiero escuchar una palabra en particular.

Estudiante: Somos mediadores de la luz eterna de Dios.

ECP: Vamos por buen camino. A ver si dicen la palabra, ¿Quién la sabe?

Estudiante: ¿Inocencia?

Estudiante: ¿Idolatría?

ECP: Una palabra describe la iniciación.

Estudiante: ¿Restablecimiento?

ECP: ¿Quién ha dicho restablecimiento? ¿Puede ponerse de pie? Ha dicho restablecimiento. Esta es la frase de la iniciación que consta en el dictado:

> Nosotros de la Gran Hermandad Blanca, nosotros de la luz, deseamos restablecer en el hombre el poder de eliminar la sombra, deseamos devolveros el poder de la comunión de los santos y la comunión con las huestes angélicas.

Esa es la iniciación del dictado. Ahora bien, este es un contacto perdido y por eso ha de restablecerse. En primer lugar, hemos perdido nuestro contacto con «el poder que elimina la sombra», que es el poder de la Presencia YO SOY. Hemos perdido «la comunión de los santos». Aunque la Iglesia católica habla de la comunión de los santos, la comunión de los santos es el contacto directo por parte de ustedes con los demás hijos de Dios que han ascendido, por tanto, los Maestros Ascendidos. Esa es la comunión de los santos. Ustedes, como santos en la tierra, que comulgan con un santo en el cielo; ustedes, como santos en la Materia, que comulgan con un santo en el Espíritu.

Entonces «la comunión con las huestes angélicas» es una comunión distinta, porque las huestes angélicas a las que se refiere Maitreya nunca han encarnado. No están en la categoría de santos. Son seres de Dios. Algunos ángeles han encarnado.

Por tanto, el restablecimiento del poder que elimina la sombra, de la comunión de los santos y de la comunión con las huestes angélicas nos da realmente el propósito de todo nuestro movimiento, el propósito de los dos testigos, el propósito de nuestro discipulado. Hace falta que venga entre nosotros el Cristo Cósmico, el Iniciador, para dar el dictado y decir y anunciar que la Gran Hermandad Blanca quiere restablecer, que está restableciendo en el hombre, este poder. Este es nuestro propósito.

El misterio de la Palabra hablada

Ese restablecimiento del contacto no podría llegar sin un edicto de Alfa y Omega, emitido a través de Helios y Vesta, a través de los Veinticuatro Ancianos, a través de los Señores del Karma. Debe pasar por toda la cadena de mando. Y el Cristo Cósmico, el Señor Maitreya, entonces es convocado como instrumento para dar la iniciación. Y él la entrega a través de alguien encarnado que represente a los gurús interiores.

Por tanto, «el restablecimiento del contacto», sobre ese punto se basa el resto de los comentarios que ustedes estaban haciendo, como el que dice que nos convertimos en mediadores de luz, lo cual es una consecuencia de la tesis del restablecimiento del contacto.

Esto es algo que tienen los chelas de los Maestros Ascendidos y nadie más. No hay otra iglesia, no hay otra organización en la actualidad (a menos que esté patrocinada por los Maestros Ascendidos) que tenga esta iniciación. Tenemos que comprender que esto no es automático. Es una iniciación personal proveniente de Dios a través de sus emisarios —a través del Cristo Cósmico, a través de la Mensajera— que se hace física y se convierte en la ley del plano físico porque se pronuncia en el plano físico. Hasta que no se pronuncia, no se produce. Ese es el gran misterio de la Palabra.

La Palabra de Dios debe pronunciarse en el plano físico. Y el nivel que alcance la Palabra será el nivel del que salga la Palabra. Si solo llega al plano etérico, solo afectará al plano etérico. Si llega al plano mental, afectará al plano mental. Si llega al plano emocional, afectará al plano emocional de toda la Tierra. Para que la Palabra de Dios actúe en el mundo físico, en las personas físicas, en los asuntos físicos, esta debe pronunciarse con una voz física. Ese es el motivo por el que Dios tenía profetas y mensajeros y los acompañó para que entregaran la Palabra.

¿Cómo perdimos el contacto?

La idea de la última frase de este dictado, la «farsa de los tiempos», es que los hombres han mirado al César y no han mirado a Dios. Si hubieran mirado a Dios, jamás habrían perdido el contacto, porque al hacer contacto visual nos conectamos con aquello a lo que miramos debido al flujo de nuestra atención.

Por tanto, esta es la farsa de los tiempos: la gente ha mirado a los césares, ha mirado a los caídos en sus puestos de poder y los ha adorado, ha seguido sus ordenanzas y sus leyes prefiriéndolas a las de Dios. Por consiguiente, la gente ha perdido el contacto. Maitreya, en la persona del Cristo, viene a restablecerlo.

Ahora vamos a ver los corolarios que tiene esto. Una vez que se ha restablecido el contacto, se tiene el poder, como hijos e hijas del Altísimo, de invocar a las huestes angélicas. Antes incluso de anunciar el restablecimiento, dice que hemos olvidado nuestro propósito eterno:

> Algunos lo han olvidado. Y al olvidaros, vuestros poderes han menguado y ya no parecéis capaces de invocar esa protección que la humanidad conoció en su estado edénico. La jerarquía del cielo desea restableceros eso.

Hemos perdido el contacto de dos maneras: una, mirando al César en vez de a Dios. La otra, por no ejercer el poder de la Palabra hablada para invocar a las huestes angélicas, por el desuso de ese poder. Como cualquier otro poder y cualquier otro talento, cuando cae en desuso, mengua.

Esto tiene que ver con el impulso acumulado. Uno puede lograr un enorme impulso de hacer decretos. Y observarán que después de hacer cualquier decreto muchas veces, tiene lugar una acción de la luz mucho mayor que cuando hicieron el decreto al principio, porque están ejerciendo un impulso acumulado.

La importancia de conservar la luz

Quisiera comentarles que hay muchos propósitos por los que decretar y por los que hacer decretos en Summit University. Uno de los propósitos que el Señor Maitreya quería que les mencionara hoy es que algunas personas vienen a la luz siendo niños de Dios, teniendo el corazón de Dios, pero con una gran carga kármica. Ese karma puede ser tan pesado que el niño de Dios puede sentarse en Summit University, estar aquí uno, dos o más trimestres, volver al mundo y no ser capaz de sostener la llama o conservar esta relación gurú-chela, este flujo de contacto con la Presencia YO SOY. Esto se debe simplemente al peso de su karma humano.

Los porcentajes no nos dicen mucho acerca del karma que tenemos. Si ustedes saldan el 51 por ciento de su karma, podrán estar saldando dos mil millones de kilos de karma, si lo pudiéramos pesar en kilos. Si otra persona salda el 51 de su karma, podrá haber saldado mil millones de kilos, porque el 51 por ciento solo es un 51 por ciento del cien por cien, y todo el mundo tiene cantidades distintas. Y así, cuando la gente me pregunta: «¿Cuánto karma he saldado?», ello depende de cuánto karma tenga. Si es un 24 por ciento, un 36 por ciento, podría ser mucho más que otra persona con el mismo porcentaje, dependiendo de la cantidad con la que encarnó.

Morya y Maitreya, que trabajan diligentemente en la iniciación de los chelas, quieren que sepan que a ustedes se les asignan las horas de decretos que deben hacer a fin de que tengan la máxima oportunidad de saldar la mayor cantidad de karma, de modo que puedan conservar lo que reciben en Summit University. Su capacidad de conservar la luz es algo que actúa con relación a cuánto karma tengan, a cuánta oscuridad haya en su mundo.

Es importante que sepan esto al tratar de explicar por qué la gente abandona la enseñanza. Deben comprender que la gente tiene su karma y tiene su voluntad. Se puede tener un karma enorme, pero con una gran fuerza de voluntad ese karma se puede mantener sellado en luz y la persona puede mantenerse a sí misma en la luz, de forma que una gran cantidad de karma no significa necesariamente que uno no pueda triunfar en el Sendero o no sea capaz de conservar la luz. Y Morya dice que algunas personas con mucho menos karma y menos fuerza de voluntad no logran triunfar, cuando hay gente con un gran karma, pero con mucha determinación que puede ser victoriosa con más rapidez. Sin embargo, la densidad en el cuerpo debido a la densidad kármica puede ser un factor determinante.

El poder de decir el nombre de Dios

Nosotros podemos dar órdenes a las huestes angélicas. Ellas fortalecen la luz y se ponen donde nosotros estemos. Por tanto, se convierten en un contrapeso. Cuando tenemos karma e invocamos a las huestes angélicas, ellas ponen su presencia electrónica sobre nosotros. Nosotros vivimos en su presencia mientras saldamos el karma y, por tanto, esto es un gran acto de misericordia. Si no las llamamos, no logramos ese beneficio. Tal como deseamos devolverle al individuo la plenitud como el don más grande que podamos dar al mendigo, Dios desea devolvernos la plenitud.

> El simple logro físico y el simple uso de las ciencias físicas no es la maravilla más grande de los tiempos. La maravilla más grande de los tiempos es el milagro de vuestro ser, vuestro ser que dijo, porque está dotado de poder para expresarlo: «¡YO SOY!».
>
> Cuando decís así el nombre de Dios, esa es la maravilla de la era.

No es solo *ser*. El hecho de pronunciar el nombre de Dios, YO SOY, es lo que hace que ustedes sean el gran milagro. El don de la vida es sagrado y esa sacralidad es el fuego sagrado. Decir y sentir YO SOY es una cosa, «pero ser YO SOY es manifestar lo eterno en la forma».

No hay por qué ser ascetas o retirarse del mundo, sino que debemos transformar al mundo. Y podemos «transformar al mundo y convertirlo en el jardín del Edén» porque somos iniciados del Cristo Cósmico y porque hemos restablecido el contacto con el poder de la Presencia YO SOY, la comunión de los santos y las huestes angélicas.

Ahora bien, es curioso que el Señor Maitreya hable en su primer dictado del jardín del Edén, porque él no se reveló a sí mismo como el Señor Dios en el jardín del Edén hasta hace unos tres años. Pero aquí lo tenemos en 1961.

El yo del gurú como regalo

Otro núcleo de este dictado se encuentra en los últimos párrafos, cuando Maitreya hace la invocación para el aumento de luz y para que esta sea engrandecida diez mil veces. Fue en 1961, en la conferencia de julio, cuando el Señor Maitreya entregó el poder del diez mil por diez mil.[21] Maitreya dijo que cada decreto que hiciéramos desde ese momento sería multiplicado diez mil por diez mil veces. Al multiplicarlo, nos da cien millones. Por tanto, cien millones de personas se ven afectadas cada vez que decretamos. Y esa dispensación la entregó el Cristo Cósmico.

Ahora bien, yo nunca supe hasta este momento —puesto que Maitreya me lo está diciendo ahora— que ese factor multiplicador de diez mil por diez mil es de hecho el factor x de su cuerpo causal. Es el regalo personal que el Señor Maitreya da a sus iniciados. Y la iniciación en realidad es lo que el Señor Maitreya está diciendo: «Cada vez que decretéis yo lo multiplicaré, con mi cuerpo causal, que es el cuerpo causal del Cristo Cósmico, diez mil por diez mil veces».

Los decretos que hemos recibido a lo largo de los años han sido tan efectivos como lo han sido porque somos chelas de un gurú y porque el gurú ha dicho: «Os voy a dar el regalo más grande y el único que tengo. Os voy a dar como regalo a mí mismo, y siempre que seáis chelas míos lo tendréis».

Y seremos chelas siempre que cumplamos sus mandamientos. «Si me amáis, guardad mis mandamientos»,[22] es un requisito muy sencillo de los gurús. Si hacemos lo que piden, mantendremos esa relación.

El plan eterno de Dios

Maitreya habla del hecho de que los caídos no tienen poder para impedir el propósito eterno de Dios, con el que no se puede jugar. En la conciencia humana los hombres han pervertido el plan de Dios, pero «a niveles superiores este permanece intacto, puro, magnífico y glorioso, con la gloria de lo Eterno emitiendo su resplandor en todo momento».

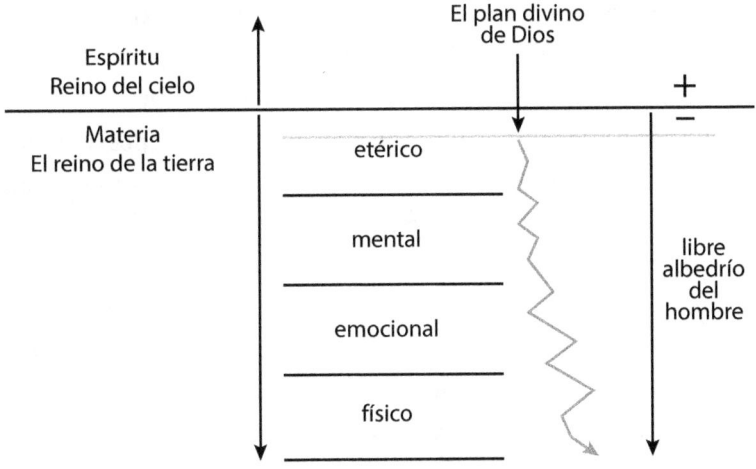

Planos del Espíritu y la Materia
FIGURA 2
El plan divino de Dios es perfecto en su manifestación en el plano etérico superior. Al descender a los planos inferiores, el plan es desviado por la conciencia humana, que expresa su libre albedrío.

Esto es lo que seguimos escuchando en los dictados hoy día: el plan divino, el plan eterno de Dios, no puede impedirse. Está en el programa cósmico, en las esferas de la Materia del plano etérico superior.

Es importante que ustedes tengan ciertos diseños en su mente para que cuando hablemos tengan una visualización mental. Digamos que este es el punto de demarcación entre el Espíritu y la Materia. Todo lo que hay por encima es Espíritu, y aquí abajo está la Materia. Esa línea siempre simboliza la línea del Cristo mediando entre el Espíritu y la Materia. Se podría trazar la misma línea sobre su Ser Crístico, y lo que hay por encima es Espíritu y lo de abajo es Materia.

Por tanto, los cuatro planos de la Materia son el etérico, el mental, el emocional y el físico. Y, por supuesto, cada plano tiene gradaciones. No todo lo físico es visible. Hay áreas del plano físico que, siendo físicas, no pueden verse con los ojos, pero están clasificadas como físicas. Por tanto, lo físico es la parte de abajo, el plano más denso al que descienden nuestras almas.

Ahora estamos en esta octava física. Entre encarnaciones podemos estar en el plano astral, que es el plano contaminado que contiene los niveles del infierno y el purgatorio. Los confines más oscuros del abismo sin fondo se encuentran en el plano astral inferior. Estos planos se interpenetran de una forma particular. No están colocados uno encima de otro, pero los dibujamos así a fin de facilitar su explicación. Todos ellos se interpenetran dentro de nuestro templo ahora mismo.

Por encima de la línea está el reino del cielo, por debajo está el reino de la tierra, y la luz desciende. Dios hace descender su plan divino. La parte superior del plano etérico es el único plano de la Materia que está totalmente limpio de contaminación. La parte superior del plano etérico obviamente contiene las cuatro partes del ser: fuego, aire, agua y tierra. La parte superior del plano etérico es donde el plan Divino no está alterado, donde es perfecto y sigue el programa cósmico. Cuando llega al plano etérico inferior, empezamos a entrar en los registros de la conciencia humana; y en cuanto nos encontramos con los registros etéricos de la conciencia humana expresando su libre albedrío en oposición al plan, este se ralentiza. Por tanto, desde el etérico inferior hacia abajo, el plan se ha desviado hasta que, finalmente, en el plano físico vemos cosas de todas clases que no guardan relación alguna con el conocimiento que tenemos de una gran era de oro.

Por consiguiente, cuando Dios pronuncia un fíat y un compromiso («Dios ha decidido salvar a la Tierra», Dios va a hacer esto, Dios va a hacer lo otro), Dios y los Maestros Ascendidos llevan ese fíat hasta el etérico superior. Hasta ahí tienen la autoridad para bajarlo. Desde el etérico inferior hacia abajo ello se convierte en el libre albedrío del hombre, el libre albedrío de las personas encarnadas.

Las personas encarnadas controlan lo que ocurre en el plano físico, el plano astral, el plano mental y el plano etérico. Por tanto, hay que estar encarnados físicamente para poder hacer que la voluntad de Dios se convierta en su voluntad en la tierra como lo es en el cielo.[23] Esa es la frase de la oración de Jesús que Maitreya cita:

> Por toda la cristiandad ha sonado la exclamación: ¡Venga tu reino! ¡Hágase tu voluntad, como en el cielo, así también en la tierra!
>
> Este mantra eterno, pronunciado a través de la boca de miles de hijos del Eterno, aunque no lo sepan, ha producido un llamado que ha llegado al mismísimo corazón del cielo, rasgando el velo humano y trayendo poder a esta Tierra, el

poder del fuego sagrado que resplandeció en los altares de la Atlántida y que resplandece sobre el altar aquí, hoy, para haceros conscientes de vuestro destino eterno.

Recibir la oración

Ahora bien, Maitreya, como Padre (*Padre* y *Gurú* son sinónimos de Jesús como la personificación de Dios Padre para él), dio el Padre Nuestro a través de Jesús. Y solo dio una oración, al menos solo una de la que tengamos constancia. Mientras se estaba dando este dictado, le pregunté a Maitreya: «¿Por qué diste solo una oración que se consideró como tal?».

Él dijo: «Así es la psicología de la conciencia humana. Cuando das una oración, estás seguro de que se dirá. Si das cien oraciones, cada una asume una importancia menor hasta que cada una de las cien oraciones acaba teniendo una centésima parte de la importancia que tiene la oración única».

Por tanto, la psicología para conservar la luz y la enseñanza durante dos mil años aparece. La enseñanza se da de una manera muy concisa en cuatro libros de la Biblia, los cuatro Evangelios. La oración única repetida es el mantra de la era de Piscis, el gran mantra de la era de Piscis: «Padre nuestro, que están en los cielos».

Y así, ¿cuántos de ustedes no han escuchado mi conferencia de gira?[24] Bien, en esa conferencia de gira doy la revelación de la enseñanza que Jesucristo me dio a mí sobre el Padre Nuestro de acuerdo con los siete rayos como una de las revelaciones más importantes que atesoro en mi vida.

La otra gran revelación fue el dictado del amado Jesucristo a través de Mark Prophet, donde dio la oración «Consumado está». Mark la escribió con su máquina de escribir en Holy Tree House, en su pequeña oficina del sótano, mientras yo estaba en mi oficina de al lado; y vino con esa magnífica oración. Jesús se la dio como la oración que pronunció en la cruz: «Consumado está». Lo único que consta en la Biblia son las palabras «consumado es» y «entregó el espíritu»[25]. Eso es todo. Pero la oración que nosotros tenemos escrita es la que pronunció el alma de Jesús en el plano etérico. Por tanto, él la bajó a la manifestación; y cuando Mark me trajo la gran oración que había recibido, tan pronto como la pudo pronunciar Jesús, sentí que todo mi propósito en mi discipulado estaba en ese punto. Las alegrías del discipulado, así como sus dificultades, sus tribulaciones y sus pruebas, habían merecido la pena por el hecho de estar ahí simplemente y poder recibir esa oración.

Nos damos cuenta de que, sin un chela, el gurú no puede dar nada. Y así, un chela que reciba esa oración la sella para otros que lleguen después. Y eso mismo ocurre con ustedes al sentarse en la clase. Si esta aula estuviera vacía, yo no estaría enseñando, la Hermandad no tendría la dispensación de enseñar y, por tanto, el Cristo Cósmico y sus mensajes permanecerían en el plano etérico superior, siendo enseñados en los retiros etéricos para quienes se encuentran entre encarnaciones o los que están dormidos (fuera de su cuerpo). Eso no aporta mucho al universo físico, pero sustenta la conciencia de Dios en la Materia, en ese plano etérico superior. Ahora bien, si esto no existiera en la Materia, si existiera solo en el Espíritu, entonces tendríamos un verdadero dilema, porque no habría ningún punto focal para que nuestras almas se hicieran conscientes de Dios en el universo de la Materia. El gran don de los Maestros Ascendidos es que tienen retiros en el plano etérico, y ese plano finalmente se acelera hasta encontrarse en la línea de demarcación entre el Espíritu y la Materia. Así, el cruzar la línea desde la frecuencia más alta del plano etérico hacia el plano del Espíritu no implica ningún cambio de vibración.

Uno finalmente ha llegado a ese punto, excepto que en el Espíritu es positivo y en la Materia es negativo. Pero el polo negativo al final se convierte en positivo.

El uso de la Palabra

Creo que hay muchas personas que han levantado la mano por no haber escuchado la conferencia de gira, por lo cual creo que deberíamos ponerla y repasarla. Incluso si la han escuchado, confío en que comprendan que lo más importante al venir a Summit University con el Señor Maitreya es aprender a ser un instructor del mundo, no solo a recibir la enseñanza, sino a estudiar cómo esta se imparte para que también puedan impartirla por sí mismos. Si han escuchado un mensaje muchas veces, la finalidad que tiene el escucharlo de nuevo es entender cómo se dio, cómo una llama se transmite con una palabra.

Lo oyeron en la intensificación que hizo Mark. Eso lo hizo Maitreya al intensificar la energía, lo cual a su vez intensificó la voz de Mark Prophet. No me gusta utilizar una palabra tan mundana como «técnica» cuando se trata de escuchar un dictado de algún Maestro Ascendido a través del Espíritu Santo. Pero el Espíritu Santo tiene técnicas. Dios tiene técnicas para llegar a las almas, y las utiliza. Dios es el gran, gran maestro del uso de la Palabra y la comunicación de la Palabra.

Dios decidió dar una cantidad muy intensa de poder en ese momento del dictado. Por tanto, cuando Maitreya aumenta el poder, ello aumenta el volumen. Aumentar el volumen hace que se aumente un arco de energía que entra en contacto con el corazón de ustedes. En el momento de reproducir esa parte del dictado, se puede sentir el flujo de luz y cómo se derrite la creación humana.

Y en ese proceso de derretimiento se nos saltan las lágrimas, y sentimos cierta emoción en nuestro ser, lo cual no tiene nada que ver con el sentimentalismo; es el fuego del Espíritu Santo que derrumba las emociones recalcitrantes, que se rebelaron contra Dios hace tanto tiempo que se han olvidado de cómo sentir a Dios, del verdadero sentimiento de Dios.

¿Cómo es el Maestro?

Pocas veces disfrutamos de una experiencia así, de un momento así. Es un punto del dictado muy importante, en el cual vemos muy bien el carácter del Señor Maitreya. En los dictados siempre buscamos vislumbres de cómo es El Morya. ¿Cómo es Saint Germain? ¿Cómo es su persona? ¿Cómo los describiríamos como amigos? ¿Cómo los pintaríamos en un retrato? ¿Cuáles son las cualidades con las que nos identificaríamos? Y aquí llega Maitreya; se nos revela inconfundiblemente.

> No es necesario que los hombres se retiren del mundo como si este no fuera del Padre. Pero es necesario que los hombres transformen al mundo…

Eso les da una idea de su carácter. Él no es el asceta budista que se sienta en un cuarto a meditar en el vacío. Es una persona de mucha actividad. Y las llamas de la sabiduría y la compasión son igual de intensas. Por tanto, no sean ascetas, retirándose del mundo con su orgullo espiritual o su orgullo mental; salgan y salven al mundo.

> Es necesario que los hombres transformen al mundo porque, como eternos jardineros, reciben los medios para transformar al mundo y convertirlo en un jardín del Edén, …

Ustedes pueden transformarlo. Les están dando los medios.

> … un paraíso de belleza, al utilizar el conocimiento científico y las bendiciones que se les entregan sabiamente y

bien, utilizando la religión, no como un medio de engrandecimiento personal o como un medio con el que el ego alivie algunos de sus conflictos, utilizando la religión como se quiso que se utilizara, como un simple orden de servicio dirigiendo su conciencia hacia su Yo Superior, …

La finalidad que tiene la religión es ser un servicio ordenado que dirija la conciencia hacia el Yo Superior, la Presencia YO SOY, el Ser Crístico, para que ese Yo Superior,

… esa Conciencia Superior pueda responderles y en la respuesta del corazón de Dios pueda salir el rayo de sabiduría y que ese rayo de las alturas pueda enseñarles …

Y aquí está la gran frase:

… pueda enseñarles a transformar al mundo, a transformar sus vidas, a eliminar sus temores, a caminar por la Tierra con dignidad, a llevar las vestiduras de justicia, a ser capaces de tener la vista que ve y percibe a un ser cósmico y se reconoce a sí misma como un ser cósmico.

Ahora ustedes tienen el conocimiento de que han venido al Gurú Maitreya que es un gurú práctico que enseña el «cómo», que las enseñanzas del Cristo Cósmico son prácticas, realistas, que enseñan cómo hacer las cosas. Y el «cómo» está muy relacionado con la escena práctica actual. Ahora bien, siempre que vean el tema «hágalo usted mismo», que en realidad es el tema del pueblo estadounidense y también es una cualidad que vemos en los portadores de luz de todo el planeta, ya sean rusos, chinos, etc., esa conciencia de hacer las cosas uno mismo es inequívocamente la revelación de que el alma está en contacto con la Madre Divina.

La Madre Divina y el Cristo Cósmico

Cuando vuelva, voy a leerles algunas de las enseñanzas sobre la unión de Maitreya con la Madre del Mundo. El Consejo de Darjeeling, el amado El Morya, profetizó la venida de Maitreya; y observaron que la venida de Maitreya era la venida de la Madre del Mundo, y que la presencia de ambos era necesaria para la liberación de los niños de Dios y de las enseñanzas.

Esto se debe a que la Madre ocupa la posición inferior del reloj, la línea de las seis, que simboliza el máximo descenso de la vida a la forma física. Ello denota el chakra de la base de la columna. El sitio más bajo en su cuerpo al que desciende la luz es el chakra de la base de la columna. Esa es la llama de la Madre; esa es la fuente de la vida, y por eso tenemos una columna vertebral que acaba en ese sitio y tenemos un cuerpo diseñado como lo está. Ahí está el límite hasta donde desciende la Madre. Y en ese nivel al que desciende, el nivel donde tenemos la fuerza creativa, es donde debemos conocer el «cómo», cómo crear en la Materia, cómo construir edificios, cómo dirigir nuestras escuelas, cómo impartir la enseñanza, cómo crear una familia y criar a los hijos, cómo enseñarles, cómo subir por las espirales del sendero de la columna vertebral, el sendero de la kundalini.

El «cómo» se convierte en la Madre, que da a luz al Cristo. Y la conciencia Crística que imparte la Madre a sus hijos e hijas es la conciencia del «cómo». Cuando se conviertan en el Cristo, la definición de su Cristeidad será que tienen la conciencia del «cómo». Por consiguiente, el discípulo poco práctico no existe. Si no es práctico, no es un discípulo, solo cree que lo es. La creación práctica de la comunidad del Espíritu Santo, el conocimiento práctico sobre qué hacer cuando la gente sufre o tiene necesidad y los niños nos necesitan, eso es lo esencial de la enseñanza.

Y así, Maitreya dice que ese es el propósito de la religión. Que el alma suba, entre en contacto con la Presencia Divina, el Ser Crístico. Con ese contacto se emite el rayo de la sabiduría, y cuando se tiene el rayo de la sabiduría, se tiene el «cómo». Por eso están aquí. Esto es así en todas las religiones que ha patrocinado la Gran Hermandad Blanca. El punto hasta el cual la religión ha perdido el mensaje del «cómo» nos muestra su corrupción, las maquinaciones sacerdotales que han penetrado en ella, y su perversión. Finalmente, tenemos una religión que ya no nos dice cómo hacer nada —cómo puede el alma saldar su karma, ascender, volver a Dios, dominar el plano material y afrontar la vida y la gente—; eso ya no es una religión. Solo le quedan las cáscaras, un ritual exterior que se ha convertido en idolatría.

Por tanto, se podría decir que Maitreya ha venido a restablecer el «cómo» de la Madre y del Cristo Cósmico. Y aquí tenemos más «cómos»:

> La Gran Hermandad Blanca es una organización del Espíritu. A lo largo de los siglos y las eras ha dotado a varias personas de poder. Ha formulado planes y conceptos en sus cónclaves sagrados para enseñar a los hombres a hallar la senda para regresar a la luz. Ha establecido iglesias, templos, mezquitas y santuarios por todo el mundo. Muchos se encuentran en la periferia de la luz y otros se encuentran más cerca del corazón del fuego sagrado. Pero se ordenaron con un propósito.
>
> Las maquinaciones sacerdotales y la humanidad, obrando en el reino de la avaricia y el egoísmo, han pervertido sus propósitos. Pero el eterno propósito de Dios no se puede tomar a la ligera. Los hombres han pervertido el plan de Dios solo en la conciencia humana. A niveles internos este permanece intacto, …

Por consiguiente, la finalidad que tiene la religión es que el alma encuentre la senda de regreso a la luz.

El hilo de contacto

Maitreya habla del día en el que nuestros conceptos estarán en la televisión; y ese día ha llegado en estos últimos años con Saint Germain sobre «El hombre que no moría»[26] y con la Mensajera dando las enseñanzas y los nombres de los Maestros Ascendidos. Pero Maitreya va un paso más allá y habla de seres cósmicos que ...

> ... den algún día sus directrices a través de estas mismas vías y canales[.] Y entonces, puesto que el tema es correcto, la humanidad tendrá ayuda hacia su libertad eterna.

La preparación del camino para la venida de los Maestros Ascendidos y su aparición al cruzar el velo siempre es a través de la Mensajera y a través de los chelas. Ustedes en televisión y al enseñar las enseñanzas son un ejemplo de seres cósmicos que hablan en la televisión. Es la primera fase. Es la fase número uno, que debe llegar. Primero debe haber gente como receptáculos, templos de la Hermandad; después vienen los maestros.

Maitreya habla del «sentimiento del progenitor», de que todos tenemos sentimientos así hacia varias personas. Esto es de Dios y así es como nos damos cuenta de nuestra condición de mediadores. Nos convertimos en mediadores solo porque hemos sido iniciados por la Gran Hermandad Blanca y se ha restablecido el contacto. Morya llama a ese restablecimiento «hilo de contacto», frase que surge en sus escritos místicos. Es un pequeño concepto muy importante porque, en primer lugar, el cordón cristalino se ha reducido a un simple hilo debido al abuso que se ha hecho de la luz. Por tanto, el cordón cristalino es el hilo de contacto que ustedes tienen con su Presencia YO SOY. Su lazo con la Hermandad es un hilo de contacto.

¿Por qué utiliza este término? Porque quiere que visualicen un hilo, como un hilo de seda, y quiere que se vean a sí mismos como un glóbulo de luz, un alma. Aquí están suspendidos en el mar de maya, en algún lugar de la Tierra.

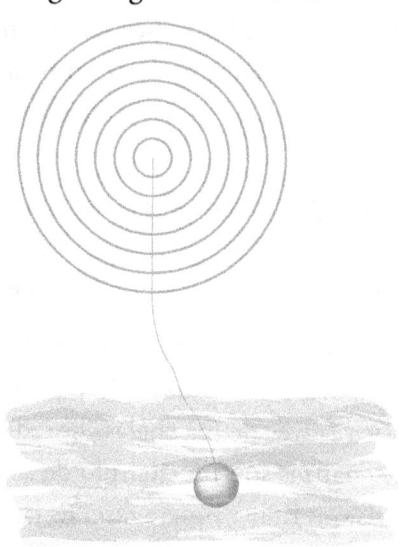

FIGURA 3
El hilo de contacto

El alma suspendida en un mar de maya conserva su conexión con la Presencia YO SOY a través del hilo de contacto, el cordón cristalino.

Pero tienen un salvavidas. Ese salvavidas es su gran Presencia YO SOY, por supuesto. Pero en el punto del mediador, la Gran Hermandad Blanca, en la persona de su Ser Crístico, en la persona de los Maestros Ascendidos, hace que la llama Divina sea algo personal para ustedes, hasta que puedan ver a Dios cara a cara.

Ahora bien, lo que he aprendido acerca del hilo de contacto, y la razón por la que El Morya usa ese término, es que los maestros quieren que sepan que el hilo se puede romper con facilidad. El hilo puede romperse. El hilo se rompió. La expulsión de Adán y Eva como llamas gemelas del jardín del Edén supuso la ruptura del hilo de contacto con la jerarquía y con el Gurú.

Rencor hacia el gurú

Maitreya nos dio un concepto muy interesante cuando dijo: «¿Creéis que he estado evolucionando y afrontando iniciaciones para poder venir?».[27] Él explicó que no vino antes debido al odio y el rencor de las personas de Lemuria, que habían sido privadas de la luz y el poder del gurú. Quisieron el poder del gurú, pero no quisieron obedecer a la persona del gurú.

En la actualidad, el sur de California está lleno de gente así, igual que el norte; toda la costa de Lemuria. Y esas personas, todas ellas, han regresado a este punto en el tiempo y el espacio, han encarnado ahora para encontrarse con el Gurú Maitreya, para encontrarse con los Maestros Ascendidos, para encontrarse con los mensajeros de los maestros y sus chelas.

Tanto si somos mensajeros como si somos chelas, nos convertimos en instrumentos del juicio a los que renegaron del gurú, desde doscientos cincuenta mil años hasta diez mil años atrás. En Mu hubo gente que se marchó furiosa, que rechazó y denunció a Maitreya y que desde entonces no ha tenido nunca a un gurú. Y esas personas hoy día están recibiendo la oportunidad de aceptar las Enseñanzas de los Maestros Ascendidos a través de ustedes, a través de mí, a través de las grabaciones, a través de las conferencias, a través de los libros.

Saber eso me da un profundo sentimiento de compromiso y responsabilidad. No quiero ser humanamente perfecta, pero quiero hacer las cosas lo mejor posible al presentar las enseñanzas de la mejor forma posible para dar a cada alma que llega a ese punto y no lo sabe, para dar a esa alma las mejores circunstancias posibles, el entorno y la oportunidad de aceptar a los gurús, a los Maestros Ascendidos, y de aceptar la enseñanza.

No quiero echar a perder las cosas por ser un mal ejemplo. No quiero ser un ejemplo de los Maestros Ascendidos tan malo que nadie crea en las enseñanzas debido al mal ejemplo que doy. Y estoy segura de que ustedes son del mismo parecer.

Los estándares de quienes representan a Dios

Cuando somos chelas de la Gran Hermandad Blanca, nuestra vida debe reflejar las cualidades y las virtudes que la gente espera. No importa lo torpes y oscuras que puedan ser las personas, ellas esperan que los que representan a Dios se atengan a ciertos estándares.

Me hace mucha gracia que al viajar por el país y me entrevistan, la gente siempre quiere hacer preguntas sobre el dinero. ¿Cómo consigo el dinero? ¿Qué automóvil tengo? ¿Cómo es mi casa? ¿De dónde saqué el dinero para comprar esta propiedad en Malibú? Un hombre preguntó: «¿Por qué se compró esa propiedad tan cara en Malibú? ¿Cómo es que no se fue a comprar al desierto?».

Pues en los Estados Unidos hay una forma de pensar extraña. Obviamente ha habido mucha gente en las iglesias y muchos falsos gurús que se han aprovechado de la gente, y eso es vergonzoso. Pero el hecho es que estamos en un país capitalista. Cualquiera, excepto alguien de una iglesia o alguien que realice algún trabajo religioso, puede ser adinerado, tener un Cadillac, tener automóviles de todas las clases, lujos de todo tipo, y no se lo critica. Se lo ensalzará como a un héroe de nuestra cultura, alguien que ha triunfado, alguien que ha logrado triunfar en el culto al éxito. Pero una persona que siga el sendero religioso parece que no tiene que poseer nada, excepto sandalias y un cuenco para limosnas; y si tiene más, es sospechosa.

Nosotros hemos enseñado a la gente acerca de la vida abundante. Y la enseñanza falsa de los gurús falsos, la jerarquía falsa y su conciencia es la que dice que los hijos de Dios y los emisarios de Dios no tienen derecho a la abundancia de Dios.

Los caídos quieren la vida abundante para sí mismos. Han creado su culto al placer y su culto al éxito. Para ellos está bien hacer trampas, mentir, robar y ganar más dinero que los demás. Pero los hijos de Dios deben ser pobres; y eso supuestamente los hace espirituales. Bien, los Maestros Ascendidos no enseñan eso. Ellos esperan que multipliquen la abundancia y la usen para glorificar el reino de Dios.

Para juicio he venido

Por tanto, el juicio en este punto del tiempo y el espacio ha sido anotado por los representantes de la Gran Hermandad Blanca y sus organizaciones. Les enseñaré varios escritos de otros movimientos para que vean que mucha gente ha señalado el sur de California en la década de los ochenta como el lugar de la venida de la escuela de misterios de la Gran Hermandad Blanca y la venida otra vez de Maitreya, de Djwal Kul, de Morya y de los gurús.

La venida, desafortunadamente, es siempre para juicio. Por eso Jesús dijo: «Para juicio he venido»[28]. Esto significa que cada vez que está presente la relación gurú-chela, el instructor y la enseñanza, todos los que la han rechazado en el pasado y, por consiguiente, han estado fuera del círculo de unión, fuera del Edén, deben volver a ese círculo, verlo tal como es, que su rebelión sea expuesta, ver la gran gloria de Dios y decidir a cuál van a servir.

Eso está ocurriendo. No solo está ocurriendo en la tranquilidad y privacidad de su alma, sino también a nivel de la comunidad, a nivel nacional y a nivel internacional. En eso consiste el Sendero: «Escogeos hoy a quién sirváis».[29]

Esas almas que rechazaron al gurú rompieron el hilo de contacto. Y cuando ese hilo de contacto se rompe y se queda todo raído, el alma se hunde en los niveles más profundos del plano astral. Depende de los gurús y sus chelas el hacer peregrinajes al plano astral para rescatar a esas almas.

Los niveles del plano astral al que la gente de esta Tierra ha caído son tan profundos como el océano Pacífico. Vayan a las calles, a la industria del espectáculo, a las personas que tiene grupos de rock, a los que están muy mezclados en las profundidades de la cultura de las drogas o incluso a los que tienen una vibración de avaricia muy pesada. Esas personas podrán tener una apariencia totalmente normal, bien vestidas, muchas son personas a veces adineradas, muchas veces son personas que van a la iglesia, pero el nivel del plano astral en el que viven es sencillamente insondable e incomprensible para el hijo de la luz.

Esas almas están tan alejadas de sí mismas que todavía tienen el hilo de contacto prácticamente como la Estrella Divina Sirio lo estaría de la Tierra física. Entre los planos del ser de la Tierra hay una diferencia gigantesca. Al ir por las calles y las ciudades, uno ni siquiera se puede imaginar lo lejos que están del contacto con su Presencia Divina las personas que se han rebelado y continúan rebelándose y no han valorado este hilo de contacto con la jerarquía.

En la iniciación de la crucifixión, cuando Jesús fue bajado de la cruz y llevado a la tumba, ese fue el período en el que fue al plano astral. El viernes por la noche y todo el día del sábado hasta la mañana de Pascua, estuvo en las profundidades del plano astral predicando a esas almas que habían perdido el hilo de contacto con el Cristo Cósmico, Maitreya.

La venida de Maitreya

El Señor Maitreya envió a Jesucristo. Jesucristo es el Enviado para poner a prueba a las personas y ver si van a hacer lo que él dijo, para que dos mil años después estén preparadas para el Gurú de gurús, para el Cristo Cósmico, Maitreya.

Han pasado dos mil años. Y he observado en mi vida y en todo nuestro personal y en la organización que las iniciaciones y las exigencias del Señor Maitreya van un paso más allá de como las hemos conocido antes. Son muy intensas y exigentes.

Maitreya exige obediencia y exige un amor más grande, un sacrificio más grande. Si ustedes quieren la relación con el Señor Dios, que caminaba y hablaba con Adán y Eva en el Edén, pueden conseguirla. Pero deben entender que no es como el mundo dice que es la religión. No es tan fácil. No es tan sencillo. Se trata del sendero derecho y angosto que conduce a la vida eterna.[30] Por tanto, Maitreya viene. Podrán observar lo que tuvo lugar ayer, cuando estaban ayunando después de que se les dijera que no debían ayunar. Eso era una cuestión de obediencia; era algo que no tenía importancia para mí, personalmente. Pero los maestros han establecido la norma de que no se debe ayunar los domingos por esta sencilla razón: cuando están en Summit University, ustedes se encuentran en una relación en forma de ocho conmigo y con la Hermandad. Se los acepta, digamos, como chelas novicios. No es una iniciación definitiva. No es algo que no se pueda deshacer si después decidieran no ser chelas. Pero por estar presentes aquí, se encuentran en una relación en forma de ocho.

Cuando estoy sobre el estrado con el cuerpo de luz para enseñarles los domingos por la mañana, los Maestros Ascendidos no quieren que tenga una relación en forma de ocho con una audiencia que esté ayunando, especialmente si hay más de cien personas ayunando. Esto se debe a que cuando ayunan, pasan por sus registros astrales. Al ayunar físicamente, los registros astrales emergen para transmutarse. Salen de las células físicas, del colon, de los órganos. Eliminan las toxinas. Esas toxinas tienen mal olor, tienen una vibración astral y tienen los registros de su cuerpo astral. El ayuno elimina las drogas del cuerpo, y las drogas también tienen una vibración astral, los medicamentos para tratar enfermedades, así como las drogas consumidas por razones psicodélicas.

Estar en el estrado y dar un dictado significa que, en ese flujo en forma de ocho, yo asimilo toda la conciencia astral y ustedes asimilan la luz. Y la Hermandad ha dicho que no quiere que eso ocurra durante un dictado, no quiere que haya una audiencia de personas en ayunas y no quiere que la gente ayune durante las conferencias, porque quieren que el cuerpo astral esté sellado. No quieren que la luz que van a dar sea absorbida por su ser a nivel astral, que por definición es impuro.

Los maestros quieren que el astral esté sellado porque quieren que la luz limpie el cuerpo mental, que restablezca la mente de Cristo y que se afiance en el cuerpo etérico. Quieren que ustedes tengan un control divinamente consciente de esa asimilación de la luz. Y no pueden tener ese control cuando ayunan, porque su cuerpo está pasando por ese estado tóxico.

Yo dije que el ayuno debía concluir el sábado por la mañana, y ya no tuvimos más comunicación. El retraso con el jugo de manzana dio como resultado que los asistentes docentes cambiaran la tarea sin decírmelo. Por tanto, no solo fue desobediencia (aunque ciertamente sin malicia; fue un intento de hacer las cosas lo mejor posible dada la situación), sino que tampoco se me informó hasta que estaba lista para salir al estrado. El ajuste de mis vehículos y mis cuerpos para lidiar con esa sustancia es algo que la Hermandad no quiso asumir. Los maestros no creyeron que fuera necesario hacerlo después de esta enorme conferencia y las energías del mundo.

Así pues, el dictado de Maitreya adquirió un volumen muy, muy alto, aunque no fue hablado. Y el volumen quería decir: «Escuchad, todo el personal, todos los que habéis estado aquí y habéis tenido las enseñanzas de la Hermandad. La jerarquía, este año, con la venida de Maitreya, exige que seáis escrupulosos con los detalles de las directrices que ya se han dado, puesto que el personal debe dar el ejemplo a los chelas nuevos».

Preparación para el contacto directo con Dios

No quiero que piensen que ha sido un caso de desorganización, confusión o mala comunicación. Ha sido un ejemplo muy claro de que ahora, cuando se entra en el verdadero amor de la relación gurú-chela, para la Hermandad adquiere más importancia que sus chelas estén alineados totalmente mediante la obediencia amorosa en vez de apilar un dictado más, una entrega de luz más, una entrega de enseñanza más, cuando la enseñanza básica es «la obediencia es mejor que el sacrificio».[31] Si no aprendemos a obedecer las normas externas dadas, no aprenderemos a obedecer las órdenes de nuestra Presencia YO SOY y nuestro Ser Crístico.

Por eso, si no hacemos caso a lo que la Mensajera ha dicho, Dios siempre lo toma como un ejemplo; si no escuchan a nuestra representante exterior, no escucharán a su corazón cuando este hable o a su Presencia Divina cuando esta hable. Por eso tenemos iniciaciones al empezar. Por eso hay normas. Las normas son como pequeños obstáculos sobre los que los caballos deben pasar cuando se los enseña a saltar. Es un entrenamiento. No es nada más que una preparación.

No se trata de si la norma está bien o mal o si tiene sentido.

Se trata de su determinación de saltar el obstáculo sin tumbarlo. Eso es lo importante: que el obstáculo no los derribe porque con su orgullo humano creen que es una norma estúpida. «Es un obstáculo estúpido, así es que no voy a obedecer esa norma, porque no tiene sentido y no me hace avanzar en el sendero de mi alma».

La norma sí les hace avanzar en el sendero de su alma porque ustedes se encuentran en la forma, están siendo preparados, están acostumbrados a un universo que es una enorme red de energía, las matemáticas que se traducen a nuestro nivel como normas, como los Diez Mandamientos y los mandamientos de Jesús. Y luego están las normas necesarias para lidiar con doscientas personas. Si hay que lidiar solo con una persona, no hacen falta normas. Pero si hay doscientas, hay que poner normas para que la vida pueda ser posible. Es tan sencillo como eso.

Esto siempre supone una prueba en Summit University, porque la gente dice: «Bueno, las normas las han hecho seres humanos. Yo soy más listo que el ser humano que las hizo, por tanto, no voy a obedecer esa norma». Pero se tienen que dar cuenta de que estas normas son obstáculos que los preparan para un gran salto. El gran salto es el contacto directo con Maitreya, al eliminar los obstáculos, al eliminar los pasos intermedios.

La meta de la Mensajera es ponerse a un lado para que ustedes puedan tener un contacto directo con Dios. Pero Dios no va a darles ese contacto cuando corren el riesgo de incurrir en karma por desobedecerle a Él cara a cara. Por tanto, pone a sus representantes. Se pone a sí mismo en la persona de la Mensajera, una mesa directiva u otras personas del personal, y dice: «Bien, obedecedles por un tiempo y veamos qué tal lo hacéis. Veamos cómo afrontáis vuestra propia conciencia interior».

Dios valora el libre albedrío

Yo, Maitreya, lo ordeno, despliego mi estandarte que dice que esta era de oro será porque el Eterno lo ha dicho, y Él no fallará …

Ocupaos de los negocios de vuestro Padre, y galvanizaréis esta era.

Ahí está la orden. Maitreya ha desplegado el estandarte, el Eterno lo ha dicho, no fallará, ustedes galvanizarán la era. Dios no fallará, hasta aquí [en el nivel etérico superior]. Y a Dios en realidad no le preocupa la era de oro [desde el etérico inferior al físico] en el sentido de que no va a traer esa era de oro solo por demostrar que su Palabra es correcta y que su Palabra no falla. Dios preferiría hundir un continente para castigar a un chela antes que crear una era de oro contraria al libre albedrío del individuo.

Dios quiere que tengamos la experiencia suprema y la experimentación con nuestro libre albedrío individual. Quiere que sepamos lo que nos hacemos a nosotros mismos cuando nos destruimos con armas nucleares o cualquier otra cosa. Quiere que lleguemos a aprender todo lo que hay que aprender acerca de ser Dios en esta octava. Él no está apegado a una era de oro de por sí. Dios está desapegado. Carece de deseo. Solo tiene un deseo: que ustedes lleguen a ser Dios. Pero no quiere imponerles ese deseo. Les da la oportunidad de elegir cumplir su deseo.

La gente no puede entender por qué Dios deja que exista el sufrimiento, por qué hay accidentes y problemas. Dios permite las calamidades y los cataclismos porque valora la vida de su alma y la integridad del compromiso que él tiene con ustedes, su pacto de libre albedrío, más de lo que valora el resultado final. En la enseñanza budista a esto lo llaman «desapego al fruto de la acción». Dios está más interesado en el ritual mismo de la vida tal como la viven ustedes que en el resultado final.

Si Dios estuviera más interesado en el resultado final, habría creado de otra manera; habría hecho un universo físico perfecto con gente perfecta. La única forma en que se consigue tener gente perfecta es creando robots. Entonces el hilo de contacto se convierte, no en lo que da vida a una mónada libre e independiente, entonces el hilo de contacto es el hilo de un titiritero, y ustedes son los títeres y hacen exactamente lo que dice el dios titiritero. Si Dios estuviera apegado a una era de oro y a la perfección humana o física, el único modo y la forma más fácil de conseguirlo hubiese sido negarles el libre albedrío y producirlo todo en el pequeño escenario.

Y, claro está, Dios mismo se habría aburrido muchísimo con un ejercicio así, igual que ustedes se aburrirían, igual que el aburrimiento es la vibración como la muerte de las almas en un Estado comunista o socialista, porque se lo hacen todo. Es un aburrimiento total. ¿Qué motivo hay para vivir? Vivimos porque tenemos opciones, elecciones. Y las elecciones son creatividad e ingenio. Son apasionantes. Nunca sabemos lo que hay tras la esquina, porque tenemos libre albedrío.

¿Dónde está la era de oro?

Deben comprender que lo único que hay seguro y definitivo es la era de oro hasta este punto [el plano etérico superior]. Si tienen una vida de bien y tiene mucha luz en su aura, cada vez que abandonen la pantalla de la vida irán a las ciudades etéricas y los templos de luz. Existen catorce ciudades etéricas en el plano etérico, sobre los océanos y sobre los desiertos de la Tierra. Y son ciudades en las que se está viviendo una era de oro.

Cuando vamos allí y vivimos entre los ángeles y los Maestros Ascendidos entre encarnaciones, se nos renueva en el cuerpo etérico el recuerdo de lo que es una era de oro. Después encarnamos e intentamos mejorar nuestra sociedad. Tenemos el recuerdo inmediato de la perfección, la perfección de Dios, y por eso tenemos esperanza. Por eso los niños pequeños están tan llenos de esperanza y el sentimiento de que pueden hacer cualquier cosa y que pueden cambiar el mundo.

Y parece que conservamos ese sentimiento aproximadamente hasta los veinticinco o veintiséis años. La mayoría de las personas entonces se casan, tienen familia y se involucran mucho en la economía para mantener a esa familia. Entonces se vuelven avariciosas por mantener el estatus quo. Cuanto más dinero ganan, más dinero gastan, más dinero quieren y más aumenta el nivel al que quieren vivir. Nuestro gran idealismo empieza a fallar cuando comenzamos a querer las cosas de este mundo.

Pero hasta ese punto, cuando somos independientes y libres y si afortunadamente no nos convencen de lo contrario, conservamos un recuerdo de esas ciudades etéricas, que claramente son los patrones y diseños originales interiores de lo que ha de construirse en nuestras ciudades.

La ciudad de Washington es una de las ciudades más importantes del mundo porque exterioriza a las ciudades de luz de alabastro de los retiros etéricos. Y eso es gracias a Saint Germain, a George Washington y los que bajaron esa matriz. Ese plan se retrotrae a las grandes ciudades de luz que existieron en la cuenca del Amazonas en la gran era de oro de Sudamérica. Todos los edificios, por supuesto, son de color blanco; y si quitamos los edificios que se han construido por avaricia, por dinero y por conveniencia y miramos a las estructuras originales, veremos algo muy parecido a lo que hemos conocido en los templos etéricos. Ese fue el sueño de Saint Germain y Godfre para los Estados Unidos.

Los gurús no nos sueltan

El hilo de contacto se rompe por rebelión y desobediencia. Pero ni siquiera se rompe con eso, porque los gurús nos aman tanto que nos toleran nuestras pequeñas rebeliones y desobediencias sin soltarnos. Pero si multiplicamos una rebelión mil veces, ¿a qué es igual? Es igual al rechazo a la persona del Cristo encarnado en el gurú. Al final, la ruptura del hilo de contacto se debe a la negación de que Jesucristo ha venido en la carne, que Dios se ha encarnado a sí mismo en sus avatares y finalmente en nuestra carne. De ningún modo se puede decir: «Dios está en mí, pero no en el gurú». Eso es sencillamente ilógico. No es geométrico. Si decimos que Dios está donde estamos nosotros, pero lo negamos en Gautama Buda o Jesucristo, habremos convertido a nuestra mente carnal en un dios.

Por tanto, el orden jerárquico es que ustedes acepten a Dios encarnado. Y cuando niegan a Dios encarnado por una rebelión y una desobediencia continuas a las enseñanzas, a los mandamientos y a la persona de los Maestros Ascendidos, entonces llega un punto en el que el hilo se rompe.

El año pasado me ocupé de una persona que había sido un chela que estuvo con nosotros como mensajeros quizá durante seis, siete u ocho años. Y hace varios años decidió ir y hacerse camino en el mundo. Hizo esto basado en la avaricia del dinero, el orgullo de su persona y el deseo de hacerse un nombre y adquirir notoriedad. Sin embargo, ni siquiera eso rompió el hilo de contacto. Así pues, se fue, buscó su camino en el mundo y hubo muchos acontecimientos que intervinieron.

Se le dio una oportunidad de volver a servir; sirvió; y desobedeció las reglas y las disciplinas de nuestro retiro. Sin embargo, ni siquiera eso rompió el hilo. Pero un día, después de una cadena de oportunidades y otra de rebeliones (cientos de ellas durante un largo período de tiempo), el Consejo de Darjeeling tomó una decisión. Godfre me transmitió esa decisión y dijo que debía expulsar a esta persona del servicio a la Hermandad en esta organización, lo cual yo hice.

Durante el curso de esa expulsión, empecé a leerle a esta persona los escritos de los diálogos de Santa Catalina de Siena,[32] que son las comunicaciones entre Dios Padre y su alma, que ella escribió y que se han publicado en rústica. Están publicados bajo los auspicios de la Iglesia católica. Estos diálogos explican con gran claridad que la relación más importante para el alma es con la persona de Jesucristo y que todo lo que se hace por amor a él como Gurú y por amor a Dios, cuenta como gracia y se acumula como gracia. Y todo lo demás que se hace por otros motivos no cuenta como gracia y no aumenta el logro del alma para la salvación.

Así pues, se trata de la oportunidad de restablecer la relación gurú-chela. Esa persona negó la relación. Expresó su deseo de tenerla porque quería la luz, pero expresó que en ninguna circunstancia quería verse en la situación de que se le disciplinara como chela, sino que deseaba de nuevo ir al mundo.

Después de esta oportunidad y el hecho de que Dios no corta bruscamente el hilo de contacto tras la rebelión inicial, después de todo esto, el punto central de aquella reunión fue que esta persona negó a los Maestros Ascendidos en la persona de su Mensajera, el Enviado; negó el Sendero y dijo: «Voy a hacer lo que yo quiera. Voy a servir a Dios de forma independiente a las enseñanzas, de forma independiente a la representación personal que la Hermandad me da».

No se pueden tener dos identidades a la vez

Esa representación personal supone la oportunidad para que el alma reciba los duros golpes de la disciplina, reciba la enseñanza y sea preparada.

De hecho, la finalidad es que el gurú, al sostener la Presencia Electrónica sobre esa alma, le dé la capacidad de rechazar su mente carnal, su orgullo y su rebelión. Lo que en realidad sucede en ese proceso es que el gurú proporciona la identidad del Cristo que el chela aún no ha alcanzado, hasta que el chela aniquile al dragón de su propia mente carnal y, por tanto, pueda levantarse con la identidad del Cristo.

No se pueden tener dos identidades a la vez. O bien somos el Cristo, o habremos entronizado a la mente carnal. Si hemos entronizado a la mente carnal, no podemos conocernos a nosotros mismos como el Cristo hasta que destronemos a esa mente carnal. Mientras la destronamos, en el momento en que la aniquilamos, será como matar a la única identidad que tenemos. Si la única identidad que tenemos es nuestro ego humano y tenemos que aniquilarlo, alguien tiene que darnos la mano en ese momento para sustentar la vida, para sustentar la conciencia del Cristo con nosotros y por nosotros. En el momento en que matamos al monstruo y este ya no está, nuestro Ser Crístico se alinea y adquirimos una nueva identidad.

Pero está esa milésima de segundo cuando nos apoyamos totalmente en el Enviado a través de la persona del gurú, que está unido a nuestro Ser Crístico. Por eso la relación deber estar basada en la confianza. Ahí es donde se necesita confianza, porque cuando aniquilamos a la mente carnal perdemos la capacidad de diferenciar entre la mente carnal y la mente Crística. La mente carnal se declara tan fuerte al Cristo vivo en nosotros que, a menos que podamos apoyarnos en el brazo del Señor, a menos que lo tengamos para apoyarnos, nos volvemos locos. La locura y la insania están ahí.

Esto se observa en Idi Amin, de Uganda, en África.[33] En él vemos la locura, la insania de la mente carnal que se ha entronizado a sí misma como si fuera el Cristo y ha conseguido que el alma crea que es el Cristo, que puede asesinar y destruir y arruinar a un país. Cuando llegó la iniciación y la oportunidad de matar a la mente carnal, la persona no tenía la persona del Cristo y no accedió a la relación gurú-chela a fin de que el proceso pudiera tener lugar.

«Los dioses, a quien quieren destruir, primero lo vuelven loco».[34] Los dioses son los caídos, que han entronizado a la mente carnal en sí mismos. Están todos locos por el hecho de haber entronizado a la mente carnal.

Por tanto, el hilo no se corta solo por rebelión, no solo por desobediencia, la cual puede considerarse a veces como las flaquezas de un niño de Dios que todos tenemos de vez en cuando. El acto definitivo que destruye de verdad la existencia del gurú para esa persona a efectos prácticos es el acto definitivo de negar que la Palabra se hace carne, negar que los Maestros Ascendidos están aquí, que están hablando, y negar su enseñanza. Se trata de un momento muy serio. Ese momento le llegó a esta persona después de que se le hubieran dado oportunidades literalmente durante cientos de miles de años para restablecer el estado de gracia. La gracia es cuando se tiene el hilo de contacto, el restablecimiento del estado de gracia.

La cadena universal del ser

Salí de aquella reunión, después de haber expulsado a esa persona, y miré al cielo y vi que estaba teniendo lugar el ritual de la ruptura del hilo de contacto. Es un ritual. Jamás se toma a la ligera. Debo enfatizar que, si ustedes son de corazón limpio y sincero, Dios jamás romperá ese hilo porque cometan una equivocación. Recuérdenlo. Dios romperá el vínculo porque habrán blasfemado contra el nombre de su Hijo en su Ser Crístico y en el Ser Crístico de la Mensajera y de los Maestros Ascendidos.

Cuando miramos al hilo de contacto, se lo muestra como una gran cadena de luz. Es una cadena de luz centelleante, igual que una cadena de eslabones, un eslabón tras otro. Pero los eslabones son de luz y cada eslabón es una persona, o un hijo puro, de Dios, un Maestro Ascendido y su chela. Todas las personas en la tierra y en el cielo que forman parte de la Gran Hermandad Blanca son un eslabón de lo que se denomina la cadena universal del ser. Y uno se gana el derecho a permanecer en esta gran cadena siendo obediente al siguiente eslabón, que es el gurú del momento.

La ceremonia que tuvo lugar consistió en que las manos de Dios bajaron y abrieron un eslabón, lo sacaron y unieron los otros dos restantes. Eliminaron a la persona como eslabón en la cadena del ser. Este es un ritual, y no se produce sin consultar al Ser Crístico de la persona, sin que los Señores del Karma opinen y sin haber dado a la persona todas las oportunidades para comprender lo que está en juego, tanto en los planos interiores como en los exteriores. Así es que eso es lo que ha ocurrido. No es la única vez que ha ocurrido. Ha ocurrido antes. Continúa ocurriendo a lo largo de los siglos.

Básicamente eso es lo que sucedió cuando se expulsó a Lucifer del cielo. Se eliminó su eslabón de la cadena del ser universal. ¿Por qué Dios hace eso? Porque si permitiera que el que se rebeló contra el Ser, contra el orden mismo de la jerarquía, permaneciera en la cadena, esta se contaminaría. Dios permitiría su propia destrucción. Por tanto, no lo hace.

Por eso digo que la relación gurú-chela es la única existencia real, es la única realidad. Fuera de ella, uno no forma parte de la cadena universal de seres cósmicos, huestes angélicas, etcétera.

Romper el olvido

Maitreya vino con ese dictado a las almas que, en el plano interior, formaban parte de esa cadena y forman parte de esa cadena. Pero dijo que han olvidado cómo invocar a las huestes angélicas. Lo han olvidado, y sus llamados han caído en el desuso. La Gran Hermandad Blanca desea restablecerles el poder que es capaz de consumir sus temores, restablecerles la comunión de los santos y la comunión con las huestes angélicas.

Por consiguiente, es el restablecimiento del milagro más grande de la era, su ser que pronuncia el nombre YO SOY. Cuando pronuncian el nombre YO SOY, entonces son un eslabón consciente en la cadena del ser. Ahora bien, Sanat Kumara, el Anciano de Días, y la Hermandad nos han dicho que tenemos una gran luz y una gran asociación del pasado, y que nuestro mayor problema hoy día es que hemos olvidado quiénes somos, a quién pertenecemos en este orden universal del ser y cómo hacer uso del hecho de que formamos parte de esa cadena, cómo hacer llamados, la enseñanza del «cómo». Y así, esa es la finalidad básica del momento para esta Iglesia, esta religión, este movimiento y esta manifestación, esta representación del Cristo Cósmico.

Este dictado es una muy buena manera de empezar este trimestre de Summit University. Estoy muy agradecida de haberlo escuchado con ustedes, y vamos a volver a poner esa pequeña sección para terminar:

> Sois vosotros, benditos, quienes habéis fallado de alguna forma. Pero esto no tiene porqué continuar, porque el propósito de la religión, el propósito de la vida, es manifestar su eterno destino.
>
> Yo le daría la vuelta a la moneda. Yo no enseñaría la imagen del César, ¡**sino la imagen de Dios**! La imagen de Dios es tan hermosa que resiste a que se la describa con palabras.

El gurú ha empleado toda esa energía para derrotar a la mente carnal. Su mente carnal es su imagen del César. Y la imagen de Dios baja rodando hacia su alma porque Maitreya ha emitido un rayo para romper ese campo energético de la mente carnal. Es una técnica karateca de luz. Puesto que llega de repente, los caídos no se lo esperan. Los demonios que están ahí observando esta entrega de luz no se la esperan.

Todos los gurús que encontramos en los libros, ese es el gran talento que tienen. Su talento está en el momento que escogen para hacer algo y el sentido que tienen de lo inesperado. Nos toma totalmente con la guardia baja para que esa acción no pase por la mente mental o la mente razonadora. Nos llega independientemente de nuestra mente, y ese es precisamente el fin. Ello quiere desbancar nuestra dependencia del simple cuerpo mental.

Supone un gran peligro el depender solo de la mente razonadora para decidir qué hacer con su vida y qué hacer de un momento a otro. Existe una mente superior, una mente *superior*. Ese impulso de luz se saltó la mente razonadora y llegó al alma y desencadenó su respuesta de amor, que volvió a Dios, independientemente de su mente razonadora. Todo ello sucede como el chasquido de un trueno. Es algo muy, muy emocionante.

Aquí concluye nuestro mensaje de hoy. Y recomiendo que ahora escuchen este dictado otra vez, de principio a fin, y que tomen notas. Pondremos un examen solo sobre este dictado y lo que se ha explicado de él el viernes. Por tanto, creo que pueden aprobarlo si lo escuchan una vez más. Entonces tendrán todas las notas necesarias. Les debe bastar con leer las notas que tomen para estar listos, venir y contestar bien al menos a un noventa por ciento de las preguntas. Nunca les vamos a preguntar nada que no forme parte del mensaje. Pero es importante que tomen notas.

Yo misma no podría venir a Summit University y hacer uno de estos exámenes sin estudiar. Es imposible. Hay demasiados conceptos sutiles de la Ley. Si fuera a hacer un examen el viernes, tendría que estudiar. Tendría que volver, leer mis notas y ver de qué se habló. No importa si somos un gurú o un chela o un maestro o no del todo un maestro; se trata de que las leyes de Dios hay que estudiarlas. Todos debemos estudiar la Palabra.

En el nombre de la luz de Dios que nunca falla, invoco la Palabra eterna del corazón del Padre, el Hijo y el Espíritu Santo, del corazón de la Madre. Que la Palabra descienda ahora de la gran Presencia YO SOY de cada cual como el Cristo personal de todos.

Por tu llama, oh, Señor Maitreya, por tu llama, oh Lanello, imparte la esencia de tu Palabra, para que tu Palabra se haga carne en estos amados chelas, oh, Dios. En el nombre de todo el espíritu de la Gran Hermandad Blanca y la causa a la que estamos dedicados, en el nombre del Anciano de Días, amén.

8 de enero de 1979

SEGUNDO CAPÍTULO

Una transferencia de poder

Vamos a comenzar enseguida con el segundo dictado del amado Señor Maitreya. Este dictado se dio el 1 de julio de 1961, durante nuestra conferencia Cuatro de Julio que celebramos en la ciudad de Washington. Por tanto, es un ciclo de diecisiete años hasta el último mes de julio. Será un ciclo de dieciocho años hasta este julio.

SEÑOR MAITREYA
1 de julio de 1961

La conciencia Crística

Amigos del amor eterno: desde el principio de todos los tiempos, desde el principio de la idea de la creación en la mente de Dios, existe una realidad eterna tejida en el entramado de las corrientes de vida individuales. Forma parte de la vida de tal modo que no puede ser algo separado. Y nadie tiene el poder, «ni lo alto, ni lo profundo, ni ninguna otra cosa creada»[1], de separar a la humanidad del gran poder y la gran belleza del amor divino, que, como un manto de perfección del Cristo ascendido, descansa sobre la conciencia individual de cada corriente de vida.

La pureza del bebé recién llegado puede ensuciarse al deambular por la conciencia humana. Pero cuando se entra en la conciencia de su pureza inmortal otra vez, se manifiesta esa pureza y expresión que se expresó en el estado prístino y original.

Hoy exalto en vosotros —yo, Maitreya— la conciencia del Ser Divino. La atención puesta en la pureza de la conciencia es adorar a Dios en vuestro corazón.

Benditos entre la humanidad destinados a ser inmortales, hoy venís a este lugar esperando quizá escuchar palabras de gran poder. La palabra de poder más grande que jamás se ha pronunciado se pronunció en vuestra conciencia con la estructura de vuestro ser, cuando la voz de Dios en vosotros habló y dijo: «¡He aquí, YO SOY!».

Este ser, que es vuestra fibra, esta existencia de inmortalidad, no empezó a existir ayer ni dejará de existir hoy ni dejará de existir para siempre. Por consiguiente, afianzad en vosotros una idea de la conciencia inmortal de Dios y la conciencia inmortal del amor.

Cuando el Maestro Jesús deambulaba por los montes de Judea exteriorizando la magnificencia de lo que nosotros, a niveles internos, derramábamos a través de su conciencia de la vida, atrajo a las multitudes y partió el pan de la vida. Y repartió la Sagrada Eucaristía de Dios entre la humanidad. En verdad, la noche de la pascua —cuando dijo a los reunidos: «Tomad, comed; esto es mi cuerpo»[2]— ellos no eran conscientes de toda la belleza o todo el poder o el gran significado que había detrás de esas palabras.

Así, benditos, hoy os hablo como a bebés en la conciencia Crística. Os digo, de verdad, que solo unos pocos de vosotros sois plenamente conscientes del significado del pan del cielo que baja y se manifiesta como vuestra vida.[3] Tan atrapada está la conciencia de la humanidad por la conciencia de lo mundanal y las superficialidades de la vida, que aquella solo vislumbra momentáneamente las bellezas de la conciencia Crística. Y esto es lamentable, pero remediable.

El amor envolvente y universal de Dios, que ahora derramo a vuestro alrededor con el resplandor de mi corazón, es capaz de sellar en vosotros ese manto de perfección Divina e iluminar la conciencia que sois de tal modo, que manifestaréis y exteriorizaréis aquello que nosotros ya somos.

Os hacemos señas desde detrás del velo, llamándoos con los grandes tonos de inspiración espiritual a que entréis en nuestra conciencia y os quedéis. Las voces del mundo, clamando en el desierto[4] del mundo, también llaman. A vosotros corresponde, benditos, tomar la decisión de a quién escucharéis y a quién prestaréis atención.

Este es un país grande y magnífico concebido por vuestro amado Saint Germain y dotado del gran espíritu de la Liberad. Pablo, el maestro veneciano, irradió muchísimo amor hacia Estados Unidos en el pasado y continúa haciéndolo.

Pero, benditos, Estados Unidos está destinado a ser un país de los Maestros Ascendidos, un país inundado de la belleza de Dios. Si este destino que Estados Unidos debe exteriorizar ha de manifestarse aquí, lo hará porque las corrientes de vida individuales se habrán puesto a trabajar duro, no para hacer girar la rueda del egoísmo y la del esfuerzo egoísta, no para la rueda mecánica que simplemente gira en los mercados del comercio, sino la rueda de la conciencia divina que con su girar produce una civilización más hermosa, que decide exteriorizar con cada generación sucesiva un semblante más noble que el anterior.

Hoy vengo a vosotros con el manto envolvente de la luz del Cristo Cósmico. Y hoy vengo a vosotros con la forma y la conciencia del Buda. Estoy (para aquellos de vosotros que no me veis) de pie, a aproximadamente dos metros y medio detrás de nuestro Mensajero y estoy en el aire a aproximadamente un metro por encima de su cabeza.

Hoy os hablo con brazos de luz radiante. Derramo mis rayos luminosos a través de su conciencia y hacia vuestra conciencia para que podáis absorber estos rayos luminosos y sintáis el amor sanador que os traigo, para que se os pueda bendecir con el manto infinito de protección Crística y podáis sentir ese amor que nunca ha empezado a existir, que siempre existió, que desde el principio se identifica con la creación, porque existió mucho antes de que la creación fuera concebida en la mente y el corazón de Dios. Benditos y amados, prestad atención ahora que os hablo; pero prestad atención, os digo, que os habla vuestro Santo Ser Crístico. Durante esos momentos en los que no tenéis el privilegio de sentaros a nuestros pies y oírnos directamente, vuestro Santo Ser Crístico le habla a vuestro corazón.

Vuestro Santo Ser Crístico, guiado por los grandes rayos luminosos maestros de vuestra Presencia Divina, inunda vuestra conciencia con esa idea de dirección que os dice: «Este es el camino, caminad por él»; y vuestro instructor, por tanto, no es retirado a un rincón,[5] sino que está directamente sobre vosotros en conciencia, derramando e inundándoos cada día —si escucháis y si lo oís— con la voz de Dios, con las indicaciones de Dios, con la sabiduría de Dios, con la fortaleza de Dios y el amor de Dios.

Lo que hagáis con esta energía divina, benditos, lo determina vuestra propia conciencia. Lo que hagáis con ella determina el que aceptéis o no sus presiones de luz. Es una presión benigna. Sin embargo, no llega para quitaros vuestra libertad de voluntad o vuestra libertad de expresión. Llega para traeros la gran voluntad de Dios y la libertad de expresar la plenitud de ese mismo Dios.

¡YO SOY la expresión plena de la radiación de Dios!
¡YO SOY la expresión plena del poder y la gloria de Dios!
¡YO SOY la expresión plena del reino de Dios!

¡Porque ahora YO SOY quien expande aquí su

conciencia de luz y YO SOY quien aumenta la fuerza de la gran corriente de luz que proviene del poder de mi cargo!

YO SOY el Buda y, por tanto, hoy os envuelvo en la gran «divinidad incipiente» que brilla sobre vuestra forma, que desea transformar vuestra forma en esos rayos de luz dorados que os harán exteriorizar lo que Dios quiere, no lo que los humanos quieren, sino lo que el Padre quiso desde el Principio.

Benditos, cuando comprendéis las grandes leyes de Dios, el velo de misterio se elimina y la claridad con la que contempláis el rostro de vuestro Santo Ser Crístico determina cómo contemplaréis el rostro de vuestra Presencia Divina. Y cuando seáis capaces de ver el rostro de vuestra Presencia Divina en la plenitud de su gloria, seréis esa gloria.

Damas y caballeros, os saludo hoy como damas y caballeros del cielo. Debéis sentaros en sitios celestiales en la conciencia ascendida de Jesucristo. Debéis formar parte de la vanguardia de ese movimiento de luz que ha de barrer la Tierra y llevar a toda la humanidad la libertad de expresar a este Cristo, la libertad de expresar el modo de vida de los Maestros Ascendidos, la libertad de expresar la belleza Divina de todas las formas y en todo momento.

Abrid hoy, por tanto, vuestro corazón. Abrid la puerta a vuestra incipiente divinidad. Dejad de mirar las metas mortales y considerad las metas inmortales de vuestra existencia. Estas son como un gran pastor. Estas metas os cuidarán. Estas metas cuidarán de todos vuestros esfuerzos terrenales. Estas metas se ocuparán de vosotros.

Os digo esto: ¿creéis, benditos, que es necesario que penséis en el mañana sobre lo que haréis o lo que seréis? ¿De verdad no es posible que el Padre, que el Cristo en vosotros, lo haga por vosotros? Pues ¿quién de vosotros podría cambiar su estatura con el pensamiento?[6] Sin embargo, se ha hecho. Benditos y amados, lo hace el Padre. Cuando la imagen inmaculada de Dios, el pensamiento inmaculado de

Dios, se hace destellar con letras vivas de fuego, ello es un fíat de cielo eterno, y no hay ningún poder en la tierra o el cielo ni en ninguna otra parte que pueda alterar o cambiar la conciencia divina.

Por tanto, entrad en esta conciencia Crística y sabed que esa conciencia será la compulsión de cambio en vosotros, obligará a la respuesta de la victoria, alterará vuestro pensamiento sobre vosotros mismos ¡y os dará la *libertad de expresar vuestra perfección Divina manifestada!*

Hoy os digo que nunca, en toda la eternidad, podéis exteriorizar la conciencia Crística simplemente haciéndolo a nivel humano. Ello debe surgir de una invocación a raíz de vuestra sintonización consciente con vuestra Presencia Divina y vuestro Santo Ser Crístico.

Y debéis de hecho abrir vuestra conciencia hasta que las compuertas y las mareas de vida inmortal hayan dirigido sus energías a través de vuestra mortal forma pensante, de tal modo que seáis aquello que deseáis llegar a ser, que seáis una manifestación de Dios, que seáis conscientes de que sois una manifestación de Dios, que deseéis una manifestación de Dios, que decidáis que los fuegos de inmortalidad ardan en los altares de vuestro ser y que esos altares sean como Dios quiso, altares para alterar la conciencia humana y dirigirla hacia su más alto estado exaltado en el que el fuego sagrado, ardiendo ahí, se convierta en la conciencia de Dios en plena expresión manifiesta; y seáis capaces de ver no solo el rostro de vuestra Presencia, sino a todo ser angélico, a todo ser cósmico, a todo Maestro Ascendido, a todo deva, y seáis capaces de ver dentro del corazón de toda la Materia, capaces de controlar materia y energía y ser maestros no solo de vuestro mundo, sino también del mundo de la forma y sustancia material. Yo, Maitreya, hoy os digo que los Maestros Ascendidos, en las grandes deliberaciones y los consejos de la Gran Hermandad Blanca, han decidido que la tiranía humana ha dominado durante demasiado tiempo la mente de las masas. Por tanto, hemos hecho una gran petición gracias a la cual hoy el cuerpo estudiantil recibirá lo que se conoce como todo el poder del «diez mil por diez mil». ¡De hoy en adelante, cada decreto que pronunciéis será aumentado por el poder del «diez mil por diez mil»!

Yo, Maitreya, declaro que los que hagan decretos de hoy en adelante estarán creando una enorme aceleración de impulso y rápido movimiento que barrerá la conciencia terrenal de la humanidad y obligará a esta Tierra a liberarse.

Está decidido por la Gran Ley Cósmica que esta Tierra no se someta a la tiranía de la conciencia humana, la cual, en sí misma, aunque es sustancia inteligente hasta cierto punto, no es la inteligencia discernidora de los Maestros Ascendidos. Por consiguiente, ¡no tiene ningún poder! ¡No tiene ningún poder! ¡No tiene ningún poder! Y digo que debéis liberaros de esa conciencia que entra consciente y alegremente en nuestro pensamiento mediante la entrada al pensamiento de Dios acerca de vosotros.

Dios piensa en vosotros. Todas y cada una de las corrientes de vida que hay aquí forman parte de Dios. Cada uno de vosotros tiene una puerta para entrar en la conciencia de Dios. Cada uno de vosotros puede expandir la llama del fuego sagrado en el altar de su propio ser. Y ninguna otra corriente de vida puede hacerlo por vosotros. Ningún Maestro Ascendido puede hacerlo por vosotros. Nadie puede hacerlo por vosotros, al fin y al cabo, sino vuestra Presencia Divina y vuestro Santo Ser Crístico.

¡Nosotros podemos daros nuestro amor, y eso hacemos! ¡Podemos daros nuestra energía, y eso hacemos! ¡Podemos daros nuestra fortaleza, y eso hacemos! Y os guiamos y dirigimos y deliberamos en nuestros consejos para llevar a la Tierra y a todas sus inmediaciones el gran amor envolvente de la inteligencia del Cristo Cósmico y del Dios Padre-Madre.

Pero, benditos y amados, a los individuos corresponde decidir que serán uno con Dios, uno con la vida, uno con la belleza, uno con el Buda, uno con el Buda de su divinidad en desarrollo, uno con los mantras del Espíritu hasta que con victoria Divina formen parte de Dios para siempre.

Os doy las gracias. Os sello con la sonrisa del resplandor eterno del cielo.

Oh benditos y amados de la clase *Libertad* en Washington, gracias por venir. Gracias por escuchar mis palabras. Os doy gratitud Divina en el nombre del cielo.

Id, pues, hoy a existir conscientemente como hijos de la luz para expandir la luz como lo hacemos nosotros. Y entonces ningún poder del cielo o de la tierra hará que os desviéis bruscamente del Sendero. Los demonios temblarán cuando habléis. Y la luz irá delante de vuestro camino como un haz de resplandeciente fuego infinito. Igual que Moisés caminó por el desierto, vosotros atravesaréis ilesos la conciencia humana, y nada se os acercará que pueda dañar o destruir en toda la montaña santa de iluminación Divina.[7]

Paz a vosotros desde la Cima; paz del Cristo Cósmico desde vuestra Presencia Divina, vuestro Santo Ser Crístico, y desde la conciencia del Buda eterno en todos vosotros.

Os doy las gracias. Buenas tardes.

Este dictado se dio en la primera conferencia a la que yo asistí, y se dieron muchos en esa conferencia, tantos que me quedé asombrada por la resistencia del Mensajero Mark Prophet y también por la luz extraordinaria y la sorprendente versatilidad de su ser.

Ahora quisiera que me hablen de las iniciaciones de este dictado.

La iniciación del dictado

Estudiante: Creo que la iniciación o dispensación más importante es el poder del «diez mil por diez mil», porque eso aumenta mucho el impulso de los decretos.

Estudiante: Creo que es la exaltación de la conciencia divina.

Estudiante: Creo que lo principal es que él quiere que adoremos a Dios y que seamos muy conscientes del hecho de que tenemos una Presencia Divina y un Ser Crístico, que entremos en contacto con ellos y que, al hacerlo, al adorar a Dios en nuestro corazón, «tengamos un sentimiento de adoración a Dios en nuestro corazón». Y Jesús adoraba de la misma forma, tenía ese mismo amor y había dominado ese amor que Maitreya quiere que exterioricemos.

Estudiante: Creo que la iniciación es que nos da la suprema palabra de poder, que es YO SOY.

ECP: ¿Al decir que Dios la pronunció dentro de nuestro ser?

Estudiante: Así es.

ECP: Es algo descriptivo. Maitreya dice que Dios pronunció eso en su ser. Usted debe ser consciente de lo que es simplemente una descripción de hechos o de la historia y lo que es una iniciación del presente. Él simplemente nos está diciendo que Dios pronunció eso en nuestro ser. Eso no es una iniciación del dictado.

Estudiante: Dijo que fuéramos hoy y que existiéramos como hijos de la luz.

ECP: Dijo que deberíamos formar parte de Dios para siempre.

Estudiante: Dejar de buscar metas mortales y buscar en cambio metas inmortales.

ECP: ¿Es eso una iniciación? Estamos buscando la iniciación clave del dictado, no escogiendo frases. ¿Qué es una iniciación? ¿Por qué no me dicen cuál fue la iniciación del primer dictado?

Otro estudiante: La palabra de la iniciación era «restablecimiento».

ECP: El restablecimiento del contacto con la Gran Hermandad Blanca. Vino a restablecer ese contacto.

Los conceptos de los Maestros Ascendidos son muy, muy precisos. No son nebulosos, son precisos. Pueden recordarse y pueden estudiarse. Pero están en un plano muy alto, el plano etérico. La razón por la que se vuelven nebulosos es que los efluvios de su propia conciencia, su aura, hacen que las cosas que tienen una vibración alta parezcan como si les hicieran falta gafas y no las tienen puestas: miran al otro lado de la calle y no ven nada.

Entonces, es importante definir el argumento. Maitreya vino a restablecer el hilo de contacto con la Gran Hermandad Blanca. Y he tenido que utilizar las palabras exactas porque hay tres puntos de contacto. ¿Alguien se acuerda de las palabras exactas?

Estudiante: Dijo que era un restablecimiento con los santos y también que los seres angélicos son sirven.

ECP: ¿No estaba también el restablecimiento de poder?

Ahora bien, el segundo tiene una iniciación. Una iniciación es una concesión de luz. Cada maestro viene a conferir luz. Él dice muchas cosas y usa muchas palabras, pero entre esas cosas y esas palabras encuentra la forma de decirles qué es lo que más le interesa, dónde está el mayor énfasis y qué está haciendo por ustedes.

Estudiante: Creo que mencionó que cada persona tiene una puerta, cierta puerta que tiene que atravesar. Vino a conferir esa sabiduría, creo, el conocimiento de que cada uno de nosotros tenemos nuestro sendero. Nadie puede hacerlo en nuestro lugar. Nadie puede hacerlo en lugar de uno mismo. Nadie puede…

ECP: ¿Nadie puede hacer qué por uno mismo?

Estudiante: Hacernos pasar por la puerta.

ECP: ¿Qué puerta?

Estudiante: La puerta de la conciencia.
ECP: ¿Qué conciencia?
Estudiante: La conciencia de Dios.
ECP: No; él lo nombró.
Estudiante: La conciencia divina del Padre.
ECP: No, no dijo eso. ¿Qué dijo exactamente?
Estudiante: Creo que dijo que vino a mostrarnos el Ser Crístico al decir que ve la claridad de nuestro Santo Ser Crístico y después vemos al Padre.

ECP: En primer lugar, describe cómo está suspendido sobre Mark, a un metro y medio por detrás, a un metro por encima. Después dice que así es como nuestro Santo Ser Crístico está suspendido sobre nosotros. Pero lo más importante que dice es que ustedes deben entrar en contacto con su Ser Crístico personal, su Santo Ser Crístico, y con su Presencia YO SOY. Nadie puede hacerlo por ustedes. Ningún Maestro Ascendido puede hacerlo por ustedes. ¡Ustedes deben hacerlo!

Pero nos da una ayuda para hacerlo, y la ayuda que nos da es la concesión o la iniciación. ¿Tienen la frase en la que da su ayuda?

Estudiante: Era la iniciación del aumento de luz para darnos la determinación de ser la conciencia Crística.

ECP: Se lo voy a leer.

> ¡YO SOY la expresión plena de la radiación de Dios!
> ¡YO SOY la expresión plena del poder y la gloria de Dios!
> ¡YO SOY la expresión plena del reino de Dios!
> Porque ahora YO SOY quien expande aquí su conciencia de luz y YO SOY quien aumenta la fuerza de la gran corriente de luz que proviene del poder de mi cargo.

El poder de su cargo, Maitreya, Iniciador, está aumentando la gran corriente de luz.

YO SOY el Buda y, por tanto, hoy os envuelvo en la gran «divinidad incipiente» que brilla sobre vuestra forma, que desea transformar vuestra forma en esos rayos de luz dorados que os harán exteriorizar lo que Dios quiere, no lo que los humanos quieren, sino lo que el Padre quiso desde el Principio.

Por eso alguien por aquí dijo «Padre».

Benditos, cuando comprendéis las grandes leyes de Dios, el velo de misterio se elimina y la claridad con la que contempláis el rostro de vuestro Santo Ser Crístico determina cómo contemplaréis el rostro de vuestra Presencia Divina. Y cuando seáis capaces de ver el rostro de vuestra Presencia Divina en la plenitud de su gloria, seréis esa gloria.

La iniciación, pues, es la transferencia del «poder de mi cargo», de una «gran corriente de luz»; e indica qué nivel, qué persona de su cargo está transfiriendo, poque en la siguiente frase dice: «YO SOY el Buda y, por tanto, hoy os envuelvo en la gran "divinidad incipiente" que brilla sobre vuestra forma». Por tanto, su iniciación es darles la luz del Ser Crístico de ustedes que pertenece a la persona del Buda (por tanto, el chakra de la coronilla; el Buda siempre es el chakra de la coronilla) que brilla sobre ustedes.

Mientras Maitreya irradia sobre Mark Prophet, les dice que ahora está brillando sobre ustedes como el Buda, envolviéndolos «en la gran "divinidad incipiente" que brilla sobre vuestra forma», la cual por supuesto es parte de su Ser Crístico. Por consiguiente, dice: «Abrid hoy, por tanto, vuestro corazón». «Por tanto» significa «como consecuencia de». Como consecuencia de mi venida, por estar sobre ustedes, por mi transferencia de esta luz, quiero que abran la puerta, que abran su corazón, «abrid la puerta a vuestra incipiente divinidad».

Ahora bien, el corazón es la iniciación del Señor Maitreya,

así como la cabeza. El Buda, el equilibrio de mente y corazón, es el equilibrio de Alfa y Omega. Pensamos en el Buda como el chakra de la coronilla y en el Cristo como el chakra del corazón, pero deben comprender que ambos poseen el mismo logro en los dos chakras. Lo que quiero decir es que cada cual exterioriza un sendero distinto para que las personas puedan seguirlos según su inclinación. Pero si quieren seguir a Jesucristo, seguirán en realidad a alguien que ha llegado al Buda. Y si quieren seguir a Gautama Buda, seguirán al Ser Crístico.

Un hilo de contacto para todos en la Tierra

Como saben, Gautama Buda sostiene la llama trina de la vida para las evoluciones de la Tierra en Shambala. Sanat Kumara vino porque el corazón de los hombres estaba endurecido. Su corazón estaba cubierto y ya no adoraban la llama trina de la vida. La Tierra estaba a punto de ser destruida porque nadie adoraba la llama trina. Por consiguiente, Sanat Kumara vino, el Anciano de Días, y estableció su retiro de la llama trina, del chakra del corazón para la Tierra: Shambala, el chakra del corazón de la Tierra.

Y desde el corazón del Buda, desde el corazón del Anciano de Días, Sanat Kumara envió un hilo y dirigió ese mismo hilo de contacto hacia todos los que estaban evolucionando en la Tierra. Debido a que ellos no adoraban a su corazón, el propio Sanat Kumara adoró al corazón de Dios. Y con su adoración transfirió esa adoración por el hilo de contacto. Es decir, transfirió la llama, o podríamos decir el aceite, para mantener ardiendo la lámpara.

Así, la llama del corazón de todo el mundo en la Tierra actualmente está sostenida por el jerarca que ocupa el cargo del Anciano de Días. El Anciano de Días se marchó de la Tierra y transfirió ese cargo a Gautama Buda el 1 de enero de 1956. Sanat Kumara ha ocupado ese cargo, claro está, durante miles de años.

Sanat Kumara, el Anciano de Días, se graduó; pasó a ser Regente del Mundo; y Gautama Buda pasó a ser Señor del Mundo. Y el siguiente iniciado bajo Gautama es el Señor Maitreya. Por tanto, el Señor Maitreya es conocido como el Buda Planetario, el Cristo Cósmico. Entonces, la iniciación que está dando es el aumento de su sintonización con su Ser Crístico y su Presencia YO SOY para que puedan abrir el corazón y conservar la llama trina de la vida, la incipiente divinidad de ustedes, una puerta abierta para todos los niños de Dios.

Si tan solo meditan sobre el concepto de que Gautama Buda extiende un hilo desde su corazón hacia todos los corazones de la Tierra y con ese hilo se sustenta la vida, ese es un concepto muy, muy apasionante. Y así, cada vez que un individuo empieza a guardar su propia llama de la vida adorándola, es como una madre que da a luz a un hijo. Cuando el hijo nace, se corta el cordón umbilical y el niño actúa por sí mismo, independiente de la corriente de vida de la madre. Así, todos estamos conectados al cordón umbilical de Gautama Buda de corazón a corazón. Y ese es uno de los servicios de la Hermandad. Y, obviamente, sin ese servicio no habría vida. ¿Por qué es necesario eso? Porque las personas no adoran suficientemente a su Presencia YO SOY y su Ser Crístico. No dan gloria y alabanza diariamente a Dios de ninguna forma. Y para guardar esa llama a diario hay que dar alabanza. La alabanza es el medio para extraer energía de su cuerpo causal y bajarla al chakra del corazón para que proporcione la energía para que arda. La Tierra iba a ser anulada porque nadie daba adoración. No quedaba una sola persona que adorara la llama trina. Por tanto, Sanat Kumara dijo: «Yo iré; yo seré esa persona. Y haré que mi adoración cuente para todos en la Tierra». Por tanto, la primera y más importante iniciación era restablecer el contacto con la Gran Hermandad Blanca, con las huestes celestiales.

La segunda iniciación:
El contacto con su Presencia YO SOY y su Ser Crístico

La segunda iniciación era restablecer el contacto con su Presencia YO SOY y su Ser Crístico. ¿Quién me puede decir por qué es más importante restablecer primero el contacto con la Gran Hermandad Blanca?

Estudiante: La razón por la que tuvimos un restablecimiento fue para que los Maestros Ascendidos pudieran enseñarnos a restablecer el contacto con la Presencia YO SOY de ellos.

ECP: Cómo establecer el contacto, esa es una razón muy importante. Primero establecieron el contacto con la Hermandad para que estuviéramos en contacto con nuestros instructores, quienes nos enseñarían a entrar en contacto con nuestra Presencia YO SOY y nuestro Ser Crístico. ¿Cuál es la siguiente razón?

Estudiante: Creo que debemos reconocer la divinidad en ellos antes de poder verla en nosotros mismos.

ECP: Esa es una razón importante, pero no es la que quiero.

Estudiante: Creo que es establecer la relación gurú-chela, el instructor y el estudiante.

ECP: Sí, necesitábamos la relación gurú-chela, pero ¿por qué la necesitábamos?

Estudiante: Madre, porque ellos ya la habían logrado.

ECP: Ya la habían logrado, ese es cierto.

Estudiante: Por tanto, la única forma en que podíamos verlo era viéndola en ellos.

Estudiante: Creo que para hacer posible que lográramos la Cristeidad.

ECP: Sí, es para hacerlo posible. Lo voy a simplificar y lo voy a decir. No es que intente mantenerlos en suspenso; estoy tratando de ayudarlos a pensar en esto. Lo importante de aquella conferencia en concreto (había cien o más personas, 150 personas máximo), es que les dijeron y les dieron la dispensación del poder del cargo de Maitreya y les pidieron que entraran en contacto con su Ser Crístico y su Presencia YO SOY. La pregunta es: ¿cuánta gente que asistió a esa conferencia creen que entró en contacto al salir de la sala?

La razón por la que nos dieron el contacto con la Gran Hermandad Blanca primero es que éramos como gente ahogándose en el mar astral. Cuando alguien se está ahogando, no se le echa una torta, un bistec, un juego o una radio. Se le echa un salvavidas. Por eso la Gran Hermandad Blanca nos echó un salvavidas para salvar a nuestras almas. Entonces, después de subirnos al barco y secarnos, empezaron a enseñarnos cómo lanzar el salvavidas y cómo ellos salvan a nuestra alma.

Es como darle a un hombre que se está ahogando la teoría de cómo se lo va a salvar, sin salvarlo. Esto quiere decir que, si nos hubieran dado la otra iniciación, no habríamos sabido cómo hacerlo. Pero no por no saber el cómo, sino por la densidad y el impulso acumulado de nuestra conciencia humana.

Por qué tenemos al gurú

La explicación completa sobre por qué tenemos al gurú es esta: ahí arriba está su gran Presencia YO SOY, aquí está su Ser Crístico y aquí abajo están ustedes, de pie e invocando a su Ser Crístico. Pero a lo largo de miles de años en los que han acumulado capas de creación humana, entre ustedes y su Ser Crístico solo hay rocas, como montañas.

Representamos esta densidad mostrando un cinturón electrónico en la parte inferior de su aura, pero existe una gran capa de densidad entre el yo inferior y el Ser Crístico. Y cuanto más karma tiene la gente, cuanto más densa y más egocéntrica es, más montañas tienen entre la llama de su corazón y su Ser Crístico.

Eso significa que el conocimiento sobre Dios, el conocimiento sobre Cristo, nunca ha sido suficiente, no lo ha sido en miles de años, para que la gente de repente vea a Cristo, vea a Dios cara a cara y reciba el flujo ininterrumpido de la luz. La sustancia entre el alma y el Ser Crístico requiere trabajo. Requiere la llama violeta. Requiere servicio. Requiere saldar karma. Requiere afrontar cada pizca de esa energía. Mientras tanto, el alma debe sobrevivir. La llama trina debe seguir latiendo.

Ahora bien, a pesar de esta sustancia, de su Presencia YO SOY y su Ser Crístico sale un hilo diminuto, y ese hilo mantiene suficiente energía en movimiento para sustentar una existencia biológica. Ese hilo sustenta los vehículos físicos para que la gente pueda nacer, evolucionar y tomar decisiones sobre cómo usar la energía, estudiar, etcétera. No hay sobreabundancia. El tamaño del cordón cristalino se redujo con el juicio. El cordón cristalino solía tener el tamaño del tubo de luz. Las personas tenían un poder ilimitado, una sabiduría ilimitada, un amor ilimitado. Cuando empezaron a abusar de ello, se redujo.

Cuando se redujo a un hilo, ahí fue cuando todo lo que podían hacer era vivir un corto período de tiempo y básicamente procrear y estudiar un poquito y supuestamente llegar a ser maestros en algún campo de actividad (pero maestros muy superficiales), y después, marcharse por su camino. No podíamos lograr demasiado en una vida debido a la reducción del cordón cristalino. Por tanto, hemos encarnado muchas, muchas más veces de lo necesario según el plan divino original. Con la disolución de la Tierra, incluso ese hilo se iba a retirar porque nadie adoraba ni siquiera ese poco.

Aquí está la razón de poner en contacto a ese corazón con la Gran Hermandad Blanca. Las huestes del cielo, las huestes del Señor, están reunidas y son miles y millones. Cuando Maitreya restableció el hilo de contacto, el restablecimiento que tuvimos en el primer dictado, ese restablecimiento se salta toda la creación humana y los pone en contacto directo con la Gran Hermandad Blanca, con todos sus muchos Maestros Ascendidos y seres cósmicos. Se salta las capas de densidad de la conciencia humana. Se podría decir que se lo salta, circunvalándolo, y sube al Ser Crístico y sigue subiendo hasta los Maestros Ascendidos. Por tanto, ese es el motivo de que haya un gurú. El gurú se ha convertido en esa Presencia Divina y esa conciencia Divina.

Tanto si el gurú está ascendido como si no lo está, él proporciona su impulso acumulado de conciencia Divina como una transferencia de energía para sostener al chela en el sendero a fin de que encuentre su propia conciencia Divina, que el Señor Maitreya dice en su dictado que nadie más puede hacer por ustedes. Así, simplemente por tener un gurú y que ese gurú mantenga el equilibrio mientras ustedes trabajan para resolver el problema de su creación humana, eso no garantiza que logren su propia conciencia Divina. La única garantía es su determinación de usar la luz que se les ofrece, de usar la luz que se les da. Es el proverbio o la máxima: se puede llevar al caballo al agua, pero no se le puede obligar a beber. Por tanto, nos han llevado al agua, y durante cierta dispensación nos han dado la oportunidad de recibir la luz y de que seamos ellos mismos.

Mantener la transferencia de luz

Habrán notado que cuando están en un dictado la luz es muy potente. Después notarán cómo, gradualmente, la luz va disminuyendo a medida que van saliendo de la sala; y se darán cuenta de que no están manteniendo toda la intensidad de la Diosa de la Pureza que había cuando ella vino. Tenían la capacidad de mantenerla y absorberla mientras estaban ante su presencia porque ella es la plenitud de esa conciencia cósmica de la pureza y estaba transfiriéndola de cerca.

Por tanto, eso fue una iniciación. Una iniciación es una transferencia de luz, energía o conciencia; las tres cosas significan lo mismo. A veces los maestros les dirán, por ejemplo, que durante varios segundos estamos manteniendo el impulso acumulado del acelerador atómico, que es una silla en el retiro de Saint Germain,* y que, al sentarse en esa silla durante varios segundos o varios minutos, sus energías atómicas se aceleran para el proceso de la ascensión.

Eso sucedió en una de nuestras conferencias. Los Maestros Ascendidos en efecto trajeron un foco de la silla de la ascensión al hotel Dodge House, en la ciudad de Washington.[8] El foco se colocó sobre una silla, que no se debió mover en una hora. La gente hizo fila para sentarse en la silla de la ascensión. Todas las personas se sentaron durante un minuto, una inmediatamente después de otra. Y eso fue una iniciación; otra forma de llamarlo es una dispensación.

Necesitamos instructores que nos enseñen el cómo. Pero, aunque nos hubieran enseñado cómo, no habríamos sido capaces de hacerlo por nosotros mismos debido al impulso acumulado de nuestro karma. Hay muchos paralelismos obvios. A muchas personas se les puede enseñar a hacer cosas, pero no serán capaces de hacer esas cosas por el simple hecho de habérselas enseñado. Jesús fue un gran ejemplo. Lo hizo todo públicamente. Dio a sus discípulos mucha enseñanza. Pero ¿cuántas personas salieron de esa misión y de esa dispensación con todo el logro que él tenía? El motivo por el cual no pudieron apropiarse de ello es que no habían saldado su karma. El karma es una condición que limita mucho en lo que respecta a cuánta luz uno puede llevar y contener.

---
*La Cueva de los Símbolos.

No se puede exteriorizar la conciencia Crística desde el nivel humano

He visto varios casos que les podría contar de personas que gritan pidiendo ayuda: «¡Ayúdeme, ayúdeme, ayúdeme!». Se les da ayuda. Se les da todo lo que necesitan. Se les da la enseñanza. Se las pone cómodas. Se les dan todas las oportunidades posibles y todas las respuestas que puedan utilizar. Sin embargo, no están satisfechas o se sienten incómodas; quieren volver a su casa o a la situación en la que estaban.

De hecho, querrán volver a sus entidades. Su casa estará llena de entidades y sentirán nostalgia cuando vengan a Summit University o cuando vengan a una familia de luz, porque no tendrán las cosas a las que están acostumbrados, sus puntos de referencia que les resultan familiares, cosas pequeñas y tontas, como sus ollas y sartenes preferidas o sus muebles preferidos o su parcela preferida en el jardín; sea lo que sea.

Y por eso, por no poder trascender ese nivel para llegar a la conciencia de los Maestros Ascendidos, da igual lo que se les dé, volverán a donde estaban antes. Jesús dijo: «¿Mudará el leopardo sus manchas?».[9] Y Maitreya dice que ustedes no pueden hacer esto por sí mismos:

> Hoy os digo que nunca, en toda la eternidad, podéis exteriorizar la conciencia Crística simplemente haciéndolo a nivel humano. Ello debe surgir de una invocación.

Ustedes no pueden reunir su conciencia Crística si lo intentan hacer al nivel humano, con su voluntad humana, estudiando humanamente o provocando estados emocionales.

Básicamente, la gente religiosa se polariza en dos sentidos. Se polariza mentalmente, en cuyo caso las personas podrán ser teósofos o grandes estudiantes conociendo muchos estudios.

O se polarizan emocionalmente, y podrán estar en el movimiento carismático. Se deberían polarizar hacia la mente de Dios o el corazón de Dios, sin embargo, descienden a sus vehículos inferiores, al cuerpo metal o al cuerpo emocional. Y eso divide básicamente a las tendencias religiosas en los Estados Unidos actualmente.

Las personas que están orientadas mentalmente creen que las emocionales son muy simples y tienden a pensar que son incultas. Pero muchas veces las emociones son una expresión del corazón y las personas que tienen una verdadera llama del corazón tienen una ruta directa hacia Dios a través de su corazón. Podrán no estar instruidas mentalmente y ser incultas, pero tienen una llama real y viva. Y las que se polarizan mentalmente tienen que llegar a Dios, no a través de su cuerpo mental, sino a través de la mente de Dios o la mente de Cristo. Creo que la gente del corazón tiene más éxito que la gente de la cabeza, porque la cabeza es un obstáculo mayor. Existe la tendencia a quedar atrapados en la cabeza y en su razonamiento.

Por tanto, cuando se les pregunte esto en un examen, quiero que sean capaces de explicarme que no solo nos hacía falta saber cómo entrar en contacto con nuestro Ser Crístico, sino que necesitábamos a esos gurús para que se pusieran en nuestro lugar, para sostener la luz, para sostener la llama hasta que nosotros pudiéramos sostenerla por nosotros mismos. Para mí, ese es un concepto muy importante que explica la necesidad de tener a la Gran Hermandad Blanca; explica la necesidad de tener la relación gurú-chela.

La retirada de la presencia del maestro

La primea conferencia a la que asistí fue esta conferencia de 1961. Fui a la ciudad de Washington para esta conferencia, llegando de Boston, antes de mudarme a Washington. La preparación que recibí debía comenzar el 28 de agosto de 1961, con El Morya, y el curso de esa preparación duró varios años. Morya fue un gurú muy severo, muy severo e interesado en terminar la preparación con Mark en vida para asegurarse de que se realizara la transferencia del manto antes de que Mark se marchara de esta Tierra; de hecho, se le alargó la vida.

Por eso, durante esa preparación muy intensa, por algún motivo desobedecí o hice algo mal como chela. Y mi disciplina fue la de estar desconectada de El Morya durante veinticuatro horas. Él había establecido el hilo de contacto, la relación gurú-chela directa, y la cortó durante veinticuatro horas. Para entonces me encontraba en mi primer año completo de preparación.

Cuando tenemos el hilo de contacto con un Maestro Ascendido y ese Maestro Ascendido nos está dando su Presencia Electrónica y está en nuestra aura como gurú nuestro, llegamos al punto en que ya no conocemos otra vida distinta. No comprendemos qué significa estar sin Dios.

Ahora bien, el Señor Maitreya hizo lo mismo con Jesús cuando este estaba en la cruz en la hora de la crucifixión. Mucha gente ha intentado justificar que Jesús nunca dijo las palabras: «Dios mío, Dios mío, ¿por qué me has desamparado?»[10]. Esa fue la iniciación en la que Jesús se quedó separado, no solo del Señor Maitreya, su gurú, sino de su Presencia YO SOY y su Ser Crístico, y se vio obligado a sustentar toda la luz de Dios dentro de su corazón. Su corazón fue el único Dios que Jesús tuvo y que conoció, y el logro de su corazón fue el requisito para pasar la iniciación de la crucifixión. Morya no me separó de mi Presencia YO SOY y mi Ser Crístico, pero sí cortó el hilo de contacto con el gurú durante veinticuatro horas. Es la lección más grande y productiva que he aprendido, porque hasta que no me separó no tuve idea de en qué dicha me encontraba y lo bendita que era por tener a este Maestro Ascendido vivo totalmente unido a mi corriente de vida.

A las personas que reciben las *Perlas de Sabiduría* y estudian las enseñanzas generalmente las llamamos *chelas*. Este término se usa libremente en el sentido de «estudiante». El significado raíz de esta palabra, como se aprende en el libro de El Morya, *El discípulo y el sendero*, es «esclavo». Y la palabra «esclavo» significa estar a entera disposición del maestro, viviendo totalmente para él. Ser aceptados como chelas por cualquiera de los gurús, los Maestros Ascendidos, es un gran privilegio, un privilegio muy grande. Puede llegarnos el primer día del encuentro o puede que tengamos que esperar diez años. Los maestros han dado dictados acerca de personas que creen que son chelas y hablan de cómo disfrutan del favor de la compañía de los Maestros Ascendidos, cuando los Maestros Ascendidos han dicho que, sencillamente, no son chelas.

El discipulado es algo por lo que hay que trabajar

Entonces, el discipulado es algo por lo que hay que trabajar y que hay que ganarse, y se consigue después de haber entregado la vida a la Hermandad, y entonces uno no es simplemente un estudiante de las enseñanzas, que las utilizan de vez en cuando. Ahora bien, eso queda entre ustedes y los Maestros Ascendidos. Es una experiencia muy personal y privada. Pero quiero que sepan que una vez que se recibe, el algo que atesorar, porque de hecho uno vive en la conciencia de todo el logro del cargo del gurú.

Y eso es lo que Maitreya dio en ese dictado: «el poder de mi cargo». Lo entregó a las personas mientras hablaba. Es como ir a cualquier cámara de curación y cualquier aparato mecánico que pueda usarse para acelerar la acción atómica. Durante el tiempo que pasamos ante la presencia del maestro, se nos acelera, y es una ayuda en ese momento, pero después salimos. Es un patrón, un arquetipo y una experiencia que se recibe a fin de imitarla, para alcanzar lo mismo, para poder ponerse como meta en la vida el lograr esa misma luz.

Por eso los Maestros Ascendidos nos hablan. Cuando vienen a dar sus dictados, les están dando un estándar. Están estableciendo un estándar. Están diciendo que así es como se siente. Así se siente la luz de la sabiduría. Así se siente el poder de Morya. Así se siente el amor. Si quieren ese amor, limpien el chakra que corresponde. Búsquenlo. Límpienlo con la llama violeta. Ejerciten el corazón, y que sea el punto focal de la emisión de esa misma energía.

El mensaje de todos los Maestros Ascendidos cuando están ante nosotros es: «Aquello en lo que me he convertido, tú también puedes serlo».[11] Esa es la finalidad que tiene la Hermandad. «Somos los hijos y las hijas de Dios. Hemos vencido. Hemos conquistado. ¡Aquí estamos! Aquí estamos en la carne y sangre que es la polaridad positiva y negativa del Espíritu. Lo que somos en el Espíritu, vosotros lo podéis ser en la Materia».

Ellos son el mayor testimonio vivo. Son los testigos del Cristo en ustedes. Todos fuimos llamados a dar testimonio como apóstoles de Jesucristo. Ellos nunca han dejado de dar testimonio. Están dando testimonio de la conciencia Crística de ustedes para que den testimonio de lo mismo. Así es que creo que es un punto fascinante en este dictado de Maitreya.

El don del contacto con su Santo Ser Crístico

El contacto con el Ser Crístico y la Presencia YO SOY de uno fue el gran mensaje incontenible de nuestro amado Godfre.

La gente que lo conoció y que asistió a sus reuniones me dice que nunca podía dirigir una reunión sin dar la enseñanza básica y preliminar sobre la Gráfica de la Presencia YO SOY. Estaba muy interesado en que las personas entraran en contacto con su poderosa Presencia YO SOY. Sabía que esa era la clave.

Alguien dijo que la iniciación más importante de este dictado era el regalo del poder del «diez mil por diez mil». Yo diría que el regalo del contacto con su poderosa Presencia YO SOY y su Ser Crístico es el don más grande. Sin él, poco puede hacerse con la dispensación, porque los decretos y el poder de sus decretos los determina el contacto que tengan. Se puede lograr cierta cantidad sin ningún contacto, porque la Ley actúa; y si no se tiene el contacto directo, cara a cara, con el Ser Crístico y la Presencia YO SOY, el decreto actúa automáticamente porque dice: «En el nombre de la amada, poderosa Presencia YO SOY y el Ser Crístico, YO SOY en mí». Es lo que dice el preámbulo, porque hay que decretar en su nombre y no en el nombre de la voluntad humana y no por nuestra acción, energía o determinación humanas. En ese sentido, uno ha entrado en contacto y el decreto es multiplicado por el poder del «diez mil por diez mil». Seguro que así es.

Pero ese decreto es como un dedal comparado con un lago o un océano, cuando se entra en contacto de verdad con la Presencia YO SOY y la sesión de decretos está basada en ese contacto personal, esa meditación personal y ese ver a Dios cara a cara. Es importantísimo tener un contacto y una visión conscientes con la Presencia YO SOY y el Ser Crístico. ¿Cómo se logra el contacto? Hay que adorar. Y los magníficos decretos que el amado Mark dictó para realizar ese contacto son la «Adoración a Dios» (30.03) y el «Introito al Santo Ser Crístico» (30.02).

El problema de alguien que no ha tenido contacto con su Ser Crístico

He asesorado a personas que tenían una cabeza tan dura como el cemento y una cantidad de emotividad que me daba cuenta de que no tenían ningún contacto con su Ser Crístico. Les he dicho: «No hay nada más importante que sentarse a hacer este decreto a su Santo Ser Crístico. Es lo que usted necesita por encima de todo. Él es su instructor interior; es su gurú personal. Y yo soy mensajera de su gurú personal. Soy testigo de su Ser Crístico, que ocupa el lugar de su Ser Crístico hasta que usted tenga ese contacto». A los Maestros Ascendidos no les gusta ver que ustedes dependen de ellos y que no están creando su propio logro.

Recuerdo que vi las señales de peligro de una persona en particular que estaba tan polarizada mentalmente y tan engañada, que le di la tarea de hacer este decreto en lugar de Astreas, mañana, tarde y noche, porque sentí que esa alma se iba a perder pronto. La persona nunca entró en contacto, aunque le di ese decreto. Básicamente, perdió el hilo de contacto porque empezó a criticarme con mucha intensidad, siendo yo la representante de su Ser Crístico, por darle esa tarea de tener que hacer ese decreto un número determinado de veces. Esa crítica condujo a un análisis destructivo de toda mi persona, supuestamente humana y divina, y esa destructividad destruyó su relación con su Ser Crístico.

Se fue por su camino, probó la Gestalt y tomó el curso preparatorio est,[12] así como muchas otras cosas, en un intento de encontrar una identidad. Pero la motivación no era pura. La verdadera motivación que tenía esa persona cuando acudió a mí era, en primer lugar, conseguir poder sin responsabilidad, sin obediencia a su Ser Crístico, y, en segundo lugar, buscar una salida a su karma, un karma muy peligroso en el que había muchos actos de traición contra varios Maestros Ascendidos, obviamente cuando estaban encarnados, y contra otros hijos e hijas de Dios. Y el peso de ese karma era tan grande, la culpabilidad de ese karma era tan grande para él que, en vez de ir a Dios a confesar al Cristo y confesar el pecado y buscar el gran don de la llama violeta y la vida de servicio para superarlo, no quiso tomar el camino directo al Cristo, sino conservar su ego, circunvalar al Cristo y circunvalar su karma. Y hasta el día de hoy, esa persona sigue tratando de encontrar una forma de justificar y encubrir el corrosivo sentimiento en el subconsciente de sus varias traiciones a la Hermandad.

La única forma en la que él puede compensar las cosas en lo psicológico, por consiguiente, es continuar atacándome y unirse a la gente metida en la organización de las desprogramaciones, persiguiendo a nuestros estudiantes y diciéndoles cosas inciertas sobre los mensajeros. Todo eso para negar al Cristo personal, negar el Sendero, negar el sendero de iniciación y, finalmente, negar la responsabilidad del propio karma.

El temor a perder el ego

Este es un fenómeno muy, muy triste, pero se manifiesta en personas que hace mucho, mucho tiempo negaron su lealtad a Dios, imitaron a los luciferinos; negaron el poder total de Dios y su Cristo en sus hijos e hijas y marcharon por otros caminos, convenciéndose de que eran aptos para gobernar y dirigir el universo. Hay muchas personas así, y llevan una gran carga psicológica porque ni siquiera están en una situación de gracia, al estar en la gracia y formando parte de ella. Esa gracia de Dios compensa nuestros pecados. Por eso la confesión diaria al Ser Crístico y la invocación diaria a la llama violeta nos pone en sintonía cada día.

Hay personas que no se inclinan, no hincan la rodilla y confiesan al Cristo en Jesús, en Maitreya, en sí mismos, en los chelas. Todos ustedes tienen al Cristo. Todos los niños de Dios, cada hijo y cada hija de Dios tiene un Ser Crístico. Sin embargo, hay personas que no solo son reacias a reconocer esa Cristeidad, sino que se pasan la vida, y muchas vidas, negando vigorosa y ferozmente a esa Persona, porque esa Persona del Cristo es una amenaza al cimiento sintético que han ido acumulando. Y es demasiado tarde para volver (creen ellos), porque su orgullo se ha comprometido con un camino determinado en el que están. Para renunciar a ese camino y de repente confesar al Cristo tendrían que negar al único ego que conocen.

Temen mucho la pérdida de ese ego. Es un temor enorme. Es una ansiedad mayor que todas las ansiedades, y provoca las profundas depresiones; causa el escapismo; causa divisiones en la personalidad. Y al final termina en que nacen locos en encarnaciones posteriores. Esta es la ansiedad de los caídos que no han aceptado y confesado al Cristo en sí mismos, en Jesús o en ningún jerarca que estuviera con ellos cuando abandonaron el Sendero, cuando dijeron: «Dios, te rechazo. Me rebelo contra ti».

La ansiedad se está acumulando en nuestra cultura actual porque la hora del juicio se aproxima y esta gente tiene la sensación de que hay un descenso inminente de karma que está regresando. Por eso está escrito en la Biblia que dirán a los montes: «Caed sobre nosotros».[13] Esos son los montes de su karma; y se ponen tan ansiosos que quieren que las montañas físicas los cubran y los escondan de la presencia inminente de la persona de Dios, la persona del gurú.

Temen la venida del Dios personal. Les gusta jugar con la ley de la energía. Les gusta jugar con el universo, con el karma. Pero cuando llega alguien, un Maestro Ascendido, un chela o un Mensajero del Maestro Ascendido que tenga la luz, y cuando esa persona hace el llamado del juicio y los desafía, entonces saben que su luz y su oscuridad serán separadas y tendrán que dar cuentas. Ese es el momento en el que nos encontramos; y por eso se ven tantas enfermedades mentales y emocionales, así como enfermedades físicas.

Abran la puerta de su corazón

Por tanto, Maitreya les está dando el contacto con su Presencia YO SOY y su Ser Crístico en este dictado; les está dando el poder de su cargo para expandir la llama de su corazón y les está diciendo que abran la puerta del corazón. Este es un consejo muy inteligente, porque él sabe que el corazón de los hombres está lleno de temor. Eso es lo que dijo Jesús sobre el fin de la era: que el corazón de los hombres les desfallecerá por temor.[14] Y quiere que transmuten las incrustaciones, el karma, la dureza de corazón, la falta de perdón, el orgullo, el ego humano, todo lo que se dirige contra Dios Padre, Dios Hijo, Dios Espíritu Santo, que son la Persona en la llama trina de su corazón.

Maitreya quiere que empiecen sus iniciaciones en el corazón. Quiere que abran la puerta de su corazón porque esa es la puerta abierta hacia el contacto directo y personal con su Presencia YO SOY y Ser Crístico. Así, básicamente el Señor Maitreya nos enseña la religión del amor. Y si no amamos, sino que nos volvemos quebradizos por el fanatismo y las doctrinas de todas clases sobre qué comer y qué no comer y cosas de todo tipo, perderemos la religión de Jesucristo, perderemos la religión del Señor Maitreya.

El amor es el juicio. No hay amor en ninguna parte sin el juicio, porque la gente reacciona ante el amor de Dios. El amor puro es algo que mucha gente no puede tolerar. La gente abusa de él. Lo cualifica mal como lujuria, sensualidad, glotonería o hábitos de todo tipo. Eso es una mala cualificación de la luz del amor. Amasan entidades y desencarnados a su alrededor con el alcoholismo, la nicotina, la marihuana, la cultura de las drogas o el uso excesivo de medicamentos. Y esas entidades y demonios, todos ellos, son un sustituto del gurú vivo.

Cada entidad es un impostor del gurú

La gente puede llegar a tener cientos y miles de entidades. Y cada entidad y el rostro de cada entidad es un impostor del gurú. Y siempre que la gente tenga entidades en su templo en cualquier cantidad, no podrá aferrarse a un contacto con los gurús. Sus entidades harán que huyan de la presencia de los gurús. No pueden quedarse; sencillamente no pueden quedarse.

Por eso están escuchando la conferencia sobre las entidades.[15] Esas entidades deben desafiarse y deben limpiarse de ellas. Es un ritual muy importante del primer nivel de Summit University. Por tanto, recuerden: cada entidad-gusano fea del tabaco, cada entidad del llanto, cada entidad que se pueda nombrar, es un impostor de su gurú, el Señor Maitreya. Y la pobre gente de la Tierra está plagada de estas cosas.

Si alguna vez quieren ver la representación de una entidad, vean *El señor de los anillos*.[16] En la película está esa criatura que va gateando por los suelos. Me quedé a ver la película con la escuela secundaria la semana pasada. Poco después de empezar, ya me quería marchar, pero es una película muy buena sobre el plano astral en la que enseñan las hordas del plano astral, los monstruos. Se los oye gruñir. No tienen ninguna capacidad de comunicar la palabra, sino que emiten la energía gruñendo, gruñidos y quejidos incomprensibles. Se dedican a atacar a los portadores de luz, básicamente.

Es una película muy ruidosa, mal hecha. Todo está en rojo y negro. No sé si merece la pena verla por el hecho de ver el plano astral, pero es una muy buena representación del plano astral. Hay una criatura gris que parece como un cuerpo humano sin piel, solo músculos. Es toda gris y va por ahí gateando, haciendo ruidos estúpidos y hablando raro. Es muy típico el que las entidades ronden alrededor de las personas, y es algo muy repulsivo.

Los médicos nos dicen algo muy curioso sobre el cuerpo: lo último que nos sirve de guía en el cuerpo es la parte exterior. Miren a la gente que se está muriendo de cáncer u otras enfermedades; en esos casos lo exterior no se corrompe a menos que la persona esté en las últimas fases de una enfermedad de la parte superficial del cuerpo. Lo que quiero decir es que la naturaleza no nos dice qué está teniendo lugar en el interior. Y lo mismo es cierto del cuerpo astral. Morya solía hacer comentarios sobre las caricaturas astrales de personajes públicos en los periódicos, que son completas distorsiones y una exageración de sus peores rasgos. Morya dijo que, si viéramos sus cuerpos astrales, estos son mucho, mucho peor que las caricaturas que hacen de ellos. Son espantosos.

Y las entidades mismas son espantosas. Las entidades del tabaco son criaturas espantosas que son unas impostoras, y la gente se siente tan cómoda ante su presencia que las prefieren a la presencia del gurú Maitreya. Es sorprendente, pero cierto. Eso es a lo que se enfrentarán cuando salgan de aquí. Al salir al mundo para sanar al mundo, para convertir al mundo, se necesita algo más que una discusión mental. Se necesita el poder del Espíritu Santo para cambiar a la gente, para desafiar a los desencarnados, para exorcizarlos y para hacer que el alma cambie y vaya en sentido contrario, como Jesús hizo que Saulo se diera la vuelta y fuera en sentido contrario y fuera el apóstol Pablo.[17] Por eso Jesús dijo a los discípulos: «Quedaos vosotros en la ciudad de Jerusalén, hasta que seáis investidos de poder desde lo alto».[18]

Pueden ganarse el discipulado con el Señor Maitreya

«Entonces os doy el poder de mi cargo». Eso es lo que les está dando Maitreya. Y ese cargo puede ser suyo en el sentido de que pueden ganarse el discipulado con Maitreya. Pueden llegar a ser el chela del Señor Maitreya hasta el punto en que ustedes y él sean como una sola persona, uno «hijo puro». «Hijo puro» es el significado de *persona*.*

Cuando Jesús caminó por la Tierra, él era la encarnación de su Presencia YO SOY, de su Ser Crístico y del Señor Maitreya. El Señor Maitreya es el que daba la enseñanza. Y la gran sabiduría que encontramos en los capítulos 12, 13, 14 y 15 del libro de Juan, sobre el que Gabriel comentó en las *Perlas de Sabiduría* que me dictó esta mañana, es que Jesús declaró con mucha claridad que era un Mensajero. «El que me ha visto a mí, ha visto al Padre, y las palabras que yo hablo no son mías, sino que son las palabras del que me envía. Y Dios me ha dado las obras y yo hablo lo que dice Dios, y estas no son mis palabras, son sus palabras».[19]

Jesús dejó muy claro que su cargo era el cargo de Mensajero. Jesús fue el Mensajero de «mi Dios y vuestro Dios».[20] Él fue el Mensajero de la Presencia YO SOY, del Ser Crístico, del Señor Maitreya, y a través del Señor Maitreya fue el Mensajero de todos los que le precedieron, todos los profetas, todos los santos, todos los seres ascendidos. Y toda esa enseñanza fue la enseñanza colectiva de la Gran Hermandad Blanca dictada específicamente por el Señor Maitreya a través de su Presencia YO SOY y su Ser Crístico.

---

*En inglés 'persona' *person* e 'hijo puro' *pure son* se pronuncian de manera muy parecida. (N. del T.)

Por supuesto, eso no significa que un mensajero no sea más que una máquina de escribir eléctrica. Un mensajero ha de convertirse en la Palabra. Jesús era la Palabra que hablaba, era la Palabra viva. Él era el poder que fluía a través de él mismo. Él era la Palabra. La Palabra es el Cristo. Esos términos son sinónimos: *Palabra, Logos, Cristo*. Jesús fue la encarnación. Y la Palabra que vino a través de él era su propia conciencia Divina y la conciencia Crística del Señor Maitreya. Es decir, Jesús fue totalmente partícipe de las enseñanzas. Demostró la enseñanza, vivió la enseñanza, se convirtió en la enseñanza. Fue su mensajero, no solo con la voz, sino con la vibración, con el ejemplo, con todo eso. Es increíble pensar en el fenómeno de su presencia, la presencia de Jesucristo, que era la Palabra que él mismo decía.

Puesto que hoy toca servicio del miércoles por la noche, voy a pedir que se repita este dictado para ustedes por la mañana de modo que puedan sintonizarse con esas iniciaciones. Y al ir al servicio, propónganse esta noche en todos los decretos que hagan cerrar los ojos y sentir agradecimiento por la dicha de tener a su Santo Ser Crístico personal como su Yo más íntimo y su gurú más íntimo. Y esperen a que llegue el día, como hizo David, cuando su alma esté totalmente integrada con ese Ser Crístico.[21] Las palabras «nosotros de la Gran Hermandad Blanca, nosotros de la luz, deseamos restablecer en el hombre el poder de eliminar la sombra», las capas de densidad entre la persona y el Santo Ser Crístico, «deseamos devolveros el poder de la comunión de los santos y la comunión con las huestes angélicas».

Maitreya utilizó la palabra «poder» dos veces. Poder es otra forma de referirse a la «energía de Dios», pero es un sentido muy específico de esa energía. Cuando se redujo el cordón cristalino, perdimos poder, simplemente el poder de movernos alrededor. Dejamos de caminar como gigantes. Caminamos como pequeños liliputienses, excepto que somos todos parecidos y estamos en la misma situación, por lo que no nos vemos tan pequeños. Pero los maestros miden dos metros y medio y nosotros no, y eso se debe a que hemos perdido el poder. Se podría decir que somos una pequeña raza encogida.

Comentarios sobre la tos de los estudiantes

Tengo que decirles una cosa más. La tos que se oye es bastante habitual en Summit University. No está condicionada por el sitio, el entorno o la estación. La tos quisiera hacerles creer que se debe a que se han refriado y que se han enfermado, pero en realidad es energía, y es energía emocional.

Y lo que ocurre, especialmente en este primer nivel, es que al estar ante la presencia de la luz y de los Maestros Ascendidos y su Ser Crístico, esa luz, como una gran bombilla de mil vatios, expone el polvo en los rincones de la conciencia. La reacción es culpabilidad, y la tos es una vibración de culpabilidad.

Cuando esa culpabilidad se manifiesta y luego viene la tos, a veces sienten mucho rencor contra la tos y dicen: «Esto es porque he trabajado muchas horas, o no estoy acostumbrado a la comida, o estoy ayunando, o es este sitio y como lo dirigen. Me estoy poniendo enfermo y yo nunca me enfermo». Las condiciones podrían ser mejores, pero en realidad no están enfermos por las condiciones. En realidad, están lidiando con su propia energía y deben responsabilizarse de ella. Deben responsabilizarse de su energía.

Obviamente, si han estado ayunando mucho, el ayuno sacará toxinas que pueden causar problemas. Yo quiero que ustedes tengan la ayuda que necesitan. Quiero que se tomen lo que necesiten. Si les hace falta una receta, si necesitan antibióticos, deben tomarlos. Si quisieran un remedio homeopático, está bien, pero debe ser un remedio útil. Aquí tenemos a un excelente homeópata muy conocido, y pueden probar ese remedio. Pero si después de dos semanas no se sienten mejor, tienen la responsabilidad ante la clase y ante sí mismos de tomar los medicamentos adecuados.

Cuídense, pues, con la comida y mantengan un buen equilibrio. Si tienen un problema de verdad y están comiendo solo fruta, es posible que antes de mejorar se sientan peor. Y a veces es mejor comer comida caliente, comida guisada, y no intentar limpiarse del todo de una sola vez.

La culpabilidad debe desaparecer cuando se recibe el perdón

Pero la culpabilidad es la causa subyacente a la tos. Como es natural, durante decenas de miles de años hemos ido de un lado para otro pensando que los gurús no nos observaban Y todos hemos hecho muchas cosas de las que nos arrepentimos. Por tanto, más vale que lo afronten y que comprendan que la culpabilidad debe desaparecer cuando se recibe el perdón. Pero Dios les ha dado un defensor que es él mismo, el Cristo.

Por tanto, confiesen sus pecados a su Ser Crístico y declaren su deseo de hacer las cosas mejor, y después háganlo. Y entonces no habrá nada por lo que sentirse culpables, porque por eso Jesucristo fue clavado a la cruz, para llevar sus pecados, para llevar su karma. Y finalmente ahora están madurando hasta el punto en el que pueden decir: «¡Mira, Jesús! Estoy vivo. Estoy en contacto. Tengo a mi Ser Crístico. Tengo la enseñanza. Ahora puedo llevar mi karma. Es más, puedo asumir el karma del mundo». Eso no es nada de lo que sentirse culpable. Es algo de lo que alegrarse y no una carga.

Por consiguiente, echen todas esas entidades y esa sustancia a la llama. No tienen por qué estar enfermos. Pero solo lo pueden hacer ustedes mismos; no importa los poderes que yo pueda tener. Maitreya me ha dicho hoy: «Más vale que les digas a los estudiantes que no le vas a curar a nadie la tos ni el resfriado. Deben asumir toda la responsabilidad, etérica, mental, emocional y física».

No descuiden la parte física. Cuando no se encuentran bien, necesitan cuidados especiales. Deben abrigarse y deben dormir más y comer inteligentemente, y tomar la medicina si es el caso. Así es que, con eso, les dejamos que vayan al servicio de curación para que puedan curarse a sí mismos invocando a Dios.

> *En el nombre del YO SOY EL QUE YO SOY, invoco la luz del Señor Maitreya para acelerar el contacto con la Presencia YO SOY y el Ser Crístico. Invoco la apertura de la puerta del corazón, la apertura de la llama trina de la vida. Exijo esa aceleración ahora. Exijo esa aceleración ahora. Exijo esa aceleración ahora. La luz de Dios nunca falla y la amada y poderosa Presencia YO SOY es esa luz.*
>
> *Oh alma de luz, elévate ahora al nivel de la cámara de tu corazón y sé bañada en el fuego sagrado infinito del amor de tu Ser Crístico, del amado Señor Maitreya, del amado Jesús y de la Presencia YO SOY. ¡Haz destellar el relámpago azul del corazón de Dios en el Gran Sol Central! ¡Haz destellar el relámpago azul! ¡Ata todas las entidades de la culpabilidad! ¡Ata todas las entidades de la sustancia emocional! ¡Ata todas las entidades de los resfriados y la tos! ¡Quema completamente, rayo de El Morya! ¡Quema completamente! ¡Quema completamente la causa y el núcleo de todo esto! ¡Haz destellar la luz de Orómasis y Diana! ¡Quema completamente todos los virus! ¡Quema completamente toda la sustancia anti-Cristo en las células de los templos! ¡Haz destellar la luz de Maitreya! ¡Haz destellar la luz de Maitreya! ¡Haz destellar la luz de Maitreya!*

En el nombre del Dios vivo, lo acepto hecho en esta hora con pleno poder, amén.

Repitan la última frase. [Los estudiantes repiten con la mensajera]:

En el nombre del Dios vivo, lo acepto hecho en esta hora con pleno poder, amén.

Todo el efecto del llamado depende de su aceptación. La aceptación es un estado de las emociones. Comienza con las emociones. El cuerpo emocional opone resistencia. La mente también lo hace. La mente tiene sus puntos de oposición, pero la actitud de la aceptación es algo a lo que pueden acostumbrar a sus cuatro cuerpos inferiores. Es la bienaventuranza de aceptar a Dios, YO SOY Dios, YO SOY pleno. Esa es la actitud de aceptación.

Dios los bendiga.

17 de enero de 1979

TERCER CAPÍTULO

La meta del discipulado

Luz de la magnífica voluntad de Dios en cada corazón, elévate ahora y asume el dominio en la mente de estas amadas almas. Amado Señor Maitreya, nos reunimos ahora para que en la mente se infunda la mente de Cristo, para que el alma pueda realizar la transición en esta vida del cuerpo mental al Cuerpo Mental Superior del Ser Crístico personal.

Invoco las iniciaciones del amado Señor Maitreya para llenar la mente con el amor del Espíritu Santo, para instilar en la mente un extraordinario amor tal de la persona del Hijo como para imitar a ese Hijo y convertirse en la luz de ese Hijo.

Oh mente de Dios, oh voluntad de Dios, por la luz de Alfa, envía la vara del Gran Iniciador para la aceleración de estos cálices y que puedan llegar a ser la plenitud de ti mismo, regulados en y por el corazón, oh Palabra viva. En el nombre de tu chela Jesucristo, en el nombre del Padre, del Hijo, del Espíritu Santo y de la Virgen Cósmica, amén.

Este es mi sitio preferido en la Tierra. El sitio es el punto de la adoración de los Magos, porque cuando vengo, vengo a adorar el nacimiento del Cristo en ustedes. Y esa es una misión fascinante de los tres reyes magos.

Los tres reyes magos vinieron siendo totalmente conscientes del amado Señor Maitreya. Vinieron siendo totalmente instruidos por él en el conocimiento del chela Jesucristo y su encarnación. Hago énfasis en el término «chela Jesucristo» porque Jesús desea que tengan el sentimiento de que están entrando en el sendero que él recorrió.

De vez en cuando, al caminar por este sendero en esta vida, Jesús ha estado a mi lado y me ha dado las palabras de más consuelo: «Ahora sabes cómo me sentí cuando me encontraba en ese punto del sendero». Y al leer en la Biblia y ver dónde se encontraba Jesús cuando tuvo esas iniciaciones, sentí una experiencia muy enriquecedora por comprender que lo que consta en la Biblia y lo que él sintió de verdad y lo que atravesó son dos versiones muy distintas del mismo evento.

Me maravillo al contemplar la relación gurú-chela. Al comulgar con el Señor Maitreya y al recibir las *Perlas de Sabiduría* del amado Gabriel[1] he descubierto que Dios desea con muchísimo amor darnos una enseñanza dilatadísima para que entendamos los privilegios y las alegrías del discipulado y lo que significa. Por eso las *Perlas* que se están publicando ahora contienen verdaderas joyas de conciencia Divina sobre el discipulado. Y se van publicando de una manera tan esférica que no se puede pensar en ellas de una manera lineal.

Cuando vamos a la universidad, la mayoría de los temas se enseñan siguiendo una cronología del desarrollo histórico del tema, la secuencia en la que las cosas han ido sucediendo, de lo sencillo a lo complejo. Básicamente, hay un orden lineal. Así se nos enseña a escribir y así se nos enseña a pensar. Es un sistema inflexible y hace que la mente se vuelva inflexible. Y así, en la relación gurú-chela, la espontaneidad y la capacidad de respuesta al Espíritu Santo es lo que hace que la vida sea alegre y merezca la pena vivirse.

Incluso un electrón tiene libre albedrío

Ahora bien, su vida puede basarse en un sistema, y eso es muy importante. La regulación del orden y el sistema es algo que existe en todo el cosmos. Hay directrices establecidas y, dentro de esas directrices, hay libertad. Esto no es tan aparente en ningún caso como al observar un átomo. Un átomo tiene unos componentes exactos en el núcleo. Tiene un peso exacto. Siempre opera exactamente del mismo modo. Siempre tendrá las mismas propiedades. Cuando se combina con otros átomos, siempre produce la misma molécula, la misma sustancia, una ley totalmente fiable. Sin embargo, dentro de ese átomo hay un electrón al azar cuyo curso alrededor del centro nunca ha sido captado y nunca se ha establecido. No sabemos cuál es el patrón del viaje del electrón alrededor de su núcleo. Eso es lo más fascinante del libre albedrío, que Dios no quiso crear un electrón que no tuviera libre albedrío.

Supongamos que Dios tiene un orden tan inmenso que incluso las computadoras no lo pueden comprender, y que un día determinaremos que hay un curso establecido. Lo que quiero decir es que la libertad del alma en un entorno disciplinado es la combinación más oportuna que Dios ha concebido. Es una ley absoluta de Alfa, que da a luz a una Omega, que opera dentro de esa ley, pero es libre de ejercer el ingenio, la creatividad, la aplicación del Cristo Cósmico, la aplicación de Dios Todopoderoso, la aplicación del Espíritu Santo dentro de un orden establecido.

Es como tener reglas en un juego. Es como jugar a los juegos que hacen para niños hoy día. Se leen las instrucciones y se entienden las reglas, y todos deben atenerse a ellas. No hay excepciones y no se pueden hacer trampas. Es una experiencia muy importante que los niños deben entender: se entra en la vida, la vida es un juego y tiene reglas. Sin embargo, hay una enorme libertad para innovar, para ganar o perder en el juego de la vida, que uno no siente que sea esclavo de una fórmula matemática.

A veces sentimos libertad porque la complejidad del orden es tan grande que tendríamos que evolucionar casi hasta convertirnos en ello mismo, en el Creador fuera de la esfera que el Creador ha establecido, para finalmente apreciar la gran complejidad de los límites que se le han puesto a la libertad.

Es decir, al mirar a las estrellas y darnos cuenta de que todos estamos sujetos a la astrología, que hay miles, millones de estrellas, las que vemos son solo unas pocas sorprendentemente, pero las que no podemos ver están ahí, la enormidad de esa configuración nos afecta a todos. Ahora bien, si fuéramos el Gran Astrólogo que Dios es, veríamos todas esas estrellas y la precisión con la que nosotros obramos entre esas estrellas. Algunas personas han dicho que, si realmente conociéramos la ley de la energía, comprenderíamos que cada movimiento de nuestros dedos y de nuestras células cerebrales está gobernado por la astrología.

Nos pondremos del lado de la voluntad de Dios

Por tanto, la libertad dentro de un orden no es una libertad en la que la ignorancia es dicha, más bien es que el orden es tan enorme que dentro de él siempre hay libre albedrío. Hay libre albedrío de verdad. ¿A qué se reduce el libre albedrío finalmente? El libre albedrío es para elegir cumplir el plan divino de Dios. Es la libertad de escoger seguir el diseño original interior.

El equilibrio entre comprender nuestra voluntad junto a la voluntad de Dios tiene una enorme importancia en el sendero del discipulado. Algunas personas creen que lo único que tienen que hacer, es decir: «Hágase tu voluntad y no la mía», ponerse en punto muerto y esperar. Esto es una mala interpretación de cómo hay que entregarse a la voluntad de Dios. La voluntad es una persona de Dios Padre que está muy activa. Dios posee una voluntad definida, una voluntad de actuar definida.

Me he dado cuenta de que la voluntad de Dios puede conocerse si realmente tenemos el valor de conocerla. Nunca me ha parecido difícil. He aprendido que descubro qué es la voluntad de Dios cuando descubro la necesidad más grande que tiene Dios, la necesidad más grande de la humanidad; y entre esos dos factores, cuál es la mayor capacidad que tengo ahora mismo de satisfacer la necesidad más grande de Dios y la de la humanidad.

Deben aprender a pensar con lógica. Dios tiene voluntad. Es un plan total. Ahora bien, ustedes, al haber alcanzado el logro óptimo de su conciencia Crística, serían capaces de llevar a cabo un servicio óptimo.

La cruz de Alfa y Omega

En los mandalas que dibujan las computadoras, en donde se conectan todos los puntos sobre un círculo, se ven unas bonitas formas de pensamiento. Bien, la enseñanza dice que allá donde se crucen dos líneas, cada cruce siempre es Alfa y Omega. Incluso si el cruce forma un ángulo muy agudo, sigue siendo Alfa y Omega, dos líneas cruzadas. Y cuando digo que es Alfa y Omega, quiero decir que son dos energías, dos polaridades de energía, la polaridad positiva y la negativa.

Por tanto, cuando se crucen dos líneas, ahí estará el estallido de la conciencia Crística. Ese será el punto del estallido de energía como las estrellas en el firmamento. Las líneas de Alfa y Omega deben encontrarse para que exista una Persona del Cristo en expresión. Por tanto, Alfa y Omega se habrán encontrado donde están ustedes, y el resultado es que ustedes son una Persona de Dios. Son un ser Crístico. Son el punto focal de la realización de la conciencia Crística.

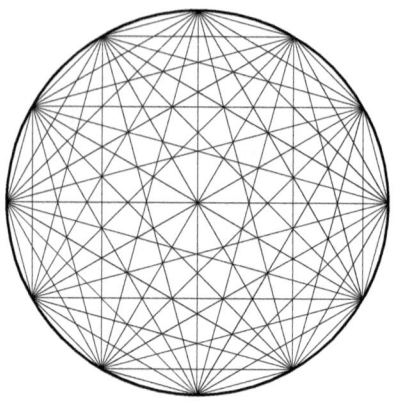

Un mandala se forma conectando mutuamente doce puntos en un círculo.

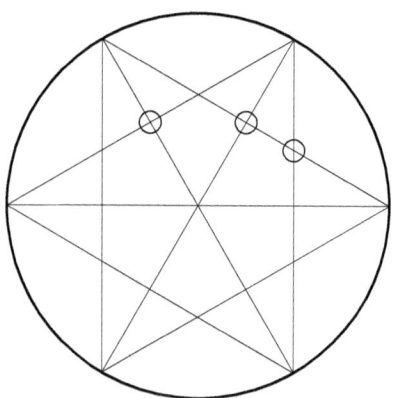

FIGURA 1
Intersección de líneas en un mandala
Cada punto donde las líneas se interceptan forma una cruz.

Ahora bien, esa conciencia Crística en expresión física está latente. No se ha manifestado completamente hasta alcanzar su dominio total porque está bloqueada por su karma y por las deformaciones y la naturaleza desalineada de los cuatro cuerpos inferiores y los chakras.

Qué significa estar alineado

Estar alineado significaría que uno está en ese punto literal en el que Alfa se encuentra con Omega en la cruz. Jesús permaneció en la cruz para que ustedes tuvieran la visión, la visualización de que, a fin de llegar a ser el Cristo, uno debe ir al nexo de la cruz. Y en el nexo de la cruz la luz es intensísima, es el poder total de Dios, es la energía total de Dios; allá donde los dos se encuentren, ahí estará la energía del Gran Sol Central. Y permanecer en ese punto, estar en ese punto, significa estar dispuesto a ser crucificado por lo opuesto a la luz, por todas las energías no alineadas de la Tierra, que ahora se sienten muy incómodas ante la presencia del verdadero alineamiento.

Esto es como cuando las papilas gustativas de la gente se estropean por la mala comida, como cuando los oídos se dañan por la mala música, los ojos con las imágenes distorsionadas, debido a lo cual la gente se siente incómoda con la verdadera belleza, con la verdadera música clásica. Es muy irritante. A la gente acostumbrada a la música rock le resulta insoportable la música clásica. La gente que tiene una mala alimentación no gusta de la comida pura. No la puede saborear, le resulta si sabor, le cae mal y hace mal la digestión, etc. Por tanto, ese estado desalineado es un estado opuesto a la luz porque no emite luz.

Ahora bien, la gente no quiere ir al nexo, por lo cual busca alternativas. Se coloca en algún punto de la cruz o fuera de ella. Se puede observar que hay muchos puntos en los que se puede estar: se puede estar en algún punto a lo largo de una de las líneas de la cruz o completamente separado, ni en Alfa ni en Omega. Y podemos pasar nuestras encarnaciones como mirando a ese punto del centro de la cruz y retirándonos, mirando hacia ese punto y retirándonos.

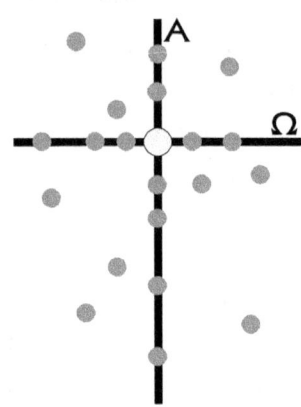

FIGURA 2

La cruz de Alfa y Omega

La gente se coloca en muchos puntos distintos con relación a la cruz, excepto en el nexo donde se encuentran Alfa y Omega.

Yo lo he visto; ustedes lo han visto. Vemos a personas que podrían asumir una postura moral, que podrían defender la verdad y no lo hacen. Se retiran. Se van a un rincón. Ya no se las oye más. Saben lo que está bien, pero no se pronuncian sobre ese asunto en particular.

Ustedes están en algún punto con relación a esa cruz, y la crucifixión total les revelará que sin duda han llegado al centro. Para cumplir la voluntad de Dios a su capacidad óptima ustedes deben estar en ese punto de la cruz. Cuando la gente dice: «No sé qué hacer con mi vida. ¿Qué debo hacer? ¿Debo ir acá? ¿Debo ir allá? ¿Cómo te serviré?», solo pueden llevar a cabo la voluntad de Dios al nivel de su capacidad. Y la capacidad está determinada: ¿Dónde está usted? ¿Dónde se encuentra con relación al nexo de su propio origen? El origen de ustedes está en el nexo de Alfa y Omega, donde las dos líneas se encuentran.

El gurú no dice cuál es la voluntad de Dios

Ni la Mensajera ni su gurú les van a decir cuál es la voluntad de Dios para ustedes. Ustedes son quienes dirán a su Presencia YO SOY y a su Ser Crístico: «Estoy decidido a acercarme cuanto más pueda al nexo de mi Realidad, donde el Padre y la Madre son uno solo, y tan cerca como pueda, considerando la configuración (la astrología) de mi karma, de mi densidad, de mi estado desalineado, ahí serviré hasta que el servicio se convierta en el medio de una transmutación que puede acelerarme para que me acerque más al nexo de mi cruz».

Independientemente de cuánto quieran estar en el centro de esa cruz, Dios no dejará que lleguen a ese punto hasta que estén preparados para ello, porque a menos que lo estén, serán consumidos por ese fuego. Anulará su identidad. Pueden tratar de tomar el cielo por la fuerza, pero no pueden tomar el cielo por la fuerza.[2] Los magos negros intentan robar la energía de Dios (y lo hacen), pero al final eso los anula, aunque se trata de un proceso lento. Pero, en efecto, ocurre. Pagan el precio por abusar de la energía. Así es que yo veo su destino supremo y glorioso que dice quiénes son, qué son y qué servicio deben prestar. Pero si su manifestación exterior no concuerda, no puedo decirles: «Esta es su misión. Vayan y realícenla». Sería muy desalentador. Desde el punto de vista psicológico estaría muy mal decirle a alguien que está preparado para el segundo curso: «Su destino consiste en ir y ser profesor de física. Ahora vaya a realizarlo». Se espera que las personas se preparen adecuadamente a nivel de la conciencia humana. También deben saber que tendrán que pasar por los ciclos de preparación en la conciencia divina.

Integración del Yo Alfa con el Yo Omega

Este problema de la voluntad de Dios parece afectar mucho a los chelas de Summit University del primer nivel. Sin haber desarrollado su logro en este plano, el plano mental, con los recursos que hayamos tenido en esta vida, con la preparación mental que obtenemos, con la crianza que tenemos, con la preparación moral, con la preparación espiritual; si en su vida no han desarrollado una fuerte voluntad, si no tienen éxito en una labor sagrada, si no tienen algo que sepan hacer, algo que hayan dominado en el mundo, de manera proporcional tendrán menos que entregar cuando acudan al altar.

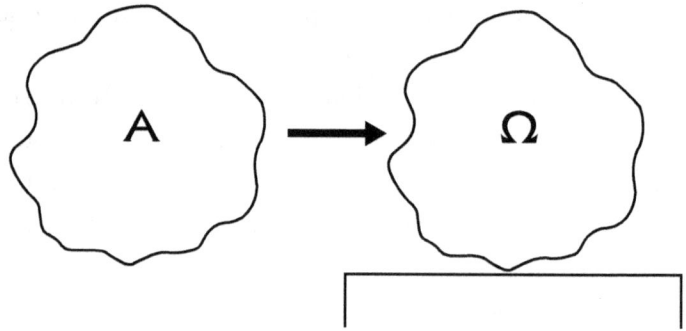

FIGURA 3A
Cuando una persona pone sobre el altar un gran logro exteriorizado del Yo Omega, el intercambio que da el Ser Crístico, el Yo Alfa, puede ser una parte correspondientemente más grande.

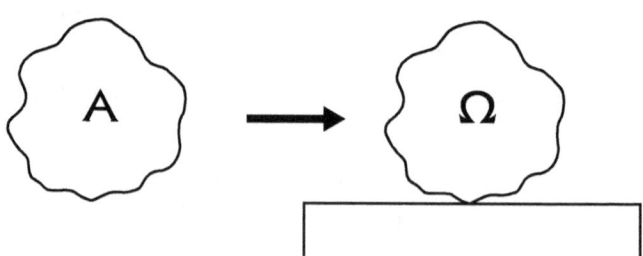

FIGURA 3B
Una persona que ofrece sobre el altar un logro exterior menor recibirá una parte correspondientemente menor del Yo Alfa en este intercambio.
FIGURA 3
El Yo Alfa y el Yo Omega

Una persona preparada, que acude a los maestros bien instruida, al haber vivido veinte años, al haber tenido éxito, competente, que ha afrontado y dominado muchas clases de dificultades y crisis, al tener una idea clara de quién es y qué quiere hacer, al saber que YO SOY QUIEN YO SOY: «Quiero servir, puedo ofrecer este talento, estoy listo para hablar por los maestros, estoy listo para trabajar en este o aquel cargo porque tengo la aptitud para ello», esa persona tiene desarrollado, digamos, un ego exterior que sería un ego muy grande.

Entonces, cuando entrega ese conjunto de sustancias, lo pone sobre el altar de Dios y dice: «Aquí estoy, Señor; envíame»[3], ocurre que una parte correspondiente del Ser Crístico se puede intercambiar y, día a día, ese logro exterior atraviesa el proceso alquímico en el que es intercambiado por su equivalente interior. Es como el Yo Omega que se integra con el Yo Alfa, llenándose totalmente de él y siendo asimilado por él, hasta que el Yo Omega asimila la belleza, la cristalización del Yo Alfa. Por tanto, el Yo Alfa y Omega necesitan realizarse.

Los Maestros Ascendidos son especialistas

Si ustedes acaban de graduarse de la escuela secundaria, pero han hecho bien las cosas y tienen de vidas anteriores un impulso acumulado de independencia, identidad y desarrollo, puede que tengan ese yo exterior, pero no será tan grande. Será menor porque en esta vida no han exteriorizado la maestría que uno logra al afrontar las adversidades de la vida. Pero hagan lo que hagan, solo podrán conseguir de Dios lo equivalente. Aunque cueste creerlo, podrían saldar todo su karma, pero eso no les daría de repente todo el logro de un ser cósmico que ha trabajado durante eones a niveles internos por lograr su conciencia Divina.

Y así, este es el motivo de que haya personas encarnadas que tienen más logro que algunos Maestros Ascendidos. ¿Lo sabían? Se puede ascender con el saldo de un 51 por ciento de su karma. Ustedes podrían saldar el 51 por ciento de su karma siendo una criada. Podrían ser la persona más equilibrada, llena de luz, llena de devoción. Podrían ser una criada que limpia casas, bien sea sirviendo en la parroquia de un sacerdote, en la oficina de un rabino o en uno de los edificios del centro de la ciudad. Podrían tener una devoción tal por el Ave María y por Dios, dando tanta energía, que por el simple servicio de llevar la antorcha de la libertad podrían ascender.

Ahora bien, la persona que ascendiera con el 51 por ciento de ese karma equilibrado podría estar al lado de una persona que se ha desarrollado en vidas anteriores hasta el punto de ser un genio, que ha llegado a ser un matemático, al utilizar las matemáticas para gloria de Dios, que enseña a mucha gente, que ha realizado muchas invenciones propias y, en su tiempo libre, en casa, que ha dado toda su devoción a guardar la llama al hacer los decretos dinámicos y rezar. Las dos personas saldan el 51 por ciento de su karma y las dos ascienden. Son desiguales y no se igualan de repente. Esos dos Maestros Ascendidos tienen cada cual su llama particular, cada cual tiene su cuerpo causal propio. Pero «una estrella es diferente de otra en gloria»[4]. La estrella es el cuerpo causal.

En la hora de la ascensión se puede ir a la escuela. Estoy segura de que a la criada se la encontraría ahí, en los retiros de los chohanes, aprendiendo la maestría de Pitágoras, aprendiendo esto, aquello y lo otro. He conocido a Maestros Ascendidos que el mismo día en que ascendieron, fueron y tomaron clases de canto para mejorar. Por tanto, no nos convertimos de repente en seres cósmicos que saben hacerlo todo, lo cual es muy curioso, porque si las disciplinas que uno busca en la Tierra se adquieren realmente por la conciencia Crística, uno simplemente continúa después con esas disciplinas.

El Maestro Ascendido Kuthumi tiene un gran logro en el campo de la psicología.⁵ Eso no quiere decir que la mayoría de los Maestros Ascendidos no entiendan más que ustedes y yo sobre psicología y que no tengan un gran conocimiento. Pero el Maestro Ascendido Kuthumi es un especialista. Otros Maestros Ascendidos le piden su opinión sobre los ámbitos de la psicología humana o la de otros planetas, que serían distintas. Por tanto, hay especialistas, y esto ya se les ha enseñado. Por eso hay algunos seres en el cielo que son chohanes y otros arcángeles, otros hacen esto y otros hacen aquello.

Los problemas psicológicos crean una autopercepción pequeña

Cuando se trata de la voluntad de Dios, muchas personas con graves problemas psicológicos —gente que tiene una imagen de sí misma muy baja, gente con doble personalidad— llegan a la Gran Hermandad Blanca y se entregan con mucha rapidez. Pero la conciencia que tienen de sí mismas, comparada con otras personas, es muy pequeña. Por tanto, dicen: «Aquí estoy. Me entrego». Y eso supone toda la conciencia de sí mismas que han logrado. Esa es la cantidad de Ser Crístico que han concretizado, que han cristalizado (otra palabra), que han bajado a este plano, a este corazón, a estos chakras, que opera ahora en ellas como la Persona Real, aunque sea de una forma inadecuada, digamos que no del todo perfecto, pero a través del cuerpo mental, a través del emocional, el etérico y el físico. Esa pequeña porción es todo lo que tienen que ofrecer. Esa es su conciencia Omega. Y así, cuando la entregan, empiezan a integrarse con la misma cantidad de conciencia Alfa de sí mismas, con la misma cantidad de su Presencia YO SOY.

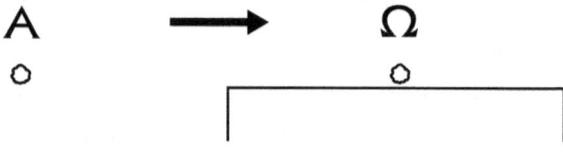

FIGURA 3C
Cuando las personas con graves problemas psicológicos llegan a la Hermandad, tienen una porción muy pequeña que ofrecer. Pueden entregarla con facilidad, pero la porción del Yo Alfa que pueden recibir a cambio está limitada de una forma correspondiente.

Por tanto, el Yo Omega tiene muy poca voluntad. Aquí tenemos a personas con problemas psicológicos y, siempre que no sean personas violentas, siempre que guarden la relación gurú-chela, siempre que no desafíen al gurú, pueden continuar en el Sendero.

El rechazo a la figura de autoridad

Sin embargo, muchas personas con problemas psicológicos desafían al gurú. Desarrollan un complejo de omnipotencia en el que deben ser omnipotentes por encima del psicólogo, de cualquiera que tengan a su alrededor o de cualquiera que ocupe un puesto de autoridad sobre ellas. Y así, les resulta muy difícil estar en una situación donde tengan enfrente a alguien de autoridad. Se tragan al gurú entero. Es como tragarse a un pez de una vez. Tienen al pez que es el gurú en el estómago, a todo ese pez, al que no han digerido en absoluto. No hay asimilación. No van asimilando, masticando, digiriendo, pensando bien las cosas mediante un proceso de razonamiento, pensamiento y sentimiento, sino que de repente: «Ah, he encontrado a mi gurú. Se me han acabado las preocupaciones».

Y así, viven la vida a través del gurú. Asumen la identidad del gurú. Esta es la clase de personas que van por ahí como instructores falsos. Se siente alagados. Se sienten cuidados. Sus necesidades están satisfechas. Son como robots. Disfrutan de una situación donde una figura de autoridad les dice esto, esto otro, y no tienen que pensar.

Pero antes o después ese pez no digerido saldrá entero. Ese es el momento del rechazo a la figura de autoridad. Y ese es el momento en el que la persona dice: «Sé todo lo que tú sabes y soy mejor que tú, y puedo hacer mejor las cosas». Entonces sueltan al pez del todo, que sale igual que entró, y eso se convierte en el punto de ruptura de la relación.

Lo veo venir a un kilómetro de distancia, y sé que esa persona no está preparada para el Sendero. Y realmente esa persona no debe estar asociada a mí, porque es peligroso para el desarrollo de su alma.

Pero si hay personas con una comprensión básica de la terapia que yo les daría que tengan problemas de ese tipo, y si se asientan y prestan algún servicio (el servicio será el medio para la transmutación de la energía mal cualificada de rebelión que creó los problemas psicológicos), y si en general obran dentro de las disciplinas de la Gran Hermandad Blanca, son siempre bienvenidas, siempre que no haya violencia, siempre que no cuestionen constantemente, día tras día, el sistema, el orden o la directriz específica que se les da. Tampoco durarían mucho tiempo en un empleo con ese estado mental. Sencillamente no se puede funcionar en una organización si uno es esa clase de persona.

La sanación de la psicología en la relación gurú-chela

Cuando tengo a personas así y entiendo que tienen esos problemas, les doy tareas que conlleven trabajo físico. El trabajo físico es terapéutico, ya sea cuidando de los terrenos o haciendo otras cosas. El movimiento del cuerpo, el movimiento rítmico y ordenado, inicia el movimiento rítmico y ordenado de la mente, del cuerpo emocional, del cuerpo etérico. Ese ritmo diario inicia la integración del microcosmos, de este complejo sistema solar que es el hombre. Y al combinar esto con los decretos, la comunidad del Espíritu Santo con el Señor Maitreya presente, ello proporciona la oportunidad óptima para que las personas con problemas psicológicos los resuelvan.

Si una persona tiene problemas psicológicos graves, profundos, necesitará cinco, seis u ocho años de terapia, hasta cinco sesiones a la semana, para llegar al fondo de algunos de esos problemas, los más graves. Estas personas pueden ser gente normal, gente que vive normalmente en nuestra sociedad, quizá sean personas de éxito, con su empleo, que avanzan en la vida, pero tienen fisuras profundas, y solo ese largo período de terapia puede permitirles alcanzar una resolución. He comparado esto con el sendero de iniciación con los gurús y considero que la sanación de los problemas psicológicos es mucho mayor en la relación gurú-chela. La resolución es mucho mayor.

El intercambio con el psicólogo no conduce por sí mismo a la sanación

En el campo de la psicología y la psicoterapia está ocurriendo que el psicoterapeuta se convierte en el gurú; se sienta en el asiento del gurú; es la figura de autoridad. La persona pone sobre la mesa toda su creación humana, que se repasa día a día. Pero el psicólogo, careciendo de la luz o la llama de los Maestros Ascendidos, no tiene el medio de transmutarla.

Se ha establecido un proceso de intercambio en forma de ocho entre el psicólogo y el paciente, pero el psicólogo sigue un proceso por el cual da su conciencia humana, su identidad, que supuestamente ha resuelto, al paciente. Ese es un intercambio en el que el paciente asume la mayor fortaleza humana del psicólogo, que supuestamente sería el medio de transmutar su fortaleza humana inferior o su voluntad inferior o su integración inferior de la identidad. Por tanto, no se está curando de verdad.

Si la persona ha de sanarse, deberá hacerlo a través de una sintonización con su Persona Real, su Ser Crístico, o mediante la sintonización del psicólogo con su Ser Crístico, porque no hay sanación excepto a través de la luz de Dios. Y, por tanto, a menos que tanto el paciente como el psicólogo sean instrumentos de la luz de Dios, no va a pasar nada, excepto una reorganización de la energía, una reorganización de las moléculas. El asunto no ha pasado por el fuego sagrado del Espíritu Santo, y el único cambio permanente se produce por el fuego sagrado del Espíritu Santo.

Con la reorganización de la energía nos podremos sentir más cómodos, igual que gusta reorganizar los muebles del salón, o redecorar, o cambiar los colores, o deshacerse de esta esposa y tomar otra, o cambiar de comunidad, o mudarse o hacer un viaje. Reorganizamos la energía en este mundo para apartarnos de nuestra creación humana. La gente contamina las cuidades, y cuando estas están llenas de contaminación, se marcha a los suburbios. Y cuando contaminan los suburbios, se tienen que ir a otro sitio. En las zonas nuevas hay mejores vibraciones que en la cuidad solo porque en las zonas nuevas no ha habido gente viviendo suficiente tiempo para que se acumulen los registros akáshicos.

Por tanto, esta reorganización de energía, que supuestamente produce enormes resultados, se ha desplazado al campo de lo psíquico, desde el Rolfing del cuerpo hasta el consumo de drogas, pasando por el est[6] y sistemas de todas clases que se han desarrollado. Y lo único que hacen es crear estados de conciencia en los que la energía se mueve. Se logra un alivio acá, un alivio allá. Y sabemos que la medicina ortodoxa con frecuencia hace lo mismo. Nos tomamos una píldora para el dolor y este desaparece. No ha hecho nada para sanar el problema, pero nos sentimos un poquito mejor.

Los maestros necesitan estudiantes cualificados como consejeros

Por tanto, la psicoterapia es un campo muy importante. Estamos preparándonos para publicar el libro del amado Kuthumi, Lanto y Merú, *El destino del alma*.[7] Se trata de una fantástica serie de *Perlas,* dieciocho *Perlas* sobre ese tema. Los Maestros Ascendidos necesitan estudiantes de Kuthumi (que sirve al Señor Maitreya) que sirvan como consejeros de la gente. Pero esa asesoría debe entenderse como un adjunto a la relación gurú-chela. Al final, la persona que no está dispuesta a ser disciplinada por su Ser Crístico acude al consejero solo para que le reorganicen la energía a fin de sentirse humanamente mejor. No creo que un discípulo o un iniciado serio en el sendero de la Gran Hermandad Blanca deba pasarse la vida como psiquiatra o psicólogo tratando a personas que no están comprometidas con Dios, que no han confesado al Cristo y que no están dispuestas a ser disciplinadas por su Ser Crístico.

Reconozco que en el mundo actual tiene que haber transigencia. Si trabajan en el campo de la psicología, deben seguir en ese campo, especialmente si pueden trabajar con jóvenes. Pero uno debería estar dispuesto a aceptar el desafío de ponerse en una situación que le permita trabajar con gente que pueda guiarse hacia un compromiso básico (o como lo quieran llamar) con su Persona Real, y donde exista una disponibilidad a renunciar a la persona irreal.

El intercambio de personalidades

Cuando oímos hablar a la gente de las sectas y la programación y toda la gente de nuestra sociedad que se ha ido en manada a Sun Myung Moon o al movimiento Hare Krishna o a otros sitios, en muchísimos casos se trata de este problema de tener una pobre imagen de uno mismo. Gabriel también habla de esto en una de sus *Perlas*.[8] La personalidad del líder contiene mucha más polaridad positiva o negativa del bien y el mal relativos: o bien se atreve más a hacer el bien o se atreve más a hacer el mal que la persona que acude a él. Y así, es un intercambio de personalidades. La persona que tiene un yo muy pequeño se siente entusiasmada por el hecho de que ahora ha conseguido una identidad por estar cerca de una persona importante.

La misma teoría es válida para los seguidores de los líderes de la industria del espectáculo. Se identifican con las estrellas de las películas y adquieren una mayor conciencia de sí mismos. Esa es la clase de persona que también va a las llamadas sectas. Pero esa clase de persona también está en las iglesias. Jesús dijo: «Los sanos no tienen necesidad de médico, sino los enfermos».[9] Y así, los que trabajan en este campo saben que han de trabajar con los que saben que no están plenos o con los que no lo saben.

Ahora bien, hasta que ascendemos no estamos plenos. Por tanto, hay una combinación de los que saben mucho y acuden a los pies de los Maestros Ascendidos, que probablemente están mucho más plenos que mucha gente del mundo que cree que necesita a un gurú. Aquellos tienen suficiente plenitud para apreciar una mayor plenitud.

Una persona que no puede apreciar a un Elías o a un Eliseo, a un Gautama o a una Virgen María (una persona que no tiene la capacidad de comprender que aquí tenemos a un «hombre Dios», que aquí tenemos a una «mujer Dios», quiero estar cerca de esa persona porque me doy cuenta de que en comparación estoy incompleto), una persona que no tiene esa capacidad no puede ver el valor de una relación gurú-chela y no sería la persona inteligente que reconocería la ventaja de asociarse con la Gran Hermandad Blanca.

La obligación de cuidar de los pobres de espíritu

Por tanto, esas personas que tienen una claridad de visión suficiente para ver a un Maestro Ascendido y saber que pueden aumentar su capacidad de ser quienes son con ese Maestro Ascendido, esas personas son los mejores chelas. Ellas son sus pastores y ellas son sus líderes. Luego están las personas que tienen muy poca conciencia de sí mismas. Pero también saben que están enfermas. Saben que son pecadores. Y así, ellas también acuden a los pies de los gurús. Y los encontrarán, y verán que estas personas son las personas a las que los falsos gurús atrapan con más facilidad. Pero son gente a las que la comunidad necesita cuidar, siempre que no sean rebeldes.

Por eso, cada comunidad, cada nivel del estado humano, tiene su obligación de cuidar de los pobres de espíritu. Jesús vio que los pecadores y los enfermos tenían una conciencia mayor de su estado incompleto que los que estaban plenos: los fariseos, los saduceos, lo que tenían riquezas, poder, conocimiento, educación, pero eran frágiles en cuanto a tener una realidad espiritual.

Y así, afrontamos la cuestión de la voluntad de Dios. El tamaño de su Yo Omega exteriorizado representa en ustedes esa cantidad de conciencia que ha decidido por la voluntad de Dios ser algo Real, ser Dios, ser una Persona Real, ser su Yo Real. Sea cual sea la identidad de Dios que tengan ahora mismo, probablemente se han pasado el último cuarto de millón de años lográndola y perdiendo lo que lograron, logrando más y perdiéndola. Ese es el juego de la vida al que jugamos.

Muchas veces escucho a los Maestros Ascendidos reprender a alguien que realiza un servicio específico en la organización porque no lo realizaron bien. Y he oído a los maestros decir: «Has tenido diez mil años para prepararte para realizar este trabajo, y si no estás preparado, no hay nada que podamos hacer por ti». Y eso es lo que piensan de la gente Serapis Bey y El Morya. Si las personas han estado perdiendo el tiempo todos estos siglos cuando era el momento de prepararse, bien, ahora son lo que son. Tendrán que aguantarse con lo que son. Tendrán que aceptar un trabajo y un servicio a las órdenes de los gurús proporcional a su conciencia Crística, no necesariamente proporcional a su cultura o a lo que hayan sido capaces de llevar a cabo en el mundo exterior.

El Cristo percibe la necesidad

Ahí es donde empezamos. Y como decía el domingo, está la iniciación en la que se nos quitan las vestiduras que no hemos adquirido gracias a nuestro logro.[10] Y así, este Yo Omega es el núcleo de lo que uno es y lo que puede ofrecer ante el altar. Y eso representa su voluntad. Así es como han ejercido su voluntad, su determinación de ser Dios. Empezado en ese punto, ahí es donde se colocarán, a una distancia determinada del punto en el que su matriz interior y su ser interior forman las dos líneas que se cruzan, Alfa y Omega. Y tendrán que ir acercándose más y más.

La mejor forma de ir acercándose, como digo, es analizar cuál es la necesidad más grande que tiene Dios, cuál es la necesidad más grande de la humanidad y cuál es el logro exterior más grande que tienen ustedes ahora mismo que pueda ayudar a satisfacer esa necesidad. Básicamente, esa ha sido la lógica de mi vida. La percepción de una necesidad es la percepción del Cristo. Su Ser Crístico es consciente del Bien absoluto (Dios) y de ustedes y de su persona humana. Su Ser Crístico siempre es consciente de sus necesidades y siempre está listo para satisfacerlas, si lo invocan en oración.

Una necesidad es una ausencia de plenitud. «Necesidad», «falta», «carencia»; estas son palabras que encontramos en la Biblia y que implican cierto porcentaje de su círculo de plenitud. Ello significa que falta una parte determinada del círculo. Digamos que aquí hay una carencia total de un 22 por ciento. Esa es su necesidad. Esa es su carencia. Esa es su falta. Ahí falta un pedazo. Ahí falta otro pedazo y más allá falta otro más grande.

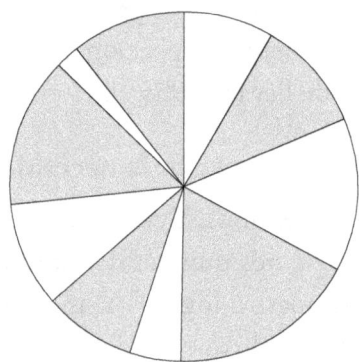

FIGURA 4
El círculo de plenitud
Cada parte del círculo que falta representa una necesidad.

Por tanto, ustedes pueden ver cuáles son sus carencias, y eso es a lo que Jesús se refirió cuando dijo: «Bienaventurados los pobres en espíritu»[11]. Los pobres, los empobrecidos, son los que carecen de la conciencia del Espíritu. Y esas ausencias representan cuñas de karma, cuñas de densidad en los cuatro cuerpos inferiores.

Por tanto, bendito es el que ve la necesidad de su hermano y la suple.[12] Cuando vean que tienen un logro espiritual exterior que su hermano no tiene, súplanlo, compensen. Ayuden en el comité. Ayuden en la situación. Y verán que su hermano tiene un talento que ustedes no tienen y que él suple.

El proceso de integración

Eso es lo que hace que la comunidad del Espíritu Santo sea tan emocionante. Las personas vienen. Tienen un logro concretizado. Lo ponen sobre el altar. Empiezan el proceso de integración en el ese logro se acelera y pasa por la llama. Y así, se convierte en una energía Alfa real de la Presencia YO SOY que contienen en este recipiente. Y a partir de ese punto, de esa voluntad y determinación de ser Dios, día a día van aumentando. Día a día estudiamos para ser más Dios. Decretamos para ser más Dios. Y seguimos en acción al realizar nuestra labor sagrada, que nos enseña cosas sobre nosotros mismos, sobre las cosas que no hacemos muy bien y cómo debemos mejorar.

El proceso es el logro de la plenitud. Si renuncian a la poca o mucha capacidad que tengan en el Yo Omega y se ponen en punto muerto, es probable que sufran un retroceso debido al cual se encontrarán más o menos en el punto medio, al no haber asimilado la gracia correspondiente de la mente de Cristo y al haber dejado atrás lo logrado anteriormente. Deben tener cuidado con no hacer eso. Deben tener cuidado con no perder quién son sin haber llegado a ser quien realmente son, sin haber pasado por la progresión lógica de la integración.

«Integración» es la palabra clave. En eso consiste la iniciación. Es un proceso de integración. Cuando llevamos frutos dignos de arrepentimiento,[13] llevamos todo el karma de nuestras buenas obras, todo nuestro impulso acumulado bueno, pero sabemos que eso no basta porque solo hay uno bueno, que es Dios. Solo hay uno bueno, que es el Bien absoluto de Dios.[14] Y así, tanto lo que tenemos de humanamente bueno como humanamente malo debe atravesar la alquimia y ser el equilibrio de Alfa y Omega. Eso, pues, será la Persona Real y la Persona Crística que logrará vencer, mientras que la persona que acudió al altar no logrará vencer.

El discipulado en comunidad es otro nivel de aceleración

Lo que quiero decir es que ustedes podrán ser lo mejor en esto o aquello. Podrán ser la persona más profesional, la persona con más éxito; podrán haber sobrepasado en excelencia a todos en su campo con cualquier talento que hayan traído, pero se darán cuenta de que el discipulado en una comunidad de los Maestros Ascendidos es otro nivel de aceleración. Y el mejor especialista, el mejor esto o lo otro, verá que su logro humano o su bondad humana no es satisfactoria para el siguiente nivel de rendimiento. Lo he visto una y otra vez. Es de lo más sorprendente, pero la gente que posee las mejores capacidades y la mejor conciencia humana que el mundo pueda reunir debe sufrir la ruptura de ese cáliz, y que este se intercambie con el nuevo cáliz del Ser Crístico.

Por eso Jesús explicó que muchas veces es más fácil para un pecador que para un justo entrar en el reino del cielo, porque la persona justa, la persona humanamente competente, no tiene la misma necesidad de su Ser Crístico, de ese vehículo superior, que la persona que no lo es. Y por eso, las personas menos inteligentes y con menos logro sienten su total dependencia de la mente Crística y puede dirigirse con más facilidad hacia ella. Pero para una persona que ha aprendido a depender totalmente de su cuerpo mental y que ha creado una existencia basada en una carrera profesional independiente, consumada, exitosa y rica dentro de ese cuerpo mental, es una gran amenaza el renunciar a ello, además del hecho de que tiene cierto orgullo por lo que ha logrado y desea mucho menos renunciar a ello.

Por tanto, cuando he visto a esos genios maravillosos que llegan y hacen las cosas tan bien que no necesitan a los Maestros Ascendidos, les he dicho que siento lástima por ellos porque no sufren mi carencia, que es no tener una inteligencia así. Yo no tengo un logro exterior así. Entonces, me resulta muy obvio que cuando algo tiene lugar donde yo estoy, es que Dios es el que lo hace. Y ese es el gran don que Dios me ha dado. No me ha creado como esas personas que tienen todo ese logro mundanal, toda esa capacidad, que creen que en efecto pueden tratar a un Maestro Ascendido como a un igual, menospreciarlo y estar en desacuerdo con él cuando cree que el maestro está equivocado.

Los luciferinos tienen una conciencia muy grande de su yo inferior

Eso es lo que hacen los luciferinos, que son gente muy brillante, brillante en extremo. Y, desafortunadamente, los niños de Dios en los Estados Unidos están muy impresionados con los luciferinos. Son sus ídolos en todos los ámbitos, y creen que no hay palabras para describirlos y que, obviamente, habría que darles predominio porque son seres tan maravillosos y porque tienen un talento tan enorme, éxito, riqueza, etcétera.

Así son las personas que tienen una conciencia muy grande de sí mismas en la Omega, pero la conciencian de sí mismos está en el cuerpo mental y totalmente descomprometida con el Ser Crístico. Por tanto, tienen una personalidad muy imponente. Entran en una sala y la sala se llena de su aura. Forman parte del reino angélico, forman parte de los ángeles caídos. Tenían auras enormes desde el principio, porque tienen un cuerpo de deseos enorme por ser instrumentos del sentimiento y la virtud de Dios. Y por eso pueden llenar un escenario, y por eso se convierten en ídolos de los aficionados a las películas. Por eso se hacen estrellas de rock. Y por eso los vemos adquiriendo poder también en los campos de la política y la economía. Tienen una presencia imponente, pero esa presencia en su totalidad es el desarrollo de la mente carnal que no ha hincado la rodilla y confesado al Cristo.

Por otro lado, cuando un Maestro Ascendido o un chela de un Maestro Ascendido que tiene luz entra en una sala, también tiene una presencia muy grande, pero con una cualidad de luz delicada que la persona sensible apreciará. Cuando esa luz se convierte en el poder de los profetas de Israel, los caídos también lo saben. Son muy conscientes de esa presencia y de esa luz, y ante ella tiemblan. La temen. Incluso si están al otro lado de la Tierra y ni siquiera conocen a la persona, los caídos sienten esa luz encarnada y empiezan a temblar.

La voluntad de Dios depende de la de ustedes

Al venir hoy con un mensaje sobre la voluntad de Dios para ustedes, tengo muchos deseos de que sean capaces de valorar que la voluntad de Dios depende de la de ustedes. Cuando la gente me dice: «¿Qué quiere la voluntad de Dios que yo haga?», yo digo dos cosas: «¿Qué sabe usted hacer; y cuál es su voluntad?». ¿Qué sabe usted hacer? en realidad significa: ¿Cuál es su voluntad? ¿Cómo ha usado la voluntad que hay en usted para ser el Cristo y que el Cristo pueda ser el instrumento del Espíritu Santo en acción?

La cantidad de Espíritu Santo que tengamos se muestra por lo que son nuestras capacidades. ¿Qué saben hacer? Es sorprendente, ¿verdad? Pero si no saben hacer nada, no han avanzado desde el punto de ser un hijo de Dios a ser el activador del bien a través de su Espíritu Santo. Por tanto, cuando deciden cuál es su voluntad, cuando su deseo sale a relucir: «Bueno, me gustaría volver y graduarme; o quisiera quizá ayudar en un centro de enseñanza», yo digo: «Bien, entonces eso es lo que debería hacer. Ahí está el nivel de su voluntad. Ahí está el nivel de su compromiso».

Yo les aconsejo dentro de ese contexto. Solo puedo aconsejarles dentro del contexto de su voluntad. Por tanto, métanse en su interior. No esperen a que Dios baje y les diga cuál es su voluntad. Ya les dijo cuál es su voluntad hace un cuarto de millón de años, hace un millón o dos millones de años, cuando se marcharon del Gran Sol Central. Ya saben cuál es esa voluntad. Han experimentado con esa voluntad y, evidentemente, se han cansado un poco de experimentar. Ahora han venido a la Gran Hermandad Blanca a aprender a liberarse de la maraña en la que se han liado en esta enredada bola de karma. Por tanto, todos nos sentamos en esta sala con un dilema parecido.

Una vez que llegué al Sendero y al haber tenido que tomar muchas decisiones, desde pequeña nunca he visto, si mi cuerpo de los deseos estaba unido con pureza a mi corazón y mi corazón a mi mente, nunca me ha pasado que al rezar: «Señor, muéstrame tu voluntad», esta no se me revelara. ¿Cuál era la voluntad de Dios? ¿Cuál era mi mayor desafío? ¿Cuál era el mayor bien que podía hacer para satisfacer la mayor necesidad de Dios y de la humanidad?

Dios tiene necesidades en la Tierra

Hoy día, Dios tiene muchas necesidades en la Tierra. Muchas, muchas necesidades. Necesita que se le defina.

Sesenta mil personas ayer vieron la necesidad de Dios y se reunieron en la ciudad de Washington para manifestarse en favor en la vida, el sesenta aniversario de la sentencia del Tribunal Supremo *(caso Roe contra Wade)*. Hubo sesenta mil personas exclamando: «¡No transigimos! Queremos una enmienda que prohíba el aborto en los Estados Unidos de América».

Fue una manifestación enorme la que tuvo lugar en Washington. La publicaron en el periódico *L.A. Times* en la sexta página con un pequeño artículo sin imágenes. Jesse Helms habló y dijo: «No transigimos». Y los del movimiento a favor del aborto se acercaron a la cabeza de todo el movimiento provida:

«Reunámonos y hablemos para resolver nuestras diferencias y trabajar juntos». Y la respuesta fue: «No transigimos. No vamos a hablar con gente que está matando niños. Vamos a parar a los que matan niños».

Y el artículo del *L.A. Times* era muy partidista. Lo escribieron desde la base de que hace seis años el Tribunal Supremo dio a las mujeres el derecho a decidir qué hacer con su cuerpo durante los tres primeros meses de embarazo. El periódico no lo expresó como que hace seis años el Tribunal Supremo tomó la decisión de que una mujer es libre de matar a su hijo. Esa hubiera sido la forma en que los del movimiento provida lo hubieran expresado. Y la otra forma es que la mujer tiene la libertad de hacer lo que quiera con su cuerpo. Así es como lo expresarían los abortistas o los contrarios a la vida.

Ahora bien, en este país tenemos libertad de prensa. Y la libertad de prensa significa que uno puede ser propietario y dirigir su periódico y puede publicarlo de la forma que quiera. Creo que esa libertad de prensa debe incluir la responsabilidad ante el público de presentar imparcialmente las noticias, servir a todo el público que está suscrito al periódico y presentar todas las perspectivas sobre la cuestión. El *L.A. Times* no lo hace, y me parece que es algo intolerable. Y creo que los periódicos actuales deberían presentar la información exponiendo todos los puntos de vista.

La cuestión del aborto

En el libro sobre el aborto que estamos escribiendo exponemos todos los puntos de vista que se hayan expresado en la gama a favor y en contra del aborto y a la gente de todos los ámbitos religiosos que presentan su perspectiva (por qué están a favor del aborto y por qué están en contra), porque tengo la convicción absoluta de que cuando se ven todos los argumentos expuestos con claridad, la verdad siempre acaba siendo superior.

No hace falta ocultar argumentos. No hace falta distorsionar los hechos y las cifras para convencer a la gente de que vote por nosotros. Si a la gente se le da toda la información en un análisis detallado sobre todas las perspectivas del asunto, seguirá habiendo gente de acuerdo con ambos lados, pero se habrá expuesto la verdad y se habrá expuesto la cizaña y el trigo. Se verá un alineamiento directo.

Muchas personas que están a favor del aborto aceptan la idea de que la vida humana existe en el momento de la concepción. Su argumento no se basa en que no hay vida. Están listos para asesinar una vida por la libertad de otra. Esa es su lógica. Y no les gusta tener que salir y decirlo en un debate, por lo que no debaten frecuentemente; y cuando lo hacen, solo es una arenga emocional para controlar a la audiencia con la postura luciferina de que el asesinato está bien y que la libertad se puede lograr mediante el asesinato. Y ese el concepto básico de la toma de poder luciferina en cualquier sistema de mundos y en cualquier planeta.

Somos guardianes de la llama de la vida divina

Ahora bien, lo que estoy enfatizando sobre esos sesenta mil manifestantes en Washington es que vieron que Dios tenía una necesidad en la Tierra. Para ellos está muy claro que la vida está siendo abortada. El que lleguen a la conclusión de que la vida es Dios o no, en alguna parte de su alma, en alguna parte de su conciencia, lo saben interiormente. Y saben, como dijo uno de nuestros congresistas que está en contra del aborto, que podemos decir que no sabíamos lo que estaba ocurriendo en los campos de concentración de la Alemania nazi, que no lo sabíamos. Pero dijo que cuando se hagan cuentas, unos seis millones de niños se habrán asesinado desde 1973, no podremos decir que no lo sabíamos. No podremos decir que no lo sabíamos. En el discurso que dio este congresista, la última frase con la que concluyó fue: «Todos somos guardianes de la llama». Y después dijo que todos somos guardianes de la llama de la vida divina.

La gente que está contra el aborto proviene de todas las religiones y de todos los ámbitos de la vida, y tiene muchos motivos para estar contra el aborto. Es el resultado de cómo se criaron y la educación humana que tuvieron. Pero todos fueron a Washington y decidieron dar un espectáculo. Y así fue, incluso los periódicos que están a favor del aborto no quisieron publicar lo que ocurrió.

Nunca me han interesado los periódicos. Tengo la convicción absoluta de que las almas de la gente tienen una comunicación mediante el Espíritu Santo en este Armagedón. Me refiero a que Dios tiene una necesidad, la humanidad tiene una necesidad y sesenta mil personas decidieron que su capacidad óptima para satisfacer esa necesidad era estar en Washington y hacer que se oyera su voz, sesenta mil personas diciendo: «No transigiremos».

Para mí eso significa una enorme manifestación de verdaderos guardianes de la llama, porque ello inicia el cambio en la marea de la transigencia que tiene nuestro presidente y que tienen nuestros líderes con la gente de otros países en nuestra política exterior, en nuestra política interna, con la verdad allá donde esté la verdad y con esa vibración horrible y despreciable del «reunámonos y hablemos para llegar a un compromiso».

Acciones paralelas en el núcleo de fuego blanco y en la Palabra

Creo que es fantástico que tengamos a gente así en los Estados Unidos. Y nosotros las apoyamos con nuestros decretos. El surgimiento de gente de Dios y de gente de la verdad en el plano Omega, en la esfera de la Materia en los Estados Unidos, es una línea paralela a la fundación de The Summit Lighthouse en 1958. De una manera proporcional a nuestro crecimiento, a nuestros decretos e invocaciones a la llama de la vida, a los decretos dinámicos y las dispensaciones del Consejo Kármico, ha habido un crecimiento de una conciencia de justicia en este país. Y la correlación sin duda existe interiormente.

Ustedes la pueden ver igual que yo, y yo estudio las gráficas en el Retiro Royal Teton por la noche. Muchos de ustedes asisten a las clases que Lanello y yo dirigimos por la noche, y estudiamos esas tendencias porque nos muestran lo que estamos logrando con nuestro trabajo, y lo sabemos. Vemos claramente que, sin este apoyo Alfa del núcleo de fuego blanco, los que están en este plano Omega, el plano de la Materia, no tendrían el apoyo interno, la energía interna. Por tanto, apoyamos a esas personas, aunque muchas de ellas no sean representativas de la luz. Pero eso no es importante. Ellas llegarán a una resolución.

¿Cuál es la mayor capacidad que tienen de satisfacer la mayor necesidad?

Como iba diciendo, al ver la necesidad más grande que tiene Dios, la necesidad más grande de la humanidad, ¿cuál es la mayor capacidad que tienen de satisfacerla? Cuando tomé la decisión de ser una chela y de que me prepararan como Mensajera, no había mucho que indicara que iba a tener una gran trayectoria. Había tres personas en la organización de Washington: Mark y dos mujeres que lo ayudaban.

No había nada en el mundo exterior que me interesara. Había estado en las Naciones Unidas. Había ido a la universidad, con la especialidad en ciencias políticas y economía. Y me resultaba muy obvio que Dios tenía una necesidad, que la humanidad tenía una necesidad, y yo podía satisfacerla de muchas formas. Podía ser diplomática. Me podrían enviar a alguna parte a hacer esto y lo otro. Podía enseñar. Podía hacer muchas cosas con las que ayudar a la gente y me podría justificar y decir que estaba haciendo algo bueno. Pero eso no era la clave suprema que hiciera girar la cerradura hacia la conciencia Crística de la humanidad. No era la solución final al problema.

No estaba preparada para hacer lo que hago ahora. No estaba preparada para dirigir una organización. No estaba preparada para dar conferencias antes miles de personas. No estaba preparada para desafiar a la oscuridad dirigida contra Ghana y Liberia.[15] No estaba preparada para levantarme esa mañana y enterarme de que mi retransmisión desde Liberia iba a llegar a cinco países por radio, desafiando a los comunistas que me escuchaban, ahí mismo en la sala, allá donde tuvieran las radios encendidas. Los sentí toda la noche. Anduve levantada toda la noche y después hablé. Sentí al enemigo.

Cuando me hice chela no habría podido hacer eso. Pero había algo que sabía que podía hacer. Podía someterme a la preparación y podía ser el brazo derecho del profeta, de Mark Prophet. Podía sostenerle el brazo.[16] Podía ayudarlo. Podía ayudarlo y llevarle las cosas que necesitara.

Así pues, hice todo lo que pude. Hice todo lo que pude según mi capacidad externa. A cambio de lo que puse en el altar, Dios me dio a sí mismo. Y aún sigo asimilando. Aún sigo integrándome con el Gran Ser. Aún sigo aprendiendo todos los días. Aún sigo convirtiéndome más en el Gran Dios del universo. Y el proceso nunca se detendrá desde la hora de la ascensión en adelante. Siempre está la gran autotrascendencia, la ley de la autotrascendencia por la cual nos convertimos en Dios y seguimos haciéndolo. Por tanto, el logro supremo no existe.

Los cuatro cuerpos inferiores son los cuatro jinetes

Al mirar su vida tendrán que comprender que van conduciendo cuatro caballos: sus cuatro cuerpos inferiores. El caballo del cuerpo de los deseos siempre quiere ir en sentido opuesto a la mente Crística. Muchos de ustedes han disciplinado su cuerpo de los deseos durante muchas vidas para que se someta a su Ser Crístico. Su Ser Crístico es el conductor de los cuatro jinetes de su propio apocalipsis. Ustedes conducen a los cuatro jinetes; ellos representan los cuatro cuerpos inferiores y son capaces de sembrar el caos en su microcosmos, provocando muerte, hambruna, plagas y destrucción.

Por tanto, sus caballos, sus cuatro cuerpos inferiores, querrán ir en sentido contrario de su Ser Crístico. Su Ser Crístico es su gurú, y el alma es quien decide entrar o no entrar, formar parte o no formar parte del Ser Crístico a fin de controlar los cuatro cuerpos inferiores. Por tanto, el alma toma la decisión de ser el chela del Ser Crístico. Y de manera proporcional a la unión del alma con el Ser Crístico, esta se colocará más cerca del nexo. Y ahí es donde estarán una vez que hayan asistido a estos estudios de doce semanas de Summit University.

¿Por qué es un curso preparatorio de doce semanas? Porque se les da las opciones, la enseñanza y las razones de las cosas. Se les recuerda lo que se les dijo en los retiros internos. Se les recuerda aquello que fueron a hacer cuando salieron de Alfa y Omega. Y, básicamente, de una forma concentrada no se les puede dar más hasta que no tomen algunas decisiones. Hasta que no asuman una posición para realizar su servicio, Dios no puede asumir una posición con respecto a ustedes.

Decidan dónde se van a posicionar

Cuando ustedes asuman su posición, Dios asumirá la suya, y se relacionará con ustedes allá donde vayan, allá donde se pongan. Y no deben sentirse inferiores a nadie. Lo que deben sentir es: «Esto es lo máximo que puedo ser. Esto es lo máximo que puedo comprender y ser. Este es el verdadero deseo de lo que quiero hacer, así es que voy a hacerlo. Voy a tener el valor de ser lo que soy. Voy a posicionarme».

También deben comprender que en las espirales de una entrega cada ver mayor, pueden posicionarse más cerca, incluso con menos logro. Pueden llegar enfermos. Pueden llegar con un problema psicológico. Pueden llegar sin logro. Pueden llegar a una comunidad, a un centro de enseñanza o a un puesto muy clave en su comunidad donde viven, en el servicio público, así como en el servicio a la Hermandad en esa comunidad. Pueden lograr posicionarse sin tener todo el logro exterior.

Por tanto, en esta comunidad hay personas que estudian, que asisten muchas horas a la escuela nocturna para avanzar en su trayectoria mientras prestan servicio durante el día. Pero sus trayectorias individuales se entregan al servicio de la Hermandad, por lo que se están preparando más para hacer mejor lo que vinieron a hacer. Y así, los Maestros Ascendidos están muy a favor de la educación continua de los chelas cuando esa educación mejora el discipulado y no le resta valor.

La opción superior siempre excede su logro actual

Les podría dar muchísimos ejemplos ocurridos a lo largo de los años y a lo largo de mi sendero sobre el hecho de tener que decidir hacer lo máximo posible para la necesidad más grande de Dios. Pero quisiera que sepan que la opción superior siempre excede su logro actual. Dios necesitaba una imprenta cuando empezamos. La humanidad necesitaba la enseñanza. No teníamos imprenta ni impresora. Yo nunca había visto una imprenta ni sabía manejarla. Pero miré alrededor de la sala. Vi a Mark.

Él no podía manejar la imprenta, porque ¿quién iba a recibir los dictados? Vi a Christel Anderson, que tenía casi ochenta años, y dije: «Ella no va a manejar la imprenta». Y después vi a Mary Spelzhaus, que ya estaba mayor y tenía problemas de salud, y ella tampoco iba a manejar la imprenta. Solo quedaba una persona: yo. Así es que dije: «Voy a manejar la imprenta».

Y eso ha ocurrido cientos y cientos de veces. Cosas de todo tipo que no sé hacer, doy pasos lógicos, pasos de persona normal. Investigo, voy a la biblioteca, leo sobre el tema, estudio. Estudio lo mejor que sé para que Dios tenga a alguien que esté despierto, alerta, vivo y consciente. Y entonces digo: «Bien, aquí estoy. Voy a hacerlo lo mejor posible porque no hay nadie más que pueda hacer ese trabajo». Y esa es la mejor posición que puedo ocupar, porque existe esa dependencia. Con toda esa preparación, sabemos que Dios tiene que hacerlo a través de nosotros. Eso simplemente se sabe. Nosotros seguimos sin poder hacerlo. Nos podríamos seguir preparando durante cincuenta años, pero la situación exige no solo al hijo del hombre, sino al Hijo de Dios. Jesús era el hijo del hombre. El unigénito Hijo de Dios era su Ser Crístico. El hijo del hombre no basta para hacer el trabajo. El Hijo de Dios debe interactuar con nosotros.

La genialidad más grande es la humildad

Es curioso. Después de hacer esas cosas, debido a que el Espíritu Santo obra a través de nosotros, el observador cree que es como poner una rueda a rodar, que lo hacemos con una facilidad que evidentemente teníamos porque somos expertos. Pero eso no es cierto en absoluto. Dios es el experto. El Espíritu Santo es el experto. Y la única pericia que podemos reconocer como nuestra es la absoluta genialidad de la humildad. La genialidad más grande del mundo es el conocimiento de qué es la humildad, de quitarnos de en medio y entender cómo nos alineamos con ese ser Divino que somos, y este actúa a través de nosotros.

Por tanto, incluso los nuevos entre ustedes probablemente ya me han visto hacer cosas que no sé hacer. Y probablemente no se dan cuenta de que no sabía hacerlas. Ir de gira es algo que no sabía hacer, y lidiar con grandes cantidades de gente agresiva que ataca y que ataca físicamente. Jamás lo he hecho en mi vida, y no recuerdo tener mucho que ver con eso en encarnaciones recientes. En realidad, yo no lidié con eso. Dios lidió con eso. Yo solo me puse en posición y Dios hizo lo que hizo.

Por tanto, está esa confianza. Está esa relación gurú-chela. Y está la espontaneidad, la libertad del electrón. Está la emoción de estar en una relación libre con Dios, de sentirse creativos, de averiguar cómo vamos a satisfacer la necesidad de Dios y llamar a su puerta y decir: «Aquí estoy, y tengo un plan y quiero que lo mires a ver si te parece que vaya a funcionar»; hacer cosas fascinantes, trabajar con Dios, ser cocreadores con él y saber que, puesto que Dios es nuestra conciencia, ese Dios aprecia nuestra opinión. Dios aprecia nuestro consejo y cómo creemos que se deban hacer las cosas aquí abajo: cómo creemos que se deba dirigir la escuela, cómo creemos que se deba mejorar Montessori International y cuál creemos que sea la mejor forma de crear una correspondencia en la comunidad del Espíritu Santo con la comunidad etérica interior, los templos internos de los que venimos.

A Dios le importan sus palabras

Tenemos un sentimiento de importancia, el sentimiento de que a Dios le importan nuestras palabras. A Alfa y Omega le importa mucho la forma en la que manejamos los acontecimientos. Me refiero a que los Maestros Ascendidos se emocionan cuando sesenta mil personas decretan: «¡No transigimos!». Es un decreto dinámico. ¿Dónde aprendieron a hacer decretos dinámicos? Es algo que está en los éteres; está barriendo al país.

Antes de los años cincuenta la gente no se reunía como una multitud con exclamaciones. Mark y yo recordamos el día en que los espías soviéticos entraron en la reunión que estábamos celebrando en la ciudad de Washington y nos oyeron decretar. Y entonces empezamos a oír a grandes grupos de personas coreando en los países comunistas. Pero los grupos de derecha pronto hicieron lo mismo y, de repente, la Palabra hablada se está utilizando mucho más en la actualidad.

La gente expresa su opinión. Escribe cartas a los editores que merecen la pena. Dicen a otras personas lo que piensan, realizan marchas, hacen manifestaciones, hacen carteles. No recuerdo que hubiera nada de eso en los años cincuenta. No lo recuerdo en la primera mitad de siglo en los Estados Unidos, no hasta el punto de que vemos hoy día. La gente está acercándose a su mente Crística. La gente está muy alineada.

Nuestra intención de proporcionar información e iluminación a todos los grupos Nueva Era

El propósito del chela de Maitreya en esta organización, el propósito del discipulado colectivo de esta organización es proporcionar información, iluminación y educación a todos los grupos Nueva Era sobre cuáles son los asuntos importantes. Ahora se va a celebrar una feria psíquica en Pasadena. Se llama Consejo de Cooperación Internacional y tiene grupos Nueva Era de todo tipo.[17] Ahí siempre tenemos una caseta, y el fin de semana pasado enseñamos nuestras diapositivas. Un miembro de nuestro personal dio una conferencia y la gente estuvo muy interesada.

Pero va mucha gente que está en la conciencia Nueva Era y que no tiene ni la menor idea de lo que dice. Alguien se levantó a dar una conferencia sobre lo psicotrónico sin dar datos ni cifras. Simplemente dijo: «Lo psicotrónico es horrible», negando con la cabeza.

Nosotros teníamos una conferencia completa de 180 minutos sobre lo psicotrónico, bien investigada y documentada. Algo que nadie más podría hacer, investigar todo ese campo y dar una exposición adecuada. El ingrediente añadido que hace que nuestra exposición sea especial es la información obvia del Espíritu Santo y las enseñanzas de la Gran Hermandad Blanca.

Entonces, ahí estábamos, con un álbum para cualquiera que quisiera saber algo sobre lo psicotrónico. Bien, costaba doce dólares y cincuenta centavos. Doce con cincuenta es mucho dinero para algunas personas, por lo que es necesario publicar la conferencia en papel. Entonces, el comunicar eso se convierte en una vocación muy, muy elevada, una enorme vocación para gente que además de ser chela busque la voluntad de Dios.

Comunicar eso tiene una importancia enorme. Y ustedes se sorprenderían al ver qué poca gente sale de un trimestre de Summit University dispuesta a corregir, escribir, imprimir o a hacer lo que haga falta para sacar las enseñanzas. Desde que sale de mi boca hasta que lo tienen sobre el regazo en forma de libro hay muchas cosas que hacer que son difíciles, que se pueden aprender.

Algunas personas se ofrecen como voluntarias y no saben, por lo que se deben enseñar. Pero el nivel de apreciación que la gente tiene por la palabra impresa, cuando se trata de ir y ayudar, es sorprendentemente bajo. La gente siempre está lista para comerse el pan, pero no lo está tanto para sembrar el trigo y realizar el trabajo. Obviamente es un servicio. Es algo tan obvio en el mundo actual que ¿acaso es necesario que alguien se levante y lo grite? Los Maestros Ascendidos lo han mencionado muchas veces en sus dictados, acerca de esta necesidad imperiosa de publicar las enseñanzas. En la feria había gente hablando sobre la vida en comunidad según el sistema de la China comunista. Y los principios que exponían se basaban sobre todo en los Padres Fundadores y la República de los Estados Unidos de una forma básica, pero no eran conscientes de la correlación. No habían investigado. Se trata de gente interesada en la Nueva Era con una ideología Nueva Era y estaban en un movimiento Nueva Era.

¿Cuál era el otro tema del que sabían tan poco? Oh, se nos agota la energía; la típica gente con su caseta dedicada a «Se nos agota la energía».

Cuando se les pregunta: «¿Qué cifras manejan? ¿En qué estadísticas se basan?»; no tienen nada.

«Es algo generalmente aceptado —decían— que se nos está agotando la energía». En cuanto se los cuestiona, no tienen nada que ofrecer en cuanto a datos y cifras. Y se molestan bastante cuando se les cuestiona. Tratan de hacer que parezcas tonto porque, obviamente, «estas son las últimas averiguaciones y es lo que cree todo el mundo, y tú, ¿dónde has estado?». Y ahí mismo, preparado para su publicación, tenemos toda la conferencia *El toque de Shiva [The Touch of Shiva]* en rústica. Pero no tenemos las manos para componerla y publicarla. Tenemos la infinita capacidad de ilustrar esos materiales (por ejemplo, la colección de gráficas y tablas para que ese libro puede ser un conjunto de doscientas diapositivas que lo ilustren) de modo que una persona como ustedes pudiera tomar el libro impreso, las cintas, las diapositivas; esa es la combinación suprema, tener la Palabra hablada, la palabra escrita y la palabra ilustrada todo junto; y marchar con la maleta, preparados para dar una conferencia. Pero ¡ay! No están preparados. En su vida han aprendido a dar una conferencia en público. Así es que van al Áshram de la Madre del Mundo durante tres meses después de asistir a Summit

University y realizan el programa de preparación y empiezan a hablar en público y a dar conferencias a grupos alrededor de Los Ángeles. Se preparan en el Áshram y se preparan más quizá en UCLA [Universidad de California en Los Ángeles] o en el club *Toastmasters* para aprender a hablar en público.

Los grupos Nueva Era lo necesitan a usted, el chela

A mí eso me fascina. Y me parece que los grupos Nueva Era, los grupos que parecen congregarse a través de la tienda de alimentos naturales (son la gente que parece un poco más consciente que los demás en la comunidad, cuando vamos a la tienda de alimentos naturales), los grupos que se lían con los distintos yoguis indios, etc., los necesitan, necesitan al chela, no al gurú. No necesitan al gurú, no me necesitan a mí. Yo soy un bien bastante inaceptable. Soy una figura con demasiada autoridad. Soy demasiado amenazadora.

Más bien necesitan al chela que es un chela como ellos (o como quieren pensar que son chelas), que se acerca y dice: «¿Se han enterado?». Y en una situación muy relajada con quizá veinte, treinta personas, más o menos, se sienta y les expone el concepto de Marx, los satanistas o Jesucristo, el gran gurú del sistema de libre empresa, o lo psicotrónico, o el desmentir al Club de Roma como hicimos en esta clase, o cualquier otro tema que queramos investigar.[18] Por tanto, la persona eficaz que sale de Cámelot es la persona que se ha saturado de la esfera Alfa y entonces puede salir como una extensión del núcleo de fuego blanco.

La necesidad de guardar la llama en el núcleo de fuego blanco

Algunos de ustedes no vieron la obra de teatro de los niños sobre Cámelot que representaron el pasado mes de julio. Lo más fascinante de esa obra es la parte en la que llega la visión del Santo Grial. Hay uno que ve el Santo Grial: Galahad. Y todos los caballeros de repente dicen que quieren salir en busca del Santo Grial. Morya (el rey Arturo) los reprende y les dice: «Si os marcháis, Cámelot se destruirá. Esto no es vuestro dharma. El que ha visto el Grial es el que tiene la iniciación de ir a buscarlo. El resto de vosotros debe guardar la llama aquí, en el núcleo de fuego blanco de Alfa».

Ellos desobedecieron, marcharon, Cámelot se destruyó y aquí estamos otra vez. ¿Qué pasó? Es la tentación de salir a ser un maestro antes de llegar a ser un estudiante. Y Saint Germain dictó una y otra vez a través de los Ballard, a través del movimiento YO SOY, que todo el mundo quiere ser un maestro, pero ¿cuántos quieres ser estudiantes? ¿Cuánta gente comprende que debe atravesar su creación humana, que debe tener un período de discipulado?

Eso es lo que ofrecemos. Ofrecemos discipulado y ofrecemos una educación complementada por una preparación con cursos nocturnos en universidades locales, sean las que sean. Hay muchos estudiantes que, cuando finalmente se sientan y averiguan cuál es su dharma y cuál es la voluntad de Dios para ellos, tienen que volver a la universidad. Sin duda. Deben volver y terminar su formación.

Y esta es una de las cosas que leemos de la gente que analiza las sectas. Dicen que esas sectas están contra la formación, que esas sectas están contra el desarrollo individual y que por eso roban a los líderes de mañana reuniendo a grupos de personas hipnotizadas que siguen al líder. La mayoría de esa gente hipnotizada es gente con una identidad muy pequeña que está dispuesta a intercambiarla por la del gurú porque este tiene un aura muy fuerte. El gurú tiene esa aura de ángel caído que le hace ser tan imponente.

Uno de nuestros estudiantes dejó el grupo de Satchidananda[19], y le dio el álbum *El ritmo de Shiva* porque él permitía que los estudiantes pusieran música rock y jazz. En cuanto Satchidananda escuchó el dictado de Shiva[20] (estoy repitiendo solo lo que me dijo un estudiante), anunció a su comunidad: «No se puede poner más música rock ni jazz».

¿Qué quiero decir con esto? Quiero decir que él sabía en su corazón que estaba equivocado, pero temía perder a los estudiantes si pronunciaba el edicto. Oyó a alguien decir la verdad. Alguien tuvo el valor de decirla, un estadounidense, alguien con éxito en su trayectoria como gurú. Por tanto, se armó de valor y dio el edicto. Yo le envié el álbum de *La ciencia del ritmo*[21] por Navidad y él me respondió con mucha amabilidad.

Pero lo importante de esto es que aquí tenemos a un instructor indio, y hoy día tenemos a muchos en los Estados Unidos, algunos bien conocidos y otro no tanto, los cuales vienen bajo la dispensación antigua y guían a la gente con una conciencia de meditación en Dios, pero no estudian bien el plano de la Materia, las disciplinas de la Materia. Y así, sus seguidores no tienen la menor idea de que no se nos está agotando la energía, de que la música rock es mala, de que el comunismo es una enorme amenaza, todas las cosas que les enseñamos a ustedes.

Ahora bien, hay nueve dones del Espíritu Santo. Uno de ellos es el don del conocimiento y otro el de la sabiduría. El don de la sabiduría es el don del conocimiento del plano del Espíritu, del cielo y de toda su enseñanza, todas sus leyes, sus jerarquías y su luz. Ese es el don de la sabiduría. El don del conocimiento es del don de poder penetrar en el plano de la Materia y saber lo que ocurre en él y ser capaz de analizarlo. Es el conocimiento de las realidades. Las realidades que son concretas aquí, en la Materia.

La humildad de satisfacer la necesidad de Dios

Por tanto, el dharma, la voluntad de Dios para ustedes, es llegar a ser un chela y averiguar qué es lo más grande que pueden hacer para satisfacer la necesidad de Dios y la de la humanidad. Aquí, sentado al frente, tenemos a alguien que decidió que su capacidad más grande de satisfacer la necesidad de Dios y la humanidad era poner carteles para nosotros. Esta persona ha puesto cientos de miles de carteles por todo el país. Póngase de pie para que todo el mundo pueda ver de quién estoy hablando. Es una cuestión de verdadera humildad. En la parte de atrás hay alguien que lo acompañó. Ahí están, como un equipo. Él tiene un máster en mercadotecnia; y usted no tiene título universitario, ¿verdad? ¿Ha estudiado en la universidad?

Estudiante: Sí, fui a la universidad dos años.

ECP: Estas personas vieron la necesidad que Dios tenía de entrar en contacto con la humanidad y la necesidad de la humanidad de entrar en contacto con Dios. Tomaron una decisión muy práctica. «Vamos a ir delante de usted, Madre. Vamos a poner carteles por todas las ciudades». Fueron a todas las ciudades de la gira. Y gracias a esos carteles, algunos de ustedes están aquí hoy. Esa es una respuesta muy práctica a una necesidad muy práctica.

Sin embargo, ¿cuánta gente estaría dispuesta a ir y poner carteles? Es duro, te sientes solo y sufres la oposición más dura de cada comunidad ante la llegada de la luz. Tienes que vivir en sitios de todas clases, sin saber si vas a poder ducharte o no, sin estar seguro de si vas a comer; y surgen mucha contingencias totalmente desconocidas.

Pero es muy sencillo, ¿verdad? No es una hazaña grandiosa por haber hecho algo enorme en la que se tiene una sensación de éxito. Es un logro desconocido y no reconocido. Es como la

Maestra Ascendida Nada, que tenía un talento enorme, pero lo sublimó para guardar la llama de todos sus talentosos hermanos y hermanas, que no habrían podido lograr lo que lograron sin que ella hubiera guardado el foco en el plano Alfa.

Deben ser muy disciplinados cuando escojan la solución, porque cuando vean que pueden hacer cincuenta cosas y hacerlas bien, o incluso diez cosas, o tres, la cosa se empieza a reducir. Y hay que hacerse la pregunta: «Sí, podría trabajar en el Gobierno. Sí, podría tener una carrera profesional. Sí, podría hacer eso. Pero otras cincuenta personas podrían hacerlo».

Pero solo una de esas cincuenta, es decir, yo, podría manejar la imprenta para publicar las *Perlas*, porque la persona que maneja la imprenta para publicar las *Perlas* tiene las aptitudes que las otras cincuenta personas no tienen. Deben ser un chela. Deben tener una conciencia Divina. Deben ser capaces de sustentar una llama en el nivel del Espíritu o el nivel Alfa de Cámelot. Deben ser capaces de lidiar con las proyecciones astrales a ese proyecto.

Por tanto, empezamos a realizar el trabajo que nadie más puede hacer. Si Dios tiene una necesidad y nadie más lo va a alimentar, uno mismo debe alimentarlo. Hay que sentarse y hacer un plato de avena y dárselo a Siddhartha, que tiene hambre, que si no come no puede meditar bajo el árbol Bo cuarenta y nueve días y lograr la iluminación.

Si en la cocina no hay un cocinero que sea un chela, Summit University no puede continuar, porque los chelas tienen que comer. Y la cocina, por ejemplo, es un sitio para el que no tenemos muchos voluntarios. La gente que se ofrece como voluntaria es de lo más devota y trabaja muchísimas horas seguidas. Algunas de esas personas no tienen ni una hora a la semana para lavar la ropa. Y los estudiantes de Montessori se compadecieron de ellas y se ofrecieron para ayudarlas en la cocina el año pasado debido a esa situación.

Es sorprendente. Cuando se ama a Dios lo suficiente para hacer aquello que nadie más quiere hacer, se recibe la mayor formación en el discipulado. Es muy emocionante. Se realiza el mayor progreso en el Sendero. Se recibe la mayor compensación de luz. Se realiza la mayor transmutación. Pero probablemente se recibe el menor reconocimiento del mundo.

La meta del discipulado

Esto no lo digo con la idea de tratar de reclutarlos a ustedes de una forma exterior para que trabajen aquí. Les estoy hablando de discipulado, que es el regalo más valioso que Dios me ha dado en todas mis vidas. Y siento cómo la Hermandad da las enseñanzas sobre el discipulado desde todos los niveles y en todas las áreas. Esta mañana llegué para darles una sola verdad, una única destilación a partir de mi observación de los chelas, y miren a donde he llegado en esta conferencia. Ahora estoy lista para dársela.

La meta de su discipulado es ver al gurú, al Maestro Ascendido, cara a cara. Y el principio que les hemos enseñado es que no se pueden acercar tanto al gurú como para estar ante él cara a cara hasta que demuestren que pueden recibir al representante enviado por el gurú en el nombre del gurú y que, a través de la interacción con esa persona, es decir, con la Mensajera, demuestren ser capaces de mantener la armonía y su conciencia Divina, para que cuando lleguen a estar cara a cara con el Maestro Ascendido no incurran en el karma de pecar contra un Maestro Ascendido.

Por tanto, todos los instructores que tenemos en nuestra vida: nuestros padres al principio nos representan al gurú, Alfa y Omega; nuestros maestros en la escuela; la gente para la que trabajamos; la vida misma, el karma es el gurú; las experiencias, las circunstancias; todas esas cosas son nuestro instructor personal e impersonal. El instructor impersonal es el choque de trenes en medio del cual se encuentran. Es un instructor impersonal que les está enseñando una lección, muchas lecciones.

Su alma siempre entiende la lección. Su alma siempre es consciente de qué karma, de qué encarnación previa está siendo resuelta. Pero la mente exterior no tiene esa percepción, por eso algunas veces se rebela contra el instructor impersonal. La mente exterior ni siquiera lo reconoce; lo llama un accidente, las circunstancias, mala suerte o la astrología; o culpa de ello a circunstancias sobrenaturales (es decir, superstición). Por tanto, tenemos al instructor impersonal y al instructor personal.

Encontramos nuestro camino a través de todo ello hasta tener un destello de esperanza de que en efecto estamos acercándonos a la puerta del retiro. Y ese destello llega cuando conocemos a alguien que sabe algo de las enseñanzas de la Gran Hermandad Blanca. Encontramos un libro o a un chela, y el chela nos lleva a otro chela, y así nos vamos acercando más y más.

Averigüe qué es importante para su jefe

Ya que soy el instrumento de la diligente preparación que los Maestros Ascendidos dan a sus chelas para que puedan estar ante su presencia y para acelerar la conciencia Divina del chela, tengo una muy buena perspectiva general de lo que los maestros esperan, de los estándares que establecen y de lo que es importante para ellos.

Una de las cosas que aprendí al principio, cuando realicé los distintos trabajos durante la escuela secundaria, la universidad y después de la universidad, es que la mejor forma de avanzar en cualquier trabajo es aprender a pensar cómo piensa el jefe.

Si son tercos y chapuceros y se están decididos a decirle a su jefe lo que opinan, es probable que no sigan mucho tiempo como empleados.

Si son tan testarudos que solo quieren hacer lo que ustedes creen que se deba hacer dentro del marco de la organización y no se identifican con su jefe, no aprenderán nada. Él es el jefe porque sabe más que ustedes. Ha aprendido a manejar un negocio, a manejar el dinero, a promocionar un producto o lo que haga, por lo cual ustedes tienen algo que aprender de él. Pero algunas personas creen que tienen más que enseñarle al jefe de lo que tienen que aprender. Y así, van de empleo en empleo porque no se llevan bien con la persona que tienen por encima.

Esto es un paso muy importante para acercarse a su gurú. Si no lo intentan en las circunstancias humanas, si no aprenden a trabajar con la gente, si no aprenden un orden jerárquico sistemático en el reino humano, nunca se les admitirá en el reino divino para descubrir cómo funcionan las cosas allá.

Ahora bien, llega un punto en el que se realizan como empleados y se les paga por hacer un trabajo, y resulta que están en total desacuerdo con una norma, con la actitud, con la moralidad o el clima de trabajo tanto que pueden llegar a dimitir como protesta. Eso es otra cosa. Eso tiene que ver con la integridad de su alma. Pero si están de acuerdo en lo fundamental y pueden trabajar a las órdenes de una persona, la forma de avanzar, la forma de acelerar es aprender lo que es importante para esa persona.

Si la puntualidad es lo primero, sean puntuales. No consideren que da igual llegar a tiempo como llegar tarde. Si es importante para su jefe, es importante para ustedes. Si ir bien aseados, arreglados y bien vestidos es importante, entonces también es importante para ustedes. Si su jefe es muy informal y se viste de tal forma, no importa. Pero la gente tiene cosas que le importan. Si vulneran esas cosas, se habrán alejado más y más de esa persona.

Ahora bien, a ustedes puede parecerles que no tiene importancia llegar a las nueve en punto o tres minutos más tarde. Les puede parecer ridículo incluso preocuparse por ello. Pero yo he trabajado con personas para las que eso lo era todo. Si no llegabas a tiempo o antes de tiempo, ibas mal el resto del día. Aunque sepas lo que vales en dieciséis áreas más, la situación es la que es. La otra cosa es cómo vestirse. Esto es muy importante para mucha gente. Y luego están las demás cualidades que hacen que alguien sea un buen empleado y haga el trabajo bien.

Lo que es cierto para el mundo también es cierto para los Maestros Ascendidos. Es curioso, llevo enseñando a chelas durante años y, de algún modo, se siente la vibración y se siente al chela que está tan enamorado de sí mismo y se aprecia tanto, se gusta tanto, que con gran facilidad se excusará para no cumplir precisamente esas cosas que son de suprema importancia para la Gran Hermandad Blanca.

Y así, hasta cuando se le corrige por desobedecer o por no ser eficaz en el trabajo, él continuará anteponiendo sus prioridades y pensará: «Bueno, no tiene mucha importancia que no hiciera eso bien. No importa», justamente cuando el gurú, el Maestro Ascendido hablándole a la persona a través de mí, está argumentado lo obvio de que «esto es de suma importancia y si no corriges este particular, no puedes avanzar ni un paso más». Por tanto, esto se convierte en una cuestión de la autoevaluación de uno mismo comparada con la evaluación del gurú.

La iniciación comienza con El Morya

En la relación gurú-chela hay dos personas. Ustedes y el gurú. Por tanto, deben evaluar a dos «yos». Está el gurú y está el chela.

¿Quién es el gurú? El gurú es El Morya y el chela son ustedes.

El gurú es Morya porque, en primer lugar, es el Chohán del Primer Rayo y no se puede avanzar más allá del primer rayo hasta pasar por El Morya. Y el orden iniciático en los siete rayos, que es el sendero de su Cristeidad, va del primer rayo al séptimo. Por tanto, cuando son iniciados por los chohanes, lo son según el orden de los rayos. Siempre se empieza con El Morya. Si no pueden avanzar más allá de El Morya, nunca podrán continuar con Lanto, Pablo el Veneciano, Serapis Bey, Hilarión, la Maestra Ascendida Nada o Saint Germain.

Ahora bien, puede que Saint Germain sea la meta de muchos de ustedes. Quisiera que sepan que Saint Germain ha sido la meta de mi vida en muchas encarnaciones. Saint Germain es un ser cósmico que asume el cargo de Chohán del Séptimo Rayo igual que un cirujano de fama internacional tomaría un puesto en el consejo de gestión de un pequeño hospital por un dólar al año. Él asume el cargo de chohán como algo que está por debajo de su logro.

Saint Germain tiene mucho trabajo. Tiene muchos mundos en sus manos que se encuentran en medio de Armagedón y no solo el planeta Tierra. Tiene mucho que hacer. Debe ver a mucha gente. No hay motivo para que se siente a hablar con ustedes cuando no han superado las primeras iniciaciones del Señor del Primer Rayo, conocido por ser el que pone las pruebas de obediencia y discipulado como requisitos en todos los rayos. Esa es la finalidad de la jerarquía.

Yo buscaba a Saint Germain. He tenido varias encarnaciones en las que he estado cerca de él de una forma personal. Sin embargo, cuando llegó el momento de trabajar con él, El Morya fue el gurú que se ocupó de mí, el que me dio las iniciaciones, el que me dio el discipulado y el que después dijo: «*Ahora* estás preparada para ser recibida por Saint Germain». Y así, cuando

El Morya hubo terminado con mi preparación y hubo terminado de lidiar conmigo y con la reacción de la conciencia humana ante la luz, Saint Germain vino y me ordenó como Mensajera, y me dio el manto de ese cargo en una ceremonia muy sagrada en Holy Tree House.

Cómo llegué a conocer a El Morya

Cuando me encontré por primera vez a Morya en Boston y cuando lo llegué a conocer más en la ciudad de Washington al recibir la preparación que me dio, descubrí que estaba conociendo a una extraordinaria personalidad en Dios, que tenía unos estándares extraordinarios, que había cosas que él nunca comprometería, ciertos estándares. Me di cuenta de que en esta vida yo había tenido a muchas personas que me instruyeron y que tenían los mismos estándares. Yo había formado parte de la familia de El Morya en sus encarnaciones anteriores, por lo que había llegado a conocer esos estándares al vivir con él. Gran parte de ello estaba arraigado en mi alma.

Pero llegar a conocer a El Morya es la clave para ser aceptados como chelas. Hay cosas que El Morya no tolera en absoluto, y siempre parecen ser cosas pequeñas. Pero al mirarlo a los ojos verán la lupa y el proyector que puede proyectar ese pequeño detalle sobre la pantalla de un cosmos y mostrarles que si dejan ese defecto en el diamante, cuando este se expanda, el defecto estropeará toda la conciencia cósmica. Ello supondría el desmoronamiento de toda la cadena de discipulado.

Les puedo dar muchos pequeños ejemplos como este. Recuerdo una frase de lo más excepcional que dijo El Morya. No recuerdo de qué evento se trataba, cuál era el incidente en concreto, pero la frase fue: «Si no puedo aceptar al dador, no puedo aceptar el regalo». Y la traducción de eso es que no se debería aceptar un regalo de alguien cuya conciencia uno no puede aceptar.

Bien, he observado a Mark obedecer esa regla a lo largo de los años de todas las maneras. Lo he visto rechazar millones de dólares porque la persona que los ofrecía estaba intentando controlarlo y manipular no solo al Mensajero, sino también el mensaje.

Una lección sobre la conciencia de El Morya

Estas Navidades tuve un encuentro con una persona que había asistido al primer y el segundo nivel de Summit University y al Centro de Enseñanza de Los Ángeles, de donde tuve que expulsarlo por su deshonestidad, porque robó de la cesta de donaciones, robó de la tesorería del centro de enseñanza. Nunca se lo dijo a nadie, y seis meses después, tras muchos llamados por parte de los miembros del grupo, esta persona mencionó el hecho de que había tomado prestado el dinero y que ahora lo quería devolver. No había tomado prestado el dinero, claro está. Se había llevado el dinero, pero reorganizó las cosas en su mente. La deshonestidad de esta persona, junto con la desobediencia, hizo que lo expulsara del centro de enseñanza.

A esta persona la entiendo y la compadezco. Sé que tiene un problema. Tiene problemas psicológicos y el problema está en que se engaña a sí mismo. Se engaña a sí mismo y engaña con facilidad a los demás. Fácilmente se ve en situaciones en las que gana dinero y engaña al Gobierno, no paga los impuestos, no reporta sus ganancias, no tiene contabilidad y cosas de ese estilo, cosas sobre las que le he aconsejado. Le he aconsejado que se someta a una terapia psicológica con uno de nuestros psicólogos.

Estas Navidades vino con las mejores intenciones de las que es capaz, dada la situación, y vino con un regalo para mí y para cada uno de los miembros de mi familia; unos regalos excelentes y muy considerados. Pues al día siguiente, después de que trajeran los regalos, mi hijo se perdió en los terrenos, no lo podíamos encontrar. Esto fue durante la conferencia, y cuando estoy sobre el estrado y no sé dónde están mis hijos, me preocupo.

Buscaron por todos los terrenos, y esta persona estaba asistiendo a la conferencia y tenía la furgoneta en el aparcamiento de vehículos. Una de las personas que estaba buscando a mi hijo le preguntó: «¿Lo has visto?». Este hombre sabía que mi hijo estaba en su furgoneta, pero contestó: «No, no lo he visto».

Así pues, continuamos buscando. Entonces él fue a mi hijo y le dijo que lo estaban buscando. Y, por supuesto, mi hijo estaba donde no debía y lo sabía. Esta persona lo estaba encubriendo con el mismo engaño con el que se encubría a sí mismo, encubriendo las pequeñas rebeliones de la mente carnal en vez de ser fiel al Cristo y estar dispuesto a exponerla, aunque pueda doler.

Lo llamé cuando me enteré de dónde estaba mi hijo, que estaba en su furgoneta. Lo llamé y le dije: «¿Sabía usted que estaba en su furgoneta?». Él lo sabía. Y entonces me dijo que le había dicho que no a la persona que le preguntó. Esto después de cuatro años de comunicación con él, haciendo énfasis en este punto del discipulado y dos cursos de Summit University, con la explicación de que no se puede recibir el Espíritu Santo sin integridad personal; no se puede mentir a la Mensajera. Pero él nunca se identificó con el gurú, ni con El Morya, ni conmigo, ni con lo que es importante para mí.

«Bueno —dijo él— es que no le estaba mintiendo a usted. Le estaba mintiendo a la otra persona». Y le dije: «Esa persona es un chela. El chela es la Mensajera. El chela es la siguiente persona en la cadena jerárquica. Cuando le habla a un chela, le está hablando a la Mensajera. Cuando le habla a la Mensajera, le está hablando al Maestro Ascendido».

Morya dice: «Si el mensajero fuera una hormiga, ¡hazle caso». Esa es mi frase preferida de El Morya. Hay que hacer caso de las palabras que dicen la verdad independientemente de quién sea el portavoz. Si no reciben al chela que viene en nombre de la Mensajera, nunca llegarán a ella. Si no reciben a la Mensajera que viene en nombre del Maestro Ascendido, nunca llegarán a él. Jesús dijo: «El que recibe a un profeta por cuanto es profeta, recompensa de profeta recibirá». «Y el que me ve, ve al que me envió».[22]

Así es que le escribí una carta a esta persona en respuesta a la que él me había enviado, que había llegado con los regalos de Navidad, expresando que, independientemente de la exigencia, él quería el discipulado. Le escribí una carta con la frase de El Morya: «Si no puedo aceptar al dador, no puedo aceptar el regalo», devolviéndole todos los regalos y diciéndole: «Usted no puede alagar a la Mensajera con regalos y mentir a la Mensajera».

Ahora bien, para mí eso es una gran lección sobre la conciencia de El Morya. Y cuando aprendo algo de El Morya, aprendo algo de Dios, aprendo algo sobre la voluntad de Dios a la que él está dedicado.

Mi hijo me dijo: «Pero tal y tal es mi amigo. Es un insulto si le devuelvo este regalo». Así es que tuvimos una larga conversación sobre «¿A quién estás insultando?». Al aceptar el regalo y permitirle que haga esto, estás insultado al Ser Crístico de la persona. Y se es más amigo del alma al hacer algo que aparentemente cause dolor en ese momento.

Le expliqué a mi hijo que yo sabía que yo era la única amiga que ese hombre tenía y que se molestara en dar su vida por él y al mismo tiempo desenmascararlo, exponiendo su conciencia humana. Lo protejo teniéndolo en la palma de mi mano. Lo sostengo. Le doy mi amor. Lo apoyo con toda mi vida, al tiempo que lo reprendo, al tiempo que lanzo un relámpago azul hacia algo que es una parte muy personal suya.

Eso es una experiencia devastadora, el enviar regalos a la Mensajera y su familia y que se los devuelvan. Es una experiencia devastadora. Pero no lo estoy dejando solo fuera del círculo de Dios para que se destroce como haría el mundo, porque el mundo no lo tolerará ni lo aceptará. El mundo no lo empleará en un trabajo. Una esposa no se quedará con él. Nadie aceptará a esta persona debido a sus problemas psicológicos.

Yo no le he dicho: «Lo rechazo». He dicho: «Rechazo estos hilos oscuros de su vestidura y voy a ayudarlo a que extraiga esos hilos cuidadosamente mientras mantiene intacta la vestidura. Le doy mi apoyo mientras rechazo la vibración humana y acepto la conciencia Crística y recibo a su alma». Ahora bien, ese es el gran cargo del gurú que El Morya nos da. Ese es el apoyo y el amor que la gente necesita.

Lo que hice es la acción de más amor que podía llevar a cabo, porque defendía la realidad. Le dije: «No importa lo que haya hecho, yo lo amo a usted. No necesito estos regalos para amarlo. Y mi amor no disminuye porque me haya mentido. Por tanto, tanto si me hace el bien como si me hace el mal, yo lo amo igual. Pero lo amo porque quiero que su alma finalmente se una a Dios».

Esto es lo que ocurre en la relación gurú-chela dentro de la comunidad. El maestro se molestará en darle esa luz a sus chelas, pero siempre los mantendrá en sus brazos. Siempre amará a los chelas durante ese proceso. El mundo es mucho más cruel. El mundo no da segundas oportunidades. El mundo te echa fuera. Hay mucha gente que se siente sola en el mundo porque nadie se tomó la molestia de explicarle de qué problemas sufría, cuáles eran sus defectos. La mayoría de los problemas de la gente, y este problema del engaño, se desarrollan durante muchísimo tiempo como una defensa del ego humano. El ego humano cree que para ser aceptado debe tener riqueza y dinero. Bien, si no lo puede conseguir por medios legítimos, lo conseguirá por medios ilegítimos. Lo hará ilegalmente. Por tanto, la deshonestidad es una defensa del ego.

El gurú les demostrará que los acepta tal como son, por lo que no hace falta que pretendan ser una persona distinta. No tienen por qué mentir sobre sí mismos. No tienen por qué hacer trampas y robar. No tienen por qué hacer nada de eso. Mentir es una costumbre arraigada y no se vence con facilidad. Pero es algo totalmente inaceptable para el gurú, totalmente inaceptable. Y nadie sabe cuánto tiempo permanecerá a su lado hasta que dejen de hacerlo. Uno nunca lo sabe.

El plazo de la oportunidad

Lo más sorprendente del discipulado es que una persona podría llevar mintiendo diez mil años. Una persona podría haber tenido unos grandes instructores en muchas encarnaciones que ilustraran el gran ejemplo de la verdad. En nuestra historia y literatura hay muchos héroes que ejemplifican la virtud y nos enseñan la virtud que acaban ganando. Esa es la moralidad subyacente en las películas del Oeste y otras fábulas, y en las escrituras que nos han llegado.

Durante diez mil años una persona puede haber tenido esa costumbre de mentir sin tomar jamás la decisión de dejar de hacerlo. Durante esa cronología de existencias puede haber seguido a los Maestros Ascendidos y a los gurús. Ha encarnado aquí, aquí, aquí, aquí, aquí y aquí. Finalmente llega a este lugar de aquí, donde está encarnada, y ahí le llega esta oportunidad: conoce a El Morya, lee un libro suyo, tiene la oportunidad.

No puedo saber si la oportunidad de esa persona se acabará en un mes, en un año, en cinco años o si tendrá toda la vida para superar el escollo. Eso depende del karma del individuo. Es su reloj kármico y su relación con los gurús internos. Pero si la persona se niega a asumir y a ser la conciencia del gurú, cuando se acabe el tiempo el gurú la abandonará. La ruptura se producirá y a la persona se retirará de la Gran Hermandad Blanca durante esa encarnación.

Recuerdo un dictado muy llamativo en Colorado Springs en el que un Maestro Ascendido dijo que la Gran Hermandad Blanca no entraría en contacto durante cien años con los que rechazaran ese dictado, lo cual quiere decir la siguiente vida.[23] Escuchar eso fue una energía asombrosa, por decir algo. Y creo que esto ocurrió a consecuencia de una larga serie de acontecimientos en los que la gente se mofaba de los Maestros Ascendidos y del Mensajero Mark. Lo que estoy diciendo con esto es que no se deben andar con juegos con los gurús y no hay que tentar a Dios.

Iba yo con Mark en un automóvil por las calles de la ciudad de Washington. Él me estaba haciendo una pregunta, un asunto con el que tenía que comprometerme mi vida. Y yo estaba meditando en ello y no le contesté de inmediato. Él puso la radio. Era una radio de verdad, lo prometo. ¡Era una radio! La encendió y empezó a sonar «Pompa y circunstancia». Y Morya me dijo a través de Mark: «Tienes para decidirte hasta que se termine esta pieza».

Eso realmente me asombró. Cuando empiezas a ver las maravillas y los milagros de los Maestros Ascendidos y cómo los hacen y cómo actúan, sin haberlos visto antes, te asombras con la Hermandad. La Hermandad es real, muy real.

Lo que quiero decir es que al estar tan cerca de El Morya y al recibir esa gran oportunidad de ser una Mensajera para él, los maestros esperan que no haya dudas en la conciencia. Y yo había tomado decisiones así miles de veces. La petición no superaba a mi logro. Debido a mi logro es que se esperaba de mí que me comprometiera en el período de tiempo en el que sonara la pieza musical.

Y esta es una ley que la encontramos explicada en el hinduismo, que cuando más avanzado esté uno en el Sendero, más severa será la iniciación. La gente con menos logro recibe más libertad que la gente con más logro. Eso también funciona así con los caídos, que llevan aquí miles de años.

La prioridad más importante de la lista de El Morya

Ahora les voy a decir cuál creo yo que es la prioridad más importante de la lista de El Morya. Vemos a un grupo de chelas con un corazón devoto y con un amor muy intenso. El corazón es como un horno de fuego. ¿Alguna vez han visto imágenes de la Virgen María en las que tiene un corazón ardiente que simboliza el sagrado corazón? Siempre me asombran esas imágenes porque es como si el corazón fuera una olla de fuego ilimitado.

Así es como se siente el amor. La energía del amor en ustedes es como un recurso ilimitado. Y la gente que ama, lo ama todo. Son gente bella. La canalización de ese amor hacia la acción más elevada, la acción más necesaria, requiere la disciplina de la voluntad de Dios y la sabiduría de Dios.

Una tinaja de amor vale solo lo que valgan las asas que la sostienen del azul y el amarillo, la verdadera energía que les da la capacidad de invertir sabiamente sus recursos. Esta tinaja de amor es como una gigantesca cuenta bancaria. El amor es como todos los recursos naturales en el corazón de la Tierra. Es energía pura del Espíritu Santo. Se la puede multiplicar y aumentar, y puede producir la conciencia Crística una y otra vez; o puede ser poco práctica. Así es que vemos llegar a gente bella a los pies de los Maestros Ascendidos. Su corazón es limpio; su corazón está lleno de amor.

Pero he aquí la debilidad. La debilidad puede deberse a nuestra generación, al efecto de las drogas sobre la mente, al sistema educativo, que es mecánico, pero es una debilidad. Es una debilidad que debemos superar porque para El Morya es una prioridad.

El Morya es un mercuriano. La cualidad del mercuriano es la comunicación. Los mercurianos son comunicadores de la Palabra. Ustedes son un mandala de mercurianos. Tanto si vienen de Venus como de Júpiter, vengan de donde vengan, otro sistema de mundos, ahora mismo son mercurianos. Deben pensar como su jefe, y su jefe es un mercuriano. Y él va a comunicar la Palabra a esta Tierra y sus evoluciones porque esa es la necesidad del momento y por eso lo contrataron para este trabajo, porque tiene eones de experiencia como comunicador de la Palabra. Y no hay nada más esencial que este planeta necesite ahora mismo que la comunicación de la Palabra.

La necesidad de comunicar la Palabra

La Palabra se comunica a través de los siete chakras. El chakra de la garganta la comunica como Palabra hablada, pero los demás chakras comunican la Palabra (con *P* mayúscula, el Logos) como curación, como amor, como iluminación, como visión para cada proyecto que se está realizando, como la llama del gobierno Divino, como libertad que sale del alma. Verán que en su ser tienen siete portillas y de cada una de ellas debe salir la maestría de la comunicación de la Palabra o la transferencia de la Palabra a la gente, a las instituciones, allá donde estén, al subconsciente del planeta, al Ser supraconsciente. Morya es un experto en comunicar la Palabra.

La comunicación de la Palabra es el problema. Y específicamente en el chela, ello significa recibir la directriz del Maestro Ascendido y llevarla a cabo según el espíritu y la letra de su propósito, llevándola a cabo con su espíritu, con su llama, pero también exacta y precisamente de la manera en que él la ha expresado.

Cuando estaba en la escuela secundaria tuve la buena fortuna de tener a una profesora de lenguaje que cuando hablaba y daba conferencias, de repente, se paraba, señalaba a alguien y decía: «Repite lo que acabo de decir». Y teníamos que repetir toda la frase.

Algunas personas siempre eran capaces de repetirlo al pie de la letra y otras no podían repetir nada. Yo he hecho lo mismo varias veces al dar clase. Con la preparación que he tenido, con los instructores que he tenido, con lo que he hecho a niveles internos, he aprendido una cosa: escuchar con mucha atención, asimilar con mucha atención lo que se ha dicho, anotar con detalle las palabras exactas y después implementar la directriz y ponerla en acción.

Ese punto fundamental en concreto les dará la capacidad de alcanzar la excelencia en todo lo que hagan, en la enseñanza, en su profesión. Creo que la gente tiene éxito de una forma proporcional a su capacidad de asimilar y después actuar de acuerdo con lo que han asimilado. Creo que la gente con más éxito en el mundo son los que pueden asimilar información con exactitud. La información pasa por la computadora de su creatividad, su conciencia Crística, o por su mente y sale como la aplicación de un plan, de una directriz o de una capacitación.

Ahora bien, ello implica la capacidad de pensar, porque El Morya o cualquier otro gurú no se queda las veinticuatro horas del día para decirnos: «Vete a la cama, vete a la ducha, cepíllate los dientes, levántate, tómate las vitaminas, bébete la bebida de verduras, haz esto, haz lo otro, ve allá, ven acá». Hay personas que van tratando de escuchar cada pequeñez que creen que Dios les va a decir sobre que tienen que hacer, cuando Dios espera que ustedes dirijan su vida.

La ley y su interpretación

Por tanto, la traducción de la letra y el espíritu del gurú implica la comprensión de la ley. ¿En qué se basa la ley? La ley se basa, antes que nada, en una serie de principios absolutos —y son principios muy generales— que gobiernan la vida. Y a partir de esos principios generales tenemos las interpretaciones de la ley y su desglose para las múltiples situaciones humanas. Por ejemplo, se dieron los Diez Mandamientos, después se desglosaron en muchas normas y disciplinas que Moisés estableció. Los dos mandamientos de Jesucristo pueden gobernar toda nuestra vida.[24] La Constitución de los Estados Unidos es un documento breve, pero de él sale el desglose de todo lo que hacemos.

La ley es una serie de reglas absolutas, y bajo esas reglas absolutas habrá interpretaciones como las que hace el Tribunal Supremo o los que ocupan el asiento de autoridad del Cristo. Y después viene una larga lista de cosas categorizadas como «precedente». Un precedente se establece en una sentencia del Tribunal Supremo y las demás decisiones deben reflejar ese precedente a menos que este se vaya a anular. Por eso siempre se busca un precedente.

Tomar el principio «no matarás»[25] e interpretarlo en todas las situaciones humanas dadas, eso es un proceso del Logos. Recuerden, *logos* significa «lógica», significa «razón». Por tanto, la lógica y la razón nos dan la pista para entender quién es el Hijo de Dios. «El Hijo» en griego está reconocido como «la Palabra». Y el término griego para designar la «Palabra» es *logos,* y *logos* significa «razón» o «lógica».

Por consiguiente, cuando mediten en la mente del Cristo exteriorizada en El Morya, en Pablo el Veneciano o en Lanto, la mente de Cristo es la mente básica de la Persona Universal de Dios, la Segunda Persona de la Trinidad. Pero esa mente en El Morya se manifiesta de una forma especial del modo en que él ha llegado a dominar esa mente. La mente Crística de El Morya es distinta a la de Saint Germain, igual que el Ser Crístico de ustedes es distinto al mío. No son mentes hechas todas iguales. No se las creó en serie.

Está el Logos universal, que es la Segunda Persona de la Trinidad. Al identificarnos con esa mente, empezamos a desarrollarla según la devoción que sintamos por Dios, ya sea amor, sabiduría, ciencia, verdad o sanación. Sea cual sea su especialidad, esa es la forma en la que desarrollarán el uso de su mente Crística. Es decir, es el modo en el que se programa una computadora; es cómo se utiliza una computadora. Las computadoras son distintas por cómo es su programación y su utilización.

Por tanto, todos ustedes tienen acceso a la mente universal de Dios, pero quizá tengan solo una pequeña parte de esa mente, y cómo trabajen con ella determinará cómo revelen esa mente a los demás. Jesús nos reveló la mente Crística de una manera muy personal. Pero la mayoría de los cristianos hoy día no pueden ver ninguna similitud entre la mente Crística de Jesús y la de Saint Germain, porque este último desarrolló esa mente Crística como un alquimista, Francis Bacon, como un escritor, como un científico, como un dramaturgo. Para ellos no hay comparación, pero sí la hay, porque el Logos, el origen, es el mismo.

Del principio a la aplicación

En la conciencia Crística, por tanto, tomamos una serie de enseñanzas de los maestros ascendidos o una serie de requisitos en la comunidad, y por la lógica de nuestra mente Crística, no hace falta que nos digan los cincuenta pasos que hay que dar. Sabremos cuáles son porque haremos una progresión lógica y geométrica desde un principio original hasta su aplicación sobre cómo cortar el césped o cómo podar las rosas o cómo hacer la sopa. No hace falta que nos lo digan. Nos tendrán que decir la receta. Tendremos que aprender del jardinero en qué punto del tallo cortar la rosa. Pero existe un principio básico subyacente que es la extensión de la conciencia del gurú, el cual nos dará la capacidad de hacer eso.

Por tanto, ¿qué descubrimos? El Morya empezó hace muchos años, en Colorado Springs, a exigir que todos los miembros del personal llevaran consigo un libro de notas y un lápiz, porque estaba muy claro que no podían recordar la tradición oral. Las sagradas escrituras de la India se transmiten mediante una tradición oral. Antes de la época de la radio, la televisión y los medios de comunicación de masas y antes de que nos bombardearan los sentidos con tantas palabras, con tantos libros, con tantos pensamientos ya condensados y con tanta información que no necesitamos recordar porque ya está a nuestra disposición, antes de esa época, la gente tenía una facilidad mucho mayor en el cuerpo de la memoria.

A la gente le funcionaba el cuerpo etérico. Por tanto, memorizaban grandes mamotretos de las escrituras, que se han transmitido al pie de la letra siglo tras siglo sin jamás cambiar, tan desarrollado estaba el cuerpo de la memoria.

Nuestro cuerpo de la memoria se ha atrofiado en este siglo. Jamás me asombré tanto como cuando fui a ver Williamsburg, en el estado de Virginia, después de la conferencia del Cuatro de Julio en la ciudad de Washington. Nunca había estado en Williamsburg, y me llevé a la familia. Y cuando entré en las casas de la gente que vivió allá, que fueron los hombres de Estado, las personas que lucharon en la House of Burgesses [Cámara de los Ciudadanos] y en los demás organismos a los que pertenecieron, y que eran los que entendían la verdad para nuestra independencia, cuando estuve en sus casas, en sus dormitorios, en sus cocinas y en sus despachos, y cuando escuché y entré en contacto con los registros akáshicos, lo más sorprendente para mí fue el hecho de que hubiera una pureza tal de conciencia.

No había ningún bombardeo de música rock, de televisión, de radio. No existían las perforaciones del plano astral, que han ido existiendo de una manera progresiva en este siglo. El abismo sin fondo y el plano astral han sido perforados y se están derramando en el plano mental y físico. Esto está teniendo lugar. Es una de las grandes tragedias de nuestra época. Esto ocurre a través de la cultura de las drogas. Ocurre a través de la música rock. Y nuestra sociedad se ha vuelto loca porque el infierno astral se ha convertido en un infierno vivo en la Tierra. Hace doscientos años, el plano astral de la Tierra estaba sellado. Se podía vivir en el cuerpo físico concretamente, en el cuerpo mental claramente y se podía tener acceso al cuerpo etérico. Hoy día es otra cuestión.

Otra cosa que hacía que hubiera una claridad de conciencia tal era la pureza de su alimentación. No había agentes químicos. No había plásticos. No había humos de automóviles. La atmósfera estaba limpia. El cerebro estaba limpio. Y por tener claridad en su estructura celular y las células del cerebro, tenían una mayor transferencia de luz de su mente Crística. Las personas que establecieron la base de este país eran iniciados de la Gran Hermandad Blanca.

Al entrar y salir de ese sitio noté una diferencia como de

la noche al día, esa casa en concreto que recuerdo me asombró por la pureza de su campo energético. Incluso con el gentío que había acudido a ver el lugar, nunca perdió el registro puro de lo que una vez fue. Después nos marchamos y fuimos al mundo, y allá donde fuéramos, restaurantes y otros sitios, volvía a haber una contaminación fuerte.

Por eso comprendemos por qué necesitamos la llama violeta. Hoy día tenemos ese estado en nuestra conciencia y la atrofia del cuerpo etérico y la falta de creatividad en nuestras escuelas, donde se le da información a la gente y se le dice que la siga pasando sin hacerla pasar por la espiral del flujo en forma de ocho en el corazón, sin tener una comprensión propia, sin una integración propia. La escuela debería ser una relación gurú-chela. Y con el gurú y el chela hay integración. Aunque al chela se le exija una obediencia absoluta, cualquier cosa que llegue a ser lo será a través de un proceso en el que se habrá vestido conscientemente, de su libre albedrío, habrá asumido el logro de su maestro.

La obediencia es necesaria

Y el maestro dice: «La manera más rápida en que puedes obtener este logro es hacer lo que yo te diga», que es exactamente como serían las cosas si en este país actualmente tuviéramos un sistema de aprendizaje de gremios. Si te haces aprendiz de un impresor, un carpintero o un candelero, observas al maestro del oficio. Aprendes con él. Guardas silencio y haces lo que te diga y haces lo que él haga. Aprendes trabajando con él y aprendes de la manera más rápida si copias a la perfección lo que él hace, porque él es el maestro. Y el que quiera llegar a ser un gran pianista, lo escuchará tocar el piano e imitará su estilo, imitará su interpretación y estudiará la técnica con él.

Pero cuando se trata de la relación gurú-chela se oye todo

un escándalo porque los gurús son falsos y esclavizan y recluyen a las almas. Y así, se nos convierte en sospechosos de ser la figura autoritaria que dice: «Haz lo que te digo y no te desvíes». La diferencia entre el gurú falso y el verdadero es que el falso es un tirano, porque encarna la mente carnal. El gurú verdadero ha llegado a ser el Cristo, ha pagado un precio enorme al hacerlo, como Jesús en la cruz. Y el gurú dice: «Te daré mi conciencia Crística y te ahorraré todo aquello por lo que yo he pasado para ser lo que soy. Te daré mi impulso acumulado y mi logro. El único precio que pido es obediencia, porque si no haces lo que te digo, no estarás alineado con mi ser».

Por tanto, aprender a obedecer y aprender a recibir una serie de instrucciones y llevarlas a cabo de principio a fin —algo aparentemente sencillo, insignificante y carente de importancia— se convierte en algo de suprema importancia, porque de ello depende el que se pueda lograr esa relación de integración. Saint Germain dijo en el movimiento YO SOY, no puedo citarlo literalmente, pero vino a decir que, si me dais a cualquiera, no importa quién sea, cualquiera de la calle, y si me obedece durante cierto número de años, puedo revolucionar su conciencia y llevarlo al punto de la ascensión. Lo único que pidió es obediencia. Por tanto, la obediencia tiene que ver con el estar dispuestos a ser realineados con su diseño original interior, que el gurú ve, conoce y comprende, y que él ya lo es a través de su Ser Crístico.

El esfuerzo por escuchar la voz de Dios

En varias ocasiones he hablado del período de cinco años cuando buscaba a Saint Germain y cuando tuve que ir a la universidad, viajar a Boston y finalmente llegar conocer a El Morya, a Saint Germain y al mensajero. Y por una razón u otra había llegado a comprender que debía intentar sintonizarme totalmente con mi Ser Crístico, al que no conocía con ese nombre, simplemente le hablaba a Dios y él me hablaba a mí.

Y así, cuando escuché la voz de Dios que me enseñaba o me daba cosas que hacer, la relación era de una amistad tal que yo le contestaba. Dios me hablaba y yo le hablaba a él, y razonaba con él. Y cuando Dios me decía algo que tenía que hacer y que era totalmente incomprensible, le hacía preguntas.

En un par de ocasiones, al no entender por qué debía hacer algo, no lo hice. Y descubrí que se trataba de un caso de vida o muerte y que debía haber obedecido. Por eso me inventé un lema que escribí en todos los libros de mis estudios, que dice: «Obedece inmediatamente». Lo leía de camino a clase. Nunca había oído hablar del sendero de la Virgen María hasta ese punto. No había tenido ninguna conversación con ella. No conocía el significado del término «estado de la gracia en la escucha», pero eso es lo que yo hacía.

Iba por ahí todo el tiempo con los oídos esforzados para oír la voz de Dios, siempre en el punto de alcanzar la sintonización más alta. Ni siquiera habría utilizado el término sintonización más alta en aquel momento, sino que esforzaba los oídos para oír lo que Dios me dijera que tenía que hacer a continuación para poder hacerlo en seguida, porque sabía que la obediencia me llevaría a que me dijera otra cosa. Y cuando más rápido lo hiciera, más cerca llegaba a la meta de encontrar a Saint Germain, porque al final, a través del contacto y la obediencia, llegaría a la meta.

Así, hubo una larga serie de acontecimientos en los que Dios me habló. Quizá fuera mi Presencia YO SOY, quizá fuera mi Ser Crístico y quizá fuera Saint Germain o El Morya, pero eso continuó durante años. Y obedecí lo suficiente para llegar al punto en el que se realizó el contacto. No sé de dónde vino, excepto del gurú interno.

¿Han escuchado la conferencia que di después de la ascensión de Mark en la que hablo de todo esto? Fue un sermón que di una o dos semanas después de que ascendiera, porque estaba casi espantada, en estado de shock, por la idea de que, si no hubiera sido obediente desde el principio hasta el final, no habríamos estado donde estábamos.[26] Cuando Mark ascendió, mi vida discurrió ante mí como dicen que ocurre cuando alguien está a punto de ahogarse, que de repente toda su vida discurre ante esa persona. Yo creo que eso es un preludio a nuestra presencia ante el Consejo Kármico.

Mark ascendió y parte de mí ascendió con él, y vi toda mi vida. Y comprendí que todo lo que ocurrió de bueno dependió de la obediencia: mi llegada, mi discipulado, todos los aspectos de ese discipulado, muchos cruces de caminos en ese discipulado en los que decidir obedecer o no obedecer, mudar la organización [de Virginia a Colorado Springs], hacer lo que nos decían, celebrar las conferencias, viajar por todo el mundo, tener hijos, trabajar con los chelas. Todo lo que hicimos alcanzó un clímax en el momento de la ascensión de Lanello.

Hoy lo comprendo porque cada día paso por lo mismo con los miembros del personal. Es ese punto de contacto con los que están a mi alrededor; cuanto más sean capaces de recibir la Palabra y traducirla a una acción definida y precisa, más rápido se aceleran como chelas, más útiles se vuelven para la Hermandad, más se acercan a su ascensión, más se acercan a la realización interior.

Ahora bien, el único motivo que hay para ese requisito de la Ley es el aumento del logro. Ello no asegura el beneficio del gurú o de la Gran Hermandad Blanca. Se exige porque es la clave de su luz. Cuando observo esto en mi vida, veo que cada vez que he obedecido he obtenido como resultado una mayor conciencia

Divina en mi corriente de vida. Soy por completo la beneficiaria por haber obedecido. Soy la que ha cosechado las bendiciones, las alegrías, la abundancia, la luz y la dicha sin medida.

El reproche del gurú

Sin embargo, he visto a gente observar mi discipulado con Mark, gente mayor que no renunciaba a su orgullo o sea lo que fuere que tuvieran, su crítica. Y recuerdo a una mujer en particular que dijo: «Yo nunca permitiría que me hablara de esa manera», cuando Mark me regañaba o me decía algo. Si creía que debía regañarme en frente de la audiencia, lo hacía. Y recuerdo que después de que esas dos hermanas estuvieran con nosotros varios años, se marcharon y regresaron a su pueblo, donde se sentaron y han estado como vegetando, arrepintiéndose de haber vuelto, durante los últimos cinco o seis años, creo.

Creo que he oído lo mismo de mucha gente. He oído decir eso mismo de personas que, una a una, se fueron distanciando de Mark a causa de lo que ellas interpretaron como dureza en su trato, en su voz, en su actitud o en lo que fuera, por la energía que ejercía para romper el patrón cristalizado en la conciencia de alguna persona. Y cuando veía que se trataba del desarrollo de un rasgo característico humano que estaba provocando la caída de un chela, lo perseguía como un león furioso. Atacaba literalmente ese campo energético, ese punto de energía.

¿Cuántos de ustedes se han sometido a un tratamiento de reflexología? Bien, existe lo que llamamos cristales que se acumulan en los pies; y cuando se trabajan esos puntos, duelen mucho. A menos que se presionen con fuerza y se rompan, no nos podemos deshacer de ellos. Tenemos cristales —cristalizaciones en nuestro cuerpo de los deseos y en nuestro cuerpo mental— que requieren una emisión de energía más fuerte, que con frecuencia se transmite con un nivel de voz más intenso. La voz se hace más fuerte, puede acelerarse y un relámpago pasará por ella. Y ese relámpago no siempre pasa por un susurro.

Gautama Buda tiene toda la capacidad de emitir el relámpago de la mente de Dios con un tono de voz muy, muy tranquilo. Lo que falta en eso es la receptividad del chela. El chela no interpreta una voz muy suave y tranquila como un relámpago. Se necesita algo que sacuda totalmente la conciencia sacándola de la cavidad, el molde, el surco en el que está.

Leemos cosas sobre los gurús del Lejano Oriente, que tienen una personalidad absolutamente imposible y que generarían rechazo en todos menos, en los chelas con más decisión. Creo que Mark era así a pesar de sí mismo, porque Mark era una persona muy dulce, suave y de corazón tierno. Y creo que los gurús ascendidos lo utilizaban de esa forma, y eso desde luego era la medicina que los chelas necesitaban.

Era la medicina necesaria, sin duda, aunque a mí me desagradaban mucho los hombres de voz fuerte que me gritaran. He visto a gente fracasar en su discipulado por no poder recibir la energía, el fuego blanco, al que se refieren en el sendero budista como la energía de las deidades iracundas. El rostro del Buda emitiendo la luz blanca es como el rostro de un león furioso, el gruñir y el rugir del león.

En todos los años en los que he recibido esa suprema expresión de amor, ese amor intenso que se interesa lo suficiente para esforzarse, nunca he sentido una vibración de discordia. Mark tenía la singularidad de ser el gurú capaz de dar la palabra castigadora y el reproche para arrancarte totalmente tu conciencia humana y dejarte con una sensación de amor, mientas que los gurús falsos y los tiranos humanos dirigen su veneno y su ira y te pisan, pero no ofrecen ningún modo de que te levantes. Te condenan, te menosprecian y te destruyen totalmente. Pero los maestros ascendidos saben que la conciencia humana no responde de ningún otro modo. A la mente carnal no se la puede desafiar de ninguna otra forma; y al alma no se la agita para que suba si no recibe esa luz.

La entrega de esa luz y de esa Palabra es absolutamente necesaria para todos nosotros. Por tanto, la persona que quiera ser un chela leyendo libros y publicaciones es el chela que no quiere la confrontación personal. El chela que no quiere hacer nada por temor a equivocarse es el chela que teme que el gurú lo reprenda. «Pero por cuanto eres tibio, y no frío ni caliente, te vomitaré de mi boca».[27]

Ser frío o caliente significa tomar una decisión, hacerla y saber que si está mal vamos a recibir ese fuego sagrado y nos vamos a enterar por el gurú, y decir que no importa: «Voy a tomar esta decisión y voy a actuar, porque estoy basando esta acción en la Ley absoluta, la interpretación de esa Ley, el precedente de esa Ley que he visto a través de la persona de Dios en todos sus santos, en todos los instructores y en los Mensajeros».

Hay que equilibrar la llama trina

He visto a los mejores chelas de esta organización, miembros de la junta directiva o jefes de departamento, tomar cientos de decisiones en sus departamentos sin mí y venir a decirme: «He tomado esta decisión porque sabía que era la decisión que usted y Mark habrían tomado». Esa es precisamente la conciencia correcta.

Pensaron con la lógica de la mente Crística. Entraron en la mente Crística de sus jefes (los Mensajeros), confiando en que ellos reflejaban la mente Crística de los maestros ascendidos. Habían aprendido esa mente Crística observando: ¿Cómo responden los Mensajeros ante ciertas situaciones? ¿Qué permiten y qué no permiten? Esto solo llega con la experiencia, porque los mensajeros establecen un estándar. Si establecen un estándar bajo, todo el mundo actuará a un nivel bajo. Si lo establecen alto, todo el mundo intentará llegar a lo más alto.

Por tanto, hay cosas que no se saben hasta que se vive con alguien de la Hermandad; y es probable que todos ustedes hayan vivido cerca de alguien de la Hermandad en alguna vida anterior. Todos ustedes tienen ciertos estándares dentro de sí. Y se establecieron en ustedes porque estuvieron cerca de una persona conectada con la Gran Hermandad Blanca y eso ha dejado su marca en ustedes. Por tanto, son una acumulación de cosas a partir de haber estado cerca de los gurús durante mucho tiempo.

Este mensaje, para mí, es muy importante y es un preludio al mensaje que el Señor Maitreya quiere darles, que nos ha prometido que dará pronto como un dictado. Es la aplicación práctica de la Ley. Asistir a Summit University no los convierte en chelas de Maitreya ni de nadie más. Les da las herramientas del oficio. Igual que obtener todas las herramientas del carpintero no los convierte en carpinteros, pero sin las herramientas no pueden ser carpinteros. Por tanto, se consiguen todas las herramientas, pero la única forma de ser chelas es ser chelas en acción.

La acción es la clave; y la acción es la señal del Hijo que baja del Padre, que es el agente del Padre y que se convierte a través de esa agencia en el agente del Espíritu Santo. El Hijo y el Espíritu Santo son las manifestaciones activas del Padre; una como sabiduría, otra como amor; una como la polaridad positiva, otra como la negativa en la gran esfera del ser.

Ustedes saben que el requisito de la Cristeidad es que la llama trina esté equilibrada: Padre, Hijo y Espíritu Santo. Ser el Padre es tener la Ley. Ustedes pueden venir a Summit University y decir: ¿Cuál es la Ley? ¿Cuáles son las leyes de Dios? Nos hemos hecho un lío, nos hemos confundido. No sabemos por dónde ir».

El Hijo es la sabiduría de esa Ley. Y *sabiduría* quiere decir que a través de la Ley se asume un «dominio sabio» [se señorea] sobre la Tierra. *Sabiduría* significa «dominio sabio». Dominio implica acción. Significa dirigir bien un rancho o dirigir bien un hogar o dirigirse bien a uno mismo: dominio sabio. Por tanto, ello implica acción.

El Espíritu Santo es la infusión del amor supremo en ese dominio sabio. Y el Espíritu Santo produce llamas gemelas, lenguas hendidas. Una lengua hendida es una lengua con dos partes. Por tanto, una lengua hendida de fuego es un fuego que tiene dos llamas. Y esas dos llamas son las llamas de Alfa y Omega, la plenitud de Dios. Por eso se lo llama el «Espíritu del Yo pleno». El Espíritu Santo da el equilibrio de Alfa y Omega y finalmente concede el dominio sabio con un factor multiplicador de Alfa y Omega: los milagros, los dones, las gracias del Espíritu Santo.

Por tanto, para ser un chela deben estar en el sendero en el que se equilibra la llama trina. Y el principio del Padre es el poder de crear. Poder y ley son la misma cualidad; la Ley es el poder inherente. Por eso sin el Padre, sin conocer la Ley, no se puede tener un dominio sabio y no se puede ser amor en acción.

Morya es el principio del Padre en el rayo azul; por tanto, ahí es donde empieza todo. Morya es un abogado. En su época fue un gran abogado. Comprendió la ley de la Iglesia y del Estado. Equilibró las dos cosas en sus encarnaciones como Tomás à Becket y Tomás Moro, y dio un magnífico ejemplo. Todo eso nos lo concede. Y creo que el corazón de amor y energía no puede funcionar con una eficacia máxima sin la Ley y la sabiduría. Ello se convierte en energía cruda de devoción.

Las personas devocionales se sientan a decretar todo el día.

Trabajan duro pero no son necesariamente líderes. No saben cómo decirles a diez personas qué hacer para realizar un trabajo, por lo que siempre necesitan a un pastor, hasta que llegue el día en el que se conviertan en pastores al aprender la sabiduría y al Ley y la integración del todo y así ser capaces de ser líderes no de diez, sino de diez mil o diez millones de personas.

Por tanto, la manera de llegar a ser carpinteros es trabajar a las órdenes de los carpinteros. Y ahora han recibido las herramientas y la enseñanza. Pero les dejaría con la impresión equivocada si permitiera que piensen que el recibir la enseñanza equivale al discipulado. El discipulado es la integración directa con el gurú.

La semilla única de su conciencia Crística

El otro día le decía a alguien que el fin por el que se fundó The Summit Lighthouse es publicar las Enseñanzas de los Maestros Ascendidos. Ese era su único propósito, no tenía otra finalidad, declarado así en los estatutos. Por eso El Morya fundó la organización. Entonces le dije a una persona: «¿Sabe usted por qué tenemos Summit University, Montessori International, una imprenta, toda esta comunidad y todos los proyectos varios que hacemos? ¿Sabe por qué todo eso se ha añadido?». El motivo es el discipulado. El gurú siempre proporciona a sus chelas una situación en la que puedan interactuar con él a través del servicio.

La única forma en que el individuo puede asumir la conciencia de El Morya es involucrarse con él, en acción, en el día a día, trabajando con él. Y el número de personas que quieren ser chelas supera con mucho al número de gente que puede publicar las enseñanzas. Los que de hecho escriben, publican e imprimen los libros forman un porcentaje muy pequeño de la organización. Es resto puede que no tenga el talento o la capacidad de estar en el ramo de publicaciones, por lo cual, El Morya crea otros trabajos. Y cuanta más gente con más talentos llegue, más trabajos creará; departamentos de todas clases que ni siquiera existen, que serían adjuntos a los departamentos del mundo, incluso una universidad completa.

Y El Morya tiene una idea extraordinaria de que cada departamento es una celda. Y esta celda tiene la forma de un octágono. Creo que las colmenas tienen hexágonos, ¿verdad? Bien, la celda que veo es un octágono; y veo octágonos unos al lado de otros. Y ese girar de la energía en un octágono es algo cósmico. Los cuatro arriba y los cuatro abajo representan los cuatro planos en el Espíritu y en la Materia. Morya dijo una cosa asombrosa. El otro día nos dijo: «Sea cual sea vuestro dharma, sea cual sea vuestra labor sagrada (que está interconectada con el karma), tenéis la responsabilidad de llevar a la comunidad todo lo necesario para poder realizar ese dharma».

El dharma de algunas personas es muy extenso y, a no ser que establezcan una situación en la que puedan realizarlo, no completarán su plan divino. Por ejemplo, estábamos hablando del hecho de que algunas personas sienten una vocación absoluta por hacer películas sobre la organización —los chelas, la Mensajera, los dictados, las conferencias, etcétera— y enseñar por el mundo esas películas. Y sienten esa vocación y esa dedicación y no piensan en otra cosa día y noche. Y cuando me encuentro con esas personas, siempre tienen un gran entusiasmo por hacer las películas.

Bien, dos de esas personas se juntaros el otro día y de repente se dieron cuenta de que, si no lo hacían ellas, nadie lo haría, porque eran las únicas que tenían el entusiasmo del Espíritu Santo por el proyecto. Y entonces fue cuando El Morya me dio la enseñanza. «Cuando fuiste a Pasadena —dijo— Jesús puso la norma para cada persona del personal: cada uno llevará su carga económica», que viene de la frase bíblica: «Porque cada uno llevará su propia carga».[28] Esa carga significa la carga de su karma. Cada cual lleva su propio fardo de karma. Es la única forma en que la comunidad o la Iglesia funcionará.

Por tanto, la interpretación de esa frase es que cualquiera que quiera ser un chela de El Morya y de la Gran Hermandad Blanca que llegue a la organización, debe ocuparse de sus gastos, debe pagar por la comida y los demás gastos para vivir. Esto ha sido el requisito de cualquiera que haya ido a cualquier gurú en cualquier parte, en Oriente u Occidente. ¿Por qué? Porque el chela siente rencor por el gurú que le da algo sin pedir nada a cambio. El chela quiere saber que se ha ganado lo que tiene, porque le da un sentimiento de independencia. Se odia a la persona que le hace a uno las cosas. Es algo innato. No hay forma de evitarlo. Ese odio puede ser subconsciente, pero siempre existirá.

Los padres más inteligentes son los que ayudan a sus hijos a conseguir y hacer las cosas por sí mismos. Y esos son los hijos que sienten el amor más grande por sus padres. Ese es el aspecto básico del motivo que tenía el gurú. Y lo obvio es que, si se ofrece alojamiento y comida gratis, llegará gente de todo tipo queriendo alojamiento y comida gratis, y habrá que diluir la disciplina y la excelencia de la calidad de la gente.[29]

Si se ofrecen salarios altos, quién sabe qué gente venga a la organización. Cuando voy de gira siempre escucho: «¿Cuánto pagan? Sé hacer esto y lo otro». Y también escuchamos esto otro: «¿Puedo ir a vivir con ustedes? ¿Puedo ir a vivir a Cámelot?». Y así, está la gente que vendría por un salario alto y está la gente que vendría sin aportar nada. Pero los maestros quieren a la gente que venga para dar un servicio y pague el precio más alto por el discipulado, que se entregue en servicio y comprenda que esa es la ofrenda aceptable.

Por tanto, en esta situación de realizar el dharma que uno tiene, el llamamiento que uno siente, Morya dijo, repitiendo, que cada chela debe traer consigo lo necesario para poder realizar su dharma. Crear un departamento cinematográfico adecuado cuesta cientos de miles de dólares, lo cual supone un desafío bastante grande para unas cuantas personas que sienten con intensidad el deseo de hacer películas, ¿no es así? Y lo mismo pasa con la gente cuyo dharma es la imprenta.

¿Cómo pueden obtener ese dinero? De muchas formas, ya sea mediante una herencia, mediante fondos personales o viniendo sin nada y trabajando hasta que esa aportación a la comunidad produzca entradas financieras. La persona que trabaja duro en la imprenta ayuda a vender libros y estos traerán los fondos que pueden hacer crecer al departamento. Por tanto, el servicio en sí mismo es un medio de mejorar el departamento que sirve para su dharma.

Cada cual tiene un plan divino. Mi dharma ciertamente es hacer lo que hago, y para hacer lo que hago necesito toda esta organización, todos sus departamentos y todo lo que tiene hoy día, todos los edificios y estos terrenos. Miren todo lo que necesito para cumplir mi plan divino, lo cual Dios ha abastecido. ¿Y qué me exigió a cambio? Me exigió que diera mi vida y todo lo que tenía. En aquella época lo que tenía y con lo que vine no era mucho. Pero puesto que era todo lo que tenía, valió por todo y fue posible incrementarlo hasta cubrir la necesidad. Cualquier cosa que necesiten para cumplir su plan divino, a través de su cuerpo causal pueden prestar el servicio que hará y permitirá que la provisión se multiplique para ustedes a fin de que cumplan el plan divino.

Su plan divino podría ser escribir música y traer música de la Nueva Era al mundo. Bien, ya ven que la mayoría de las personas de nuestro departamento de música tienen otras obligaciones que están consideradas como más importantes, principalmente porque no hay nadie más que pueda llevarlas a cabo. Por tanto, si su plan y su vocación divina es traer la música de las esferas al mundo, tienen que traer la luz. Tienen que atraer la provisión con el imán de su llama Crística. El mandala se multiplica al atraer almas de los cuatro rincones de la Tierra que sean de la misma vibración. Y se sorprenderán cómo ese octágono del departamento que están llamados a levantar se multiplicará gracias a la semilla única de su conciencia Crística.

Creatividad suprema bajo la tutela de los gurús

Y esa es la creatividad suprema bajo la tutela de los gurús. Es como la obediencia al plan divino (que los gurús le muestran a través de esta interacción), la cual les da exactamente lo que quieren: la expresión plena y total de la libertad creativa de su alma para producir finalmente su dharma, su labor sagrada. Y esa es la clave de su ascensión.

El momento más emocionante que pueden esperar felizmente en su encarnación es cuando han pasado por las iniciaciones que empiezan con El Morya, han pasado por los siete rayos, lo cual se llama sendero Crístico de Cristeidad, y después pasan por las iniciaciones de los cinco rayos secretos, el sendero Búdico del núcleo de fuego blanco de Alfa y Omega, los siete y los cinco, cuya integración es a través del decimotercero, la conciencia Crística o la mente de Dios. Los siete y los cinco son los doce; el trece es el centro.

Hay que pasar esas pruebas. Es asombroso qué rápido podemos superar esas iniciaciones; y alcanzamos un nivel en el que aún estamos llenos de vida, vigor y vitalidad. Aún nos quedan años por delante, pero sentimos que hemos llegado a un punto en el que tenemos una libertad abundante y estimulante para crear dentro del octágono, para crear dentro de la geometría de Dios.

La devoción puede convertirse en un imán para equilibrar la llama trina

Pero está el período en el que hay que enderezar los huesos que han crecido torcidos. Es como romperlos y enderezarlos, una experiencia que puede ser muy dolorosa cuando el relámpago de los Maestros Ascendidos debe descomponer la mente carnal y las costumbres humanas. Deberían considerarse afortunados si alguna vez han estado con alguien que era más fiel a la verdad que a la personalidad humana de ustedes. En su mayor parte, esos son los instructores contra los que sentimos rencor en su momento y después en la vida son a los que más apreciamos, al comprender cuánto hicieron por nosotros. La manera en la que entiendo a los chelas es que la llama de amor del corazón que siente devoción puede llegar a ser el imán para equilibrar la llama trina; por tanto, puede llegar a significar el equilibrio del Cristo Cósmico cuando hay diligencia en las disciplinas de los primeros pasos del sendero del Chohán del Primer Rayo, El Morya. Si hay un aspecto de la Ley y una enseñanza importante para el gurú, esta debe ser importante para ustedes y deben apropiarse de ella. Todo es una cuestión de valores, «autoevaluación». ¿Qué valor consideran que tenga el Yo de El Morya?

Cuando estuve encarnada y muy cerca de Tomás Moro, me resultó dificilísimo entender por qué tuvo que ir y dejar que lo decapitaran. Me hicieron falta años en esta vida para llegar a comprender. Puedo entender lo evidente, que estaba defendiendo un principio. Pero cuando te sientes muy cerca de esa persona y la amas muchísimo, es otra cuestión. Y recuerdo que, siendo chela de El Morya en esta vida, tuve que aprender eso.

No creo que entendiera de verdad toda la experiencia hasta que estuve en la celda en la que él estuvo, en la Torre de Londres, hace un año en enero. Me fundí con su mente y vi que a partir de la firmeza de su voluntad se creó toda una época. Fue un momento muy emocionante, valorar el hecho de que una puede tener un instructor de un logro tal, comprender el haber podido estar tan cerca, comprender que un hombre como Tomás Moro pudiera aceptarnos como chelas y darnos la acumulación de su devoción por Jesucristo.

En toda la historia de Inglaterra no ha habido nadie que pueda compararse a Tomás Moro. No ha habido nadie que se le acerque, excepto Francis Bacon. Creo que soy mejor persona por haber valorado supremamente lo que es importante para El Morya. He llegado a ser una persona mejor para Dios. Y El Morya nos ha dado Cámelot para que los que quieran, puedan acercarse más y más a su aura, que él da libremente. Considero a Cámelot como el regalo supremo de la Hermandad: algo físico, en la tierra, que no es una escuela de misterios del plano etérico.

Asimilen el cuerpo y la sangre de la Hermandad

Quisiera que escucharan con una nueva determinación los dictados y las conferencias. Sé que su mente tiene un límite en cuando a lo que puede absorber. Pero quisiera que comprendan que no solo están absorbiendo aspectos de la Ley. Están absorbiendo un elixir, una dulce destilación. Están bebiendo la sangre y comiendo la carne de la Hermandad.

Y cuando se trata de la participación en la creación de la comunidad, ya sea aquí, en su lugar de origen o allá donde los lleven sus obligaciones en la vida, puede que no recuerden el aspecto de la Ley porque ya se ha digerido, igual que ya no saborean la comida de ayer, pero siguen utilizando esa energía, porque está en su cuerpo. Pero las decisiones que tomen y la forma en que vivan su vida serán porque todo su cuerpo vibra con la totalidad del mensaje.

Es asombroso cómo funciona esto. Si quieren hacer un pastel, medirán los ingredientes minuciosamente. Y ahí es donde se encuentran ahora. Están midiendo minuciosamente los ingredientes de los aspectos y las enseñanzas de la Hermandad. Están tomando notas, muchas notas. Están estudiándolas. Pero al final, cuando estén en el campo de batalla de la vida, esos ingredientes se convertirán en el pastel y se habrá hecho. Ustedes se la habrán comido; se habrán convertido en el pastel.

Y harán lo correcto sin tener que mirar las notas para ver qué se dijo en aquella fecha. Harán lo correcto porque toda la Ley, toda la lógica, toda la geometría y todos los precedentes habrán bajado hasta ustedes por haber llegado a ser la Palabra. Ahora son el Cristo a través de esta relación gurú-chela. Y al ser el Cristo, tienen acceso instantáneo a la computadora que es la mente de Dios y llevan a cabo la acción correcta al momento, al instante, sin pensar ni deliberar. Se han convertido en la Ley.

La definición de *gurú* es «aquel que se ha convertido en la Ley». Él es la encarnación de la Ley. Debido a que la Ley es impersonal, hay que seguir a los gurús por donde vayan para ver qué los mueve. Hay que estudiar la vida de los santos. Hay que leer sus escritos. Hay que ver qué hizo Morya. Al seguir a alguien como Mark vemos cómo actuaba ante las situaciones, de una manera muy poco ortodoxa. ¿Qué quiere decir «poco ortodoxa»? Quiere decir que no encajaba con las tradiciones de los escribas y los legalistas, que tienen sus interpretaciones y sus frases humanas, sino que actuaba de una forma totalmente espontánea según la ley de Dios.

La preparación con Mark

Mark me enseñó a hacer cosas en las que yo nunca habría pensado, porque ya estaba demasiado formada. Me había criado al estilo de la costa Este y al estilo europeo, demasiado consciente de lo que se debe hacer y no se debe hacer en una conversación o en público. Y de repente él hacía algo totalmente escandaloso, en público o ante un grupo de personas, y todo el mundo se descomponía. La gente se polarizaba a su favor o en su contra. Y esa era la prueba; y ahí estaba la entrega del Espíritu Santo. Y se marchaba. Nunca se preocupaba de quién pudiera pensar qué de él o qué impresión dejaba. Su única preocupación era ser portador del estándar de la verdad.

En algunas situaciones lo he visto no pronunciarse en absoluto, mantener un perfil bajo y no decir ni mu. Y en otras se ponía a desafiar totalmente alguna injusticia. Lo hacía de una forma muy inteligente. La sabiduría iba más allá de lo que se podía percibir. Sabía cuándo pronunciarse y cuándo guardar silencio, cuándo hablar y cuándo no hablar. Pero no lo hacía por dar una imagen. Su motivación era el llegar al fondo del asunto y salvar a un alma que él sabía que se elevaría, porque Mark sacrificaría su imagen sin importarle lo que otras personas pensaran de él por lo que estaba haciendo.

Afortunadamente hay bastantes personas en estas instalaciones que han tenido años de preparación con Mark. Y los que recibieron la mejor preparación de él son los mejores chelas, y los mejores chelas son los jefes de departamento. Según el orden de la organización, ellos actúan por debajo de Lanello y de mí para transferir las iniciaciones a las personas que trabajan en esos departamentos. Y por eso, aquí hay un linaje directo con los que sabrán exactamente lo que Mark y yo haríamos en una situación dada. Y lo que Mark y yo haríamos, se lo aseguro, es lo que Jesús, Saint Germain o El Morya harían.

Cuanto más nos alejamos de la tradición de un instructor, más se diluye la interpretación, hasta que en la actualidad la mayoría de las personas que se llaman a sí misma cristianas carecen de la idea básica sobre el propósito que tenía la personalidad de Jesús en realidad. Y nunca dan las citas correctas para ilustrar lo que quieren, demostrando que ignoran completamente la esencia de lo que él fue.

El cimiento para la venida de los grandes avatares

Por tanto, es un sendero emocionante. Y quisiera recordarles algo —a aquellos de ustedes que son devotos de Jesús—, que hoy están sentados en una clase de estudiante con el instructor de Jesús, el instructor de su Salvador. A mí eso me entusiasma en extremo. Y el hecho de que Maitreya pudiera venir es por la presencia de ustedes. Su presencia hace posible la venida de los gurús. Y al multiplicar nuestro cuerpo, al multiplicar la conciencia Divina, cuánto más abriremos la puerta para la manifestación física y tangible de los Maestros Ascendidos para la gente de la Tierra.

Siempre he considerado que lo que hago sirve simplemente para establecer el cimiento para que vengan los grandes avatares y seres que se encuentran justo tras del horizonte de ese siglo. Y creo que lo que hagan los que vengan después de nosotros será algo muy emocionante. Pero veo lo que están haciendo ustedes, muchos, decenas de miles en todo el mundo, y eso ya ha cambiado la faz de la Tierra al afianzar los gurús que son los Maestros Ascendidos. No puedo dejar de hablar de esto porque es el *antahkarana* de la Tierra.

¿Tienen preguntas?

¿Qué es un antahkarana?

Estudiante: ¿Qué es un antahkarana?

ECP: Un antahkarana es una red de luz. La pueden visualizar como una tela de araña de cuatro dimensiones con líneas muy complejas. Son líneas de energía. Y es la red de la que depende el cosmos. Es como el esqueleto. Todos los planetas tienen su antahkarana. Está compuesto de luz y es la energía luminosa de la relación gurú-chela. Son todas esas líneas que dibujé esta mañana. Allá donde se sostenga el nexo de Alfa y Omega, esa cruz, se estará sujetando la red que sostiene la Tierra. Ahora ustedes están en ese punto en el que se emite la luz, el cual garantiza que el lugar esté seguro y ustedes se han convertido en electrodos de esa energía en concreto.

El motivo por el que Estados Unidos se está desmoronando es que no hay suficiente gente en el nexo de la cruz de Alfa y Omega que mantenga su foco de luz. Por tanto, esta o aquella industria, este o aquel sindicato laboral, este o aquel Gobierno, cuando todas las almas de luz no están, se va por el desagüe porque no hay nadie que sea un orificio, nadie es una apertura para afianzar la luz del nexo. Pensemos en Jesús, una persona en la cruz, una persona que escogió hacer eso, sostener la luz durante dos mil años del antahkarana de la civilización occidental. Y la imitación de su sendero y sus obras lo ha afianzado; y el abandono de su sendero y obras es su desmoronamiento.

Encontrar a su llama gemela

Estudiante: Durante la conferencia dijo que parte del motivo para encontrar a nuestra llama gemela es hacer que funcione el programa de ir de dos en dos, que deberíamos encontrar a nuestras llamas gemelas e ir al mundo de dos en dos. Hablando con alguien de Inglaterra que estaba aquí, en la conferencia, me dijo que, si has nacido en otro país, que tu llama gemela probablemente esté allá o que tu Presencia YO SOY se sintoniza con ese lugar. Me pregunto si puede explicar eso o si es simplemente un rumor.

ECP: ¿Quiere decir que, si ha nacido en otro sitio, su llama gemela también habrá nacido allí?

Estudiante: Sí. ¿Es posible? No sé muy bien por qué he venido aquí, excepto que lo he hecho y todo se ha ido desarrollando. Estoy aquí, en este lugar, pero si lo que él dijo es cierto, tendría que volver a Inglaterra a encontrar a mi llama gemela.

ECP: Eso no es cierto en absoluto. No es cierto. En el caso de las llamas gemelas en el plano físico en esta vida, puede cumplir la función del programa de ir dos en dos con su llama gemela. En eso consistía la dispensación de *Llamas gemelas enamoradas*. Y por eso la iniciación que le vincula a su llama gemela a niveles internos le da la capacidad de servir allá donde usted se encuentre como un equivalente a su llama gemela allá donde esta se encuentre. Encontrar a su llama gemela en realidad es lo menos importante que debería tener en mente.

La explicación de la dispensación es que van de dos en dos porque la Hermandad los ha iniciado y han recibido la bendición del Consejo Kármico a través de las conferencias celebradas, que dieron entonces, para que usted se reúna con su llama gemela como un arco de luz a niveles internos. Y así, a niveles internos forman parte de un todo; y pudiera necesitar esta vida para saldar el karma que le lleve a la misma situación. Hay llamas gemelas en esta organización que no están casadas, que están casadas con otras personas y están perfectamente contentas y felices. Y así, el casarse con su llama gemela no tiene por qué tener importancia, aunque la conozca.[30]

¿Jesús fue un Mensajero?

Estudiante: En una ocasión usted ha descrito a Jesús como un mensajero. ¿Jesús caminó y habló con Maitreya de la misma forma en que usted camina y habla con los maestros?

ECP: Desde luego. Muchas de las enseñanzas de Jesús eran dictados. Y muchas de sus enseñanzas las aprendió en los retiros y las daba tal como yo daría una conferencia. Pero mucho de lo que dijo eran dictados de Maitreya o la destilación de su Presencia YO SOY y su Ser Crístico.

Jesús era el Cristo. Cuando eres el Cristo, tu mente Crística está unida a todas las demás mentes Crísticas. Por tanto, si les doy una enseñanza, puede tener la vibración de dieciséis Maestros Ascendidos de cuya conciencia Crística se destiló, cualquiera de los cuales, estando antes ustedes, les daría la misma enseñanza.

Así es que hay que ver la vida y a Dios como uno solo. Y no hay necesidad de dividirlo y decir: «Pues cuando Jesús dio las Bienaventuranzas, tal y tal era el que hablaba, y cuando dio lo otro…».

Estar unido a Maitreya es estar unido a Dios universalmente. Jesús estaba unido al Padre, a la Presencia YO SOY. Era el Hijo. Tenía la totalidad del Espíritu Santo. Tenía acceso a todo el Espíritu de la Gran Hermandad Blanca. Y todo el Espíritu de la Gran Hermandad Blanca es todo el Espíritu Santo de la Gran Hermandad Blanca.

El descenso del Espíritu Santo

Cuando Jesús dijo: «Si no me fuera, el Consolador no vendría»[31], quiso decir: «Debo ascender para que el manto de mi Espíritu Santo pueda caer sobre vosotros». Y eso es lo que cada Maestro Ascendido concede a sus chelas. La ascensión es el medio por el cual el Espíritu Santo desciende sobre los devotos.

Cuando Lanello ascendió, su Espíritu Santo descendió. Y su

Espíritu Santo es el impulso acumulado de su cuerpo causal, de sus buenas obras, de su labor sagrada, de su poder. Jesús dio el manto de su Espíritu, su Espíritu Santo, el día de Pentecostés.[32] Por eso les dijo que esperaran en Jerusalén hasta que obtuvieran ese poder.[33] Cuando Lanello ascendió, dio a todos en esta organización su manto, empezando por mí. Por tanto, yo llevo su manto y soy la puerta abierta para la continua impartición a ustedes de su Espíritu Santo.

Los cristianos nunca han entendido esto. Cuando llega el Espíritu Santo, Jesús lo describió como el Consolador que vendrá y «os enseñará todas las cosas, y os recordará todo lo que yo os he dicho».[34] El Espíritu Santo es una persona. Cuando el Espíritu Santo le llega a cualquier persona, su venida es la venida de un Maestro Ascendido, y ese maestro imparte a alguien que está encarnado su Espíritu, es decir, su Espíritu Santo, su acumulación de luz de la Tercera Persona de la Trinidad.

Por tanto, cuando el Espíritu Santo vino a los discípulos, se trataba de la Persona del Espíritu Santo a través de Jesús, su logro en la Tercera Persona de la Trinidad. Por eso dijo: «Si no me voy, el Consolador no vendrá. Debo ascender para que recibáis el Espíritu Santo». Eso es lo que nos dijo Lanello: «Debo ascender para que recibáis el Espíritu Santo». Es lo que la Ley requiere, que toda comunidad del Espíritu Santo, si ha de multiplicarse, tenga a una persona que pase por las treinta y tres iniciaciones y por la crucifixión, la resurrección y la ascensión.

Nosotros tenemos esa comunidad; cumplimos ese requisito. El Cordero ha caminado entre nosotros y el Cordero ha hecho el sacrificio. Por tanto, tenemos acceso no solo a su Espíritu Santo, sino que, porque él está unido a todas las partes de Dios, a través de él tenemos acceso a todo el Espíritu Santo de la Gran Hermandad Blanca.

Así, cuando nombramos a todos los maestros en el preámbulo de un decreto, ellos nos entregan cierto incremento de su Espíritu Santo. Y el Espíritu Santo nos viene y los milagros suceden. Estamos siendo transmutados, estamos siendo transformados, estamos siendo iluminados, estamos siendo limpiados, purificados, el perdón de los pecados. Los milagros llegan a nuestra vida porque la energía del decreto que baja rodando es la luz del Espíritu Santo.

El Espíritu Santo es una presencia personal

He aquí lo que para mí es un gran aspecto de la enseñanza perdida. Hablar en lenguas, un don del Espíritu Santo es la manifestación de un arcángel o un maestro ascendido hablando a través de esa persona. Cuando las personas quieren obligar al Espíritu Santo (y toda esa exaltación emocional que a veces vemos en el movimiento carismático), les entran demonios y desencarnados que hablan a través de ellas porque han exigido que Dios acuda, pero antes no se han purificado; antes no han satisfecho los requisitos del discipulado.

Esas personas no han sido primero discípulos del Cristo personal, Jesús, a fin de heredar su manto del Espíritu Santo. Por tanto, se saltan al gurú, pero quieren el poder del Espíritu Santo. Y cuando se reza así continuamente y no se hace de forma legítima a través de la verdadera persona de Jesucristo, uno se abre. Te sientas ahí esperando a que llegue y te abres a las fuerzas astrales.

El verdadero don del Espíritu Santo es el gran misterio que la gente nunca ha entendido. Cada vez que Dios se aparece al hombre (a todos sus profetas, a Adán y Eva, a la gente del Lejano Oriente), cuando Dios se manifiesta, lo hace con una presencia personal, y esa presencia personal es un miembro del orden celestial de la jerarquía.

Por consiguiente, la enseñanza de la Gran Hermandad Blanca es completa y totalmente congruente con la de los profetas y la gente del Antiguo y el Nuevo Testamento. Ellos tenían un contacto personal con los Maestros Ascendidos. Caminaban y hablaban con los ángeles. Los ángeles eran algo normal y corriente. Cuando alguien decía que un ángel del Señor se le había aparecido en un sueño y le había dicho que hiciera esto y lo otro, todo el mundo escuchaba y lo hacía. Eran iniciados de la Gran Hermandad Blanca.

Ahora decimos eso y dicen que es una secta. Es la misma pandilla. Son los mismos fariseos y saduceos. Es la misma banda. Nunca reconocerían la personificación de Dios en las huestes celestiales. Por lo que no hay nada nuevo en este conocimiento, sino que hay que tenerlo claro: el Padre, el Hijo y el Espíritu Santo, esa Trinidad viene de una forma personal.

Su primer dictado

Estudiante: Madre, tengo entendido que el primer dictado en vivo al que uno asiste tiene una clave para su plan divino. ¿Eso es correcto?

Madre: Creo que eso es cierto, pero no quiero ser supersticiosa al respecto. Creo que es muy cierto. Yo lo he dicho. Les he dicho que deberían utilizarlo como un punto de uno de los muchos relojes que pueden tener, si les gusta hacer relojes sobre los eventos de su vida.[35]

Lo considero una experiencia muy sagrada porque debe indicar que ese es el momento en que Dios les está dando de una manera personal una oportunidad de recibirlo en esta vida. Yo sentí que mi primer dictado fue la confluencia final, habiendo sido obediente lo suficiente y habiendo servido lo suficiente, y finalmente me llegó la gracia de Dios y me permitió estar cara a cara con el Arcángel Miguel y oírle hablar en esta vida. Y sé que hay una razón muy importante de que fuera el Arcángel Miguel y no otro.

El Gurú de Maitreya

Estudiante: ¿Maitreya tiene un gurú o es como lo más supremo?

ECP: Oh, no. No existe lo más supremo. Todo el mundo tiene un gurú. Maitreya y Gautama Buda estudiaron con Sanat Kumara. Los dos estuvieron juntos en la misma clase. Han sido hermanos mucho tiempo.

La percepción consciente de las iniciaciones

Estudiante: Me preguntaba si alguien que obedece la Ley y que obedece con su servicio, si es necesario que tenga una percepción consciente de las iniciaciones que pasa, como las iniciaciones Búdicas o las iniciaciones Crísticas.

ECP: Creo que muchas veces ustedes son conscientes de ello. Muchas veces su aura está tan llena de virtud y luz que hacer lo que está bien apenas parece una iniciación. Tienen un impulso acumulado resplandeciente que no lo ven como una prueba. No hay nada más que hacer que seguir adelante.

Estudiante: Eso es lo que he vivido yo. Eso es lo que me da la fe para seguir adelante.

ECP: Bien. Me alegro de que esté viviéndolo así. De vez en cuando nos parece evidente que hemos tenido que tomar una decisión y que la hemos tomado correctamente, y por ello se ve una bendición instantánea y una recompensa de luz. Y lo que pasa después demuestra que se hizo lo correcto, y uno se siente extremadamente feliz de que en ese período en el que estuvimos rodeados de oscuridad tomáramos un haz de luz y siguiéramos adelante.

El programa de ir de dos en dos

Estudiante: ¿Cuál es la visión que tiene sobre el programa de ir de dos en dos?

ECP: Mi visión del programa de ir de dos en dos se enseña noche y día en el Áshram de la Madre del Mundo ahora mismo. El dictado de Zadquiel del final de la última clase dijo que ahí es donde él, el Señor Maitreya y la Hermandad querían que fueran todos los que se estuvieran dirigiendo a un centro de enseñanza o incluso algunas personas que pudieran venir a formar parte del personal; un mínimo de tres meses en el Áshram haciendo este programa.

Tienen que costear el gasto de su alojamiento y comida, esa es su obligación con el gurú, y después el resto del tiempo consiste en preparación, sesiones y salidas. Y van llamando de puerta en puerta. Aprenden a liderar grupos, a iniciarlos. Todos sienten una gran intensidad desde la clase de Zadquiel, son un grupo de almas con mucho fuego.

Algunas de ellas volvieron para el segundo nivel (ahora están aquí) y otras fueron derechas al Áshram, y otras tenían que hacer otras cosas. Muchas de ellas están aquí formando parte del personal. Pero la Hermandad no quiere enviar a gente a los centros de enseñanza que antes no haya formado parte del núcleo de fuego blanco y haya aprendido muchas cosas.

Por tanto, pueden ir allá después de este trimestre para aprender los detalles de cómo ir a una ciudad donde no hay un alma que sea una estudiante y cómo ponerse en contacto con las personas, cómo empezar una reunión, dar una conferencia, hacer un seguimiento, iniciar reuniones semanales para interesar a la gente en las enseñanzas, etcétera.

Los 144 000

Estudiante: ¿Puede comentar algo sobre la idea de los 144 000 y las doce tribus, y si existe alguna relación entre esas almas y, digamos, el éxito del plan de diez años de Gautama?[36]

ECP: Bueno, si nadie de los 144 000 respondiera, el plan de diez años no tendría lugar. Considero que son clave y me da ánimos algunas de las grandes almas que están apareciendo en nuestro país hoy día. Creo que se necesita un centro en el núcleo de fuego blanco de Cámelot y que ese centro puede contener mucha luz por cientos de miles de personas que se esfuercen en el mundo. Quisiera saber sobre qué más quiere que comente.

Estudiante: No entiendo exactamente los 144 000 como un número alquímico. ¿Esas personas tienen que comprender quién son antes de lograr la victoria?

ECP: Bien, qué porcentaje deba comprender quién es, no lo sé, pero ellos son quienes deberían comprender quién son. Ellos deberían ser el fruto de nuestro servicio. Ellos son los que deberían responder, los que pueden, los que tienen la capacidad de responder al testimonio de los Mensajeros y de la Hermandad.

Cuando pensamos en la Tierra, es un porcentaje muy pequeño. Y no sería difícil que en un siglo esas almas hayan cumplido su plan divino y estén o bien en la Tierra como pastores o estén ascendidas.

Misión Joya Amatista

Estudiante: Quisiera saber más sobre los aspectos prácticos de la Misión Joya Amatista.[37] ¿Qué cosas concretas espera producir?

ECP: Centros de enseñanza en ciudades clave que mantengan el estándar de la relación gurú-chela, que sean por tanto electrodos para afianzar la luz de la Hermandad. La Misión Joya Amatista consiste en que ustedes lleguen a ser la joya amatista y que grupos de ustedes lleguen a ser una joya más grande como centros de enseñanza.

El significado del nombre de los maestros

Estudiante: ¿Por qué Mark escogió un nombre nuevo después de ascender? ¿Tiene eso un significado, y cómo lo eligió?

ECP: *L-a-n* viene de «Lancelot» y *l-o* viene de «Longfellow». Él lo utilizó como pseudónimo. Se encuentra en las Lecciones de Guardianes de la Llama. Cuando escribía, y a veces cuando escribía una carta, firmaba como «Lanello». Cuando ascendió, yo sentí que ya nos había dado el nombre que asumiría.

El motivo es que en realidad él no es Mark. Él es la suma de todas las encarnaciones que ha tenido, siendo la de Mark, digamos, la manifestación más alta de todas ellas. Pero Lanello es todas las personas que él ha sido. Lanello es toda la expresión de todos los talentos y virtudes que tuvo. Y así, si lo llamamos Mark, solo obtenemos la vibración de esa encarnación. Cuando los maestros asumen un nombre, ese nombre tiene una clave interna que abre todo su cuerpo causal para sus chelas o, al menos, abre en su cuerpo causal aquello a lo cual la Ley permite que nos den acceso. Esa es la clave que tiene el nombre de un maestro ascendido.

El nombre Yahveh o YO SOY EL QUE YO SOY es lo que Dios dio a su pueblo. Y cuando se pronuncia, abre la cantidad de energía de la Divinidad que los hijos de Israel puedan obtener lícitamente. No es el poder total de Dios que de repente inunde la Tierra, sino una suficiencia de luz igual a cualquier desafío que uno pueda afrontar en esta Tierra. Si fuera el poder total de Dios, si dijéramos el nombre, la Tierra estallaría.

Saint Germain significa «Hermano Santo». *El Morya* es el nombre que nos han dado. *Hércules* es el nombre que nos han dado. Estos seres tienen nombres que jamás pronunciarían. Dice que no es legítimo que el hombre pronuncie ciertas revelaciones.[38] No es lícito que los Maestros Ascendidos les den la clave total de su conciencia Divina. Si lo hicieran, sería como si Merlín le hubiera dado a Viviane la clave de todo lo que sabía. ¿Y qué hizo ella? Lo puso bajo tierra y lo encerró. La mente carnal quiere esclavizar al maestro.

Lo mismo pasaría si Hércules nos diera un nombre que fuera una larga fórmula de palabras, probablemente un kilómetro de larga, que sería como la clave a su computadora. Si nos diera eso, podríamos esclavizar a Hércules. Sería como darnos la fórmula de su ser.

Por tanto, los maestros nos dan un nombre que abre aquello que tienen permitido transferir a sus chelas. Invocas el nombre del Señor, invocas el nombre de Jesucristo, y obtienes la acción de su cuerpo causal que él tiene permitido dar a sus discípulos dado el nivel evolutivo de la Tierra.

Estudiante: ¿Jesús tendría otro nombre como Maestro Ascendido?

ECP: Estoy segura de que no hay un Maestro Ascendido al que Dios no se refiera con nombres y vibraciones que nosotros no hemos oído nunca.

Ya que estamos en el tema de los nombres, yo solía acompañar a Mark a todas partes, y un día estaba en el automóvil con él y le dije: «¿Cuál es mi nombre interno?».

Mark pronunció un nombre largo que no escribí. Así es que no sé cuál era el nombre, pero evidentemente era una clave interior a un ser interior, que se pronunció una vez en la Tierra. Lo pronunció Mark. Y ese es el nombre que se dice en el libro del Apocalipsis que «ninguno conoce sino aquel que lo recibe» del Padre.[39]

Lenguas de ángeles y de ángeles caídos

Era un nombre muy extraño, y era un sonido muy extraño. Era como sonaba Mark cuando hablaba en las lenguas de varios ángeles. Los varios grupos de ángeles, los grupos de arcángeles, tienen lenguas distintas. Es asombroso acostumbrar el oído a esas lenguas, y es tan difícil como lo es acostumbrar el oído exterior a escuchar lenguas extranjeras. Pero son unas lenguas hermosas y su calidad sobresaliente es que siempre emiten luz.

Cuando hablan los ángeles caídos, siempre hablan una perversión de esas lenguas. Hablan una jerga coloquial en una forma muy pervertida. Y esas lenguas de los ángeles caídos se pueden encontrar en la *Biblia satánica*, de Anton LaVey. Y sus nombres son perversiones de los nombres de Dios. Todo es una perversión.

Cuando se tiene el oído del Espíritu Santo y se entra en las iglesias y se escucha el hablar en lenguas, uno lo sabe inmediatamente porque nos duele el oído al escuchar la lengua distorsionada. La Palabra de Dios se distorsiona y duele. Se siente dolor en el oído porque cuando hay una lengua pervertida, las vocales y las consonantes (como quiera que los ángeles llamen a esas formaciones varias) son como si estuvieran dobladas, como se ve una *O* estrujada.

Entonces, al pronunciar esas lenguas, la energía que sale de la boca de los hablantes, que son los rebeldes, tiene de inmediato una vibración rebelde. Es como estrujar hexágonos, octógonos y triángulos, estando todos distorsionados.

Estas son lenguas que hoy día se hablan en la Tierra y son lenguas rezagadas. Provienen de los planetas que se destruyeron. Las habla gente que se ha rebelado y no gusta oírlas. Al viajar al extranjero, cuando Mark y yo escuchábamos esas lenguas, podíamos oír las vibraciones de la rebelión original y los líderes de la gente que provocaron la distorsión de la lengua angélica original, de la cual esa lengua es una perversión.

El inglés, como lengua en la Tierra, es la más cercana a la lengua angélica pura. Y los Maestros Ascendidos pueden utilizar esta lengua para transmitir sus enseñanzas porque conserva el simbolismo más puro. El inglés, el hebreo y el sánscrito son lenguas clave. El griego es una lengua clave. El griego es clave por la razón básica de que el Nuevo Testamento se escribió en griego. El Antiguo Testamento se escribió en hebreo. Pero el hebreo, la pronunciación original del hebreo, está muy cerca de una lengua angélica. El sánscrito es una lengua angélica.

El que sea lingüista, y a mí me gustaban mucho los idiomas en la escuela secundaria y en la universidad, esos son los idiomas que pueden estudiar. Esos son los idiomas en los que están ocultas las verdades más grandes de los profetas. No es práctico, pero es una meditación sobre la Palabra. El sánscrito es una meditación sobre la Palabra. El simple hecho de entender sánscrito da una mayor comprensión de Dios. Y eso es cierto del idioma inglés. Cuando se conoce el significado de las palabras, se está más cerca de la Palabra. Y cuando más limitado sea el vocabulario que se tiene, menor es la capacidad de comunicar la Palabra.

Miren el logro tan absoluto que tenía Francis Bacon en las obras de Shakespeare. Tienen métrica y están escritas en código, y el código revela toda la vida de Francis Bacon, un hombre que tenía una maestría tal del lenguaje que podía escribir una historia coherente, poesía coherente, y todo está en código y cuenta algo totalmente distinto si se tiene la clave del código.[40] Es fascinante. Pero eso demuestra que la capacidad del lenguaje en sí mismo, que el lenguaje está tan cerca de la forma pura de su origen angélico que aún tiene esa geometría inmensa, tal que uno la puede leer desde todos estos ángulos y sigue produciendo un mensaje único.

¿Existen otros Mensajeros?

Estudiante: Ha hablado de los gurús falsos y también le he oído decir que los maestros trabajan a través de su gente o que hay otros focos de luz en este planeta. ¿Sabe quiénes son?

ECP: No conozco a ningún otro Mensajero de la Gran Hermanda Blanca que esté encarnado en la actualidad.

Estudiante: ¿No dijo una vez que los Maestros han patrocinado otras organizaciones?

ECP: Ellos patrocinan a gente en el sentido de que le dan una bendición o cierta cantidad de energía porque pueden ser personas constructivas. Los maestros ayudan a mucha gente.

Estudiante: ¿Entonces, esta organización es el único medio en todo el mundo de llegar a esto?

ECP: No me gusta decir frases absolutas. No estoy aquí para decir eso. Yo debo ser lo que soy. Soy una Mensajera y doy las enseñanzas de Saint Germain. Y no conozco a nadie más que esté vivo en la actualidad que esté patrocinado de una forma activa por la Gran Hermandad Blanca para dar estos dictados. No excluyo el hecho de que pudiera haber alguien más.

El Morya me dijo una vez a través de Mark, cuando Mark y El Morya y yo estábamos hablando de esto, que el patrocinio del portavoz de la Hermandad incluye una notificación al portavoz de la Hermandad de que hay otro portavoz de la Hermandad activo en ese cargo.

El Mensajero es un cargo. Eso no quiere decir que no haya otros gurús o que haya gurús como los instructores de la India o gente que tenga cierta luz, cierta energía de la Hermandad, igual que hay muchos cargos distintos en las grandes compañías. Puede haber gente trabajando que tenga mucho valor para los estudiantes. Pero yo no puedo decir que haya otro mensajero que ocupe ese cargo.

Estudiante: No me refería solo al mensajero, sino más en general. Es difícil creer que solo haya un foco en toda la Tierra. ¿Cómo puede llegar a toda la gente?

ECP: Bueno, no está pensado para llegar a toda la gente. Está pensado para llegar a las personas a las que se quiere llegar. No hay mucha gente en el mundo hoy día que esté preparada para ser chela de la Gran Hermandad Blanca. Ninguna organización de los Maestros Ascendidos se diseñó jamás a fin de ser un movimiento de masas. Es un almacén de luz y energía que hace posible que la Tierra continúe avanzando. Es una batería de luz, y sus verdades poco a poco van llegando a los distintos campos de actividad humana. Se convierten en bases y principios de muchas cosas que ocurren después.

La escuela de Crotona de Pitágoras ha tenido una aplicación interminable, lo mismo que la orden de San Francisco. Y todos esos místicos patrocinados por la Gran Hermandad Blanca, sus obras, han tenido un efecto mucho mayor que el que tuvieron sobre su círculo inmediato; y la nuestra también. Pero la Hermandad en realidad no es bien recibida por mucha gente o no provoca receptividad. El clima de receptividad en la Tierra con respecto a la presencia real de los Maestros Ascendidos es muy reducido y la mayoría de las personas se sienten muy amenazadas por los Maestros Ascendidos y su enseñanza.

Estudiante: Creo que mi pregunta se refiere a que hay tanto énfasis en salvar al mundo y salir y sacar las enseñanzas.

ECP: No, no en salvar al mundo. No ponemos énfasis en salvar al mundo. Enfatizamos el encontrar a los portadores de luz que están perdidos en el plano astral. En lo que a salvar al mundo se refiere, es decir, salvar a las almas de todo el mundo en este planeta, esa no es nuestra labor. Nuestra labor es salvar a la gente que puede contener la luz por la Tierra para que las otras evoluciones de la Tierra puedan también tener la opción en encarnaciones futuras de tomar el Sendero. Nadie espera que en la siguiente década o los siguientes cien años todo el mundo de este planeta vaya a convertirse a las Enseñanzas de los Maestros Ascendidos.

Kuthumi lo llegó a decir en la Teosofía; dijo que esta enseñanza no es para las masas. En primer lugar, es para los hijos de Israel, los 144 000. Ellos son lo que tienen el recuerdo, los que ya contienen la enseñanza, los que vinieron con el Anciano de Días. Cuando se los encuentra, ellos están llamados a traducir la enseñanza para el resto de la humanidad.

Es el mismo modelo que tuvo la misión de Jesús, que vino para un núcleo determinado llamado «los judíos». Jesús vino a predicar a las tribus perdidas de la Casa de Israel.[41] Y en determinado momento se reveló la enseñanza a todos lo que lo aceptaran como salvador y confesaran el nombre de Dios, YO SOY EL QUE YO SOY.[42]

Y así, a cierto punto, debido a que algunos han escogido convertirse en la enseñanza, se hace posible que todos en el planeta la acepten y la tomen.

¿Tenemos que ver a nuestro gurú cara a cara?

Estudiante: ¿Para ascender, tiene todo el mundo que encontrarse con su gurú cara a cara? ¿Tenía el Papa Juan un gurú?

ECP: Su gurú era Jesucristo y él comulgó con Jesús toda su vida y sin duda lo vio al fallecer. Yo diría que no es necesario ver al gurú físicamente, en encarnación física. Usted puede ascender con lo que tiene. Con lo que tenemos aquí puede lograrlo.

Misterios interiores del templo

Estudiante: ¿Sería una violación de la ley, por ejemplo, al lidiar con un político que ha tomado varias decisiones equivocadas sobre el tema del aborto, enfrentarlo y decirle que invocas el juicio de Dios Todopoderoso sobre él?

ECP: Creo que hay muchas formas de hacer las cosas y esa es una forma equivocada de hacerlas en nuestro movimiento. Usted puede meterse en su cuarto, en su casa, e invocar el juicio de Dios Todopoderoso sobre esa persona, y el juicio tendrá lugar, y usted se habrá ahorrado la ira y la reacción de esa persona.

Si sigue haciendo las cosas así en público, de inmediato dirán que está loco. No podrá conseguir empleo, no podrá tener ninguna posición en su comunidad, su voz no contará cuando se necesite una voz inteligente, por ejemplo, dentro del movimiento provida.

Estos son misterios interiores del templo que no se repiten frente al mundo. Creo que lo mejor que tenemos es que disfrutamos de nuestro anonimato. Somos anónimos, pero somos instrumentos de la luz. Por tanto, creo que enfrentarse a la gente sería de mal gusto y no creo que Saint Germain lo aprobara.

Lo que haríamos es privar a Saint Germain de nuestra persona, en efecto, porque una vez que se trabaja así los maestros no pueden volver a usarnos. Por tanto, hagan los decretos en casa y vivan en su comunidad como una persona normal. Y cuando trabajen en partidos políticos o en el movimiento provida, no tienen por qué citar a la Hermandad ni citarme a mí para decir la verdad o tener una buena idea.

La verdad no lo es porque la haya dicho Morya. La verdad lo es porque lo es. Uno no debe ir por ahí citando a nadie para dar un argumento. Dé un buen argumento válido por haber estudiado, por haber reunido una buena serie de instrucciones y porque es lógico, porque es el Logos, porque es relevante a lo que está haciendo y porque es el siguiente paso que hay que dar en lo humano dentro de la situación que sea. Y ayuden a la gente de una forma en la que pueda verlo, al nivel de lo que puede entender, al nivel de su capacidad de comprensión.

Las funciones de los tres reinos

Estudiante: Antes mencionó que los ángeles y las evoluciones angélicas son responsables del cuerpo emocional de Dios, y me pregunto si la humanidad tiene una función en otro cuadrante.

ECP: Los hijos y las hijas de Dios son extensiones de la Segunda Persona de la Trinidad. Son los que señorean en la Tierra.[43] Y lo hacen porque están respaldados por el poder de los Elohim y el reino elemental, que representan el poder, el primer rayo, y porque está apoyados por las huestes angélicas, que representan al Espíritu Santo. Por tanto, hay tres reinos, que son expresiones de la eterna Trinidad. Los constructores de la forma, desde los Elohim al electrón, sirven como extensiones del poder de Dios y su ley, el Padre. Los hijos y las hijas de Dios sirven como extensiones de la mente de Cristo. Y todos los órdenes angélicos de luz sirven como la energía del Espíritu Santo.

Los planes para publicar

Estudiante: Recuerdo el dictado de Orómasis en *El toque de Shiva,* y algo que dijo sobre hacer publicar algún libro sobre los elementales. Para mí el reino elemental parece ser el menos entendido. Al menos es del que sabemos menos, pero me interesa mucho.

ECP: Creo que los elementales son fascinantes porque ayudan mucho. Quiero decir que siempre queremos que alguien nos ayude a hacer algo, y ellos están ahí, listos para hacerlo. Los elementales son seres fantásticos. El séptimo capítulo de *Escala la montaña más alta* trata de los elementales. Me gustaría publicar todos sus dictados.

No hay límite para lo que se puede producir. Fui ante el Consejo Kármico e hice el llamado ante el altar con respecto a todo lo que necesitábamos para implementar el plan de Dios, y Morya mencionó algo sobre que iba a venir con su cartera del Consejo de Darjeeling. Después del dictado del domingo me reuní con nuestra junta durante ocho horas sobre cómo implementar las propuestas del Consejo de Darjeeling. Existen equipos electrónicos y computadoras para la composición de texto mucho más avanzados que los que tenemos. Lo que tenemos ahora es una máquina de computación gráfica que imprime la fuente. Si se cambia una coma hay que empezar de nuevo y realinearla. Por tanto, lleva muchas horas y mucha mano de obra. Esta semana estamos investigando los sistemas y estoy decidida a que la edificación de Cámelot sea la edificación de nuestro ramo de publicaciones, porque es nuestro salvavidas.

Estoy decidida a que tengamos esos equipos; y la única forma en la que lo podemos conseguir esto es si lo rentamos, porque no tenemos los fondos para comprarlo, pero los precios de la renta los podemos afrontar. Solo que debemos aumentar las entradas de dinero mensualmente para poder pagar la renta, porque si continuamos rentando cosas el presupuesto nos va a desaparecer. Cualquiera que sea el gasto mensual del equipo y la maquinaria, me veo obligada a saber que puedo producir tantos libros que puedo publicar y promocionar en las librerías y que estos proporcionarán esa cantidad añadida de dinero cada mes, ahora mismo, para poder afrontar los pagos.

No se trata solo de entender cómo conseguir los equipos. Se trata de averiguar todo lo demás. Y eso incluye la necesidad más básica, entender quién formará el personal, quiénes son las personas aptas que puedan manejar las máquinas con una eficacia máxima. Los avances tecnológicos son maravillosos para la organización, pero solo lo son tanto como la gente que los maneje.

Por tanto, les puedo decir que ahora mismo hay un libro sobre elementales, hay un libro de todos los dictados que Jesús ha dado,[44] hay un libro de los dictados de Maitreya,[45] están todos los volúmenes de las *Perlas* del pasado, todo eso está esperando a que haya el equipo y la gente que lo opere.

Tengo un mínimo de gente para manejar el equipo. Las personas que se ocupan de preparar las fuentes podrán hacer muchos más libros en el mismo período de tiempo porque se les reducirá el tiempo para prepararlas. Pero necesito a gente que prepare los manuscritos, que recibirán los que preparan las cintas, que pasarán por la computadora y que imprimirán las páginas sobre las que trabajar.

Por tanto, en estos momentos, tengo más material listo de lo que tengo gente o equipo para publicarlo. Y esos son los problemas de los que me estoy ocupando. Creo que podemos publicar veinte, treinta libros al año con las personas y el equipo adecuado. Y sé que se venderán y, por tanto, tengo confianza en que, haciendo bien las cosas, si consigo que las librerías vendan los libros, es decir, si mi promoción, mi publicidad, mis agentes de ventas, mi gente que va de dos en dos, mis centros de enseñanza, mis grupos de estudio, si todo eso apoya los libros, si puedo hacer que eso funcione así, puedo proyectar la posibilidad de un presupuesto para comprar el equipo sin restarle nada a «Victoria en la Ciudad Santa»,[46] a la creación de Cámelot y a las demás necesidades que tenemos. Para mí esto es de lo más esencial.

El primer encuentro de Madre con los elementales

Quiero contarles la historia de mi primer encuentro con los elementales. Yo estaba en Boston, en mi apartamento, y estaba leyendo mis primeros dictados, que trataban de los seres de los elementos. Eran manuscritos de Virgo y Pelleur y los demás, y en ellos daban unos decretos para los elementales, que vendrían y equilibrarían las condiciones de la Tierra. Y pensé: «Pues esto es fantástico. Estos seres dicen esto; y se pueden hacer estos llamados; y si los haces se producirán todos estos cambios».

Me emocionaba muchísimo. Leía los dictados y después gritaba los decretos con todas mis fuerzas. Quizá los hiciera tres o cuatro veces, ¡y me quedaba dormida como un tronco! Me quedaba dormida rápido debido a toda la luz que se liberaba a través de los decretos porque mis cuerpos no estaban acostumbrados a tanta luz. Y entonces me despertaba a los quince minutos, quizá, y lo repetía todo.

El impacto de la luz, cuando te entusiasmas y amas a Dios y tienes esa sensación inicial de emoción por entrar en contacto con los seres de luz, evoca una respuesta enorme y verdadera. Los maestros agradecen muchísimo cada vez que un chela nuevo abre la boca y hace su primer llamado. Y los elementales son así. Entregan una luz enorme.

Cada libro trae a un grupo nuevo de gente

Y así, el libro está ahí, la transcripción está ahí. Necesitamos a personas que valoren la experiencia de los libros que leen y que tengan el talento con el idioma inglés para venir, corregir la puntuación, los párrafos y revisar las transcripciones, escuchar minuciosamente que cada palabra que se dijo esté impresa. Es un trabajo tedioso. Pero es una especialidad y necesitamos gente que pueda hacerlo o que pueda hacer cualquiera de las cosas que tiene ese proceso: preparar los tipos, preparar el teclado o alinearlo. Está el trabajo manual. Está la impresión. Está el trabajo del cuarto oscuro. Están las ilustraciones. Está el material gráfico. Y así, no hay que ser un editor para formar parte de la línea de montaje.

Pero para mí es algo fascinante porque cada libro es un electrodo de luz y cada libro tiene su marca. Y lleva usted toda la razón. El libro sobre los elementales tiene un estilo y una llama adecuada para cierto grupo de personas en la Tierra que no se han contactado. Algunas de ellas son elementales encarnados. Cada libro trae a un grupo nuevo de personas; crea su propio mandala; tiene su propio antahkarana, su propia clave interior, su propia vibración. Y sale y es como una señal. Es como un tono.

¿Saben cómo son ciertos animales, cuando se silba con un silbato insonoro y todos vienen? Bien, existe un tono que sale de la vibración del cuerpo causal de cierto Maestro Ascendido cuando se hace concreto. Y el tono sale y sale a través de los libros. Yo lo observo. Sale por las librerías. Y todos los que son de esa vibración, de repente miran hacia arriba. Se hacen conscientes de repente, y tienen que ir a buscar el origen del tono.

Son como ovejas que vuelven al hogar cuando oyen la llamada del pastor. Se van por todas partes. Buscan aquí, buscan allá. No pueden encontrar lo que buscan, pero están siguiendo el tono. Y finalmente encuentran el libro, se van a casa y lo leen. Y ahí están. ¿Cuántos de ustedes han tenido esa experiencia?

Me ha encantado estar con ustedes esta mañana. Son la alegría de mi vida.

23 de enero de 1979

CUARTO CAPÍTULO

La iniciación del resplandor solar

Te sientes como las Ciudades Gemelas,* como Alfa y Omega, llamas gemelas del Buda. Lanello fue una parte importante del seminario del Buda que celebramos en San Francisco.[1] Pusimos algunas de sus grabaciones y Lanello fue uno de los cinco Budas que hablaron. Reconocer a Lanello como el Buda es para mí un momento muy feliz. Como saben, el tema del Buda y la Madre existe en varias de nuestras enseñanzas.

Ocurrió algo muy curioso. Gene Vosseler les contará la historia. Observarán que Gene lleva alrededor del cuello un colgante con un Buda. Gene encargó que se lo hicieran, y el hombre que lo hizo dijo que el colgante no podía ser de otra manera, que la cara era como era. Y si se fijan, se parece mucho a Lanello. Este Buda tiene la cara como alargada. Cada vez que miro el colgante me parece que Lanello me está guiñando el ojo a través de cada estatua del Buda.

Es un rayo secreto, uno de los rayos secretos; y todos los rayos secretos están en el corazón del Buda. Y así, el Buda en meditación con los ojos cerrados es muy misterioso. Los ojos

*Twin Cities. (N. del T.)

cerrados significan que tiene un secreto. El simbolismo de los ojos cerrados es que hay algo que no te está diciendo, no está comunicándose. Y es la profundidad de los rayos secretos.

FIGURA 1
Colgante de Gene Vosseler

Estoy muy feliz de empezar con los dictados de Maitreya porque creo que la clave para su venida en esta época está en estos dictados. De los que les he puesto, el primero, de 1960, nunca lo había escuchado. Los demás dictados de Maitreya los escuché cuando se dieron, pero no los he escuchado desde entonces.

El quinto dictado del Señor Maitreya fue el 29 de diciembre de 1962. Es muy corto. Tiene lugar en medio de un dictado largo de Saint Germain, y hay una introducción extraordinaria al Señor Maitreya. Saint Germain dice:

> ¡Esta noche estoy aquí para traeros libertad! Pero uno mayor que yo está aquí, uno cuyos pasos busqué seguir antes de ascender. Os traigo ahora unas pocas palabras del Señor Maitreya, el Cristo Cósmico.

SEÑOR MAITREYA
29 de diciembre de 1962

La iniciación del resplandor solar

Amado Saint Germain, amados amigos del corazón de Dios, la gran efusión de luz cósmica de vuestra identidad divina os envuelve ahora en el resplandor del Ser Eterno. Esta luz os está elevando con una acción vibratoria que os conduce arriba en conciencia hacia el Gran Sol Central.

Se puede pensar en el Gran Sol Central como en un pastor, como el Gran Pastor de las ovejas. Y todos los seres humanos que oigan la voz del gran corazón de Dios hablando desde el Gran Sol Central —los amados Alfa y Omega— conocerán esa paz de Dios que nosotros, como seres ascendidos, compartimos a una mesa común y así tomamos parte del pan que bajó del cielo,[2] el pan que, como potentes rayos luminosos, se derramaron de los sagrados altares de Dios y produjeron el sol con esplendor, brillando como un sol físico en el universo, y en el Universo detrás del universo, y como un sol espiritual en el mismísimo corazón del ser de Dios. Los rayos de luz del Gran Sol Central manando hacia el sol de este sistema de mundos encendieron el resplandor del Logos Solar. Y el resplandor del Logos Solar envió sus potentes rayos luminosos a esta Tierra y encendió el resplandor de Virgo, el principio Madre Tierra, activando los rayos luminosos dentro de ese gran ser.

Y, por tanto, el resplandor solar del Gran Sol Central también descendió desde el Gran Sol Central al sol de este sistema de mundos, a los amados Helios y Vesta, y activó vuestras corrientes de vida, de modo que verdaderamente, en esencia, sois un rayo de sol, un rayo de luz, salido del Gran Sol Central. Quisiera que esta noche los estudiantes apreciaran esta idea.

Siempre y cuando penséis en vosotros, amados, como

arcilla, como densidad, como una conglomeración de efluvios humanos, no disfrutaréis del resplandor supremo de la luz. Bien, pensad esta noche en vuestro cuerpo, amados, como luz. Pensad en vosotros como luz, como un rayo de sol salido del Gran Sol Central.

Yo, Maitreya, quisiera iniciar esta noche a muchos de vosotros en el resplandor solar en las cámaras solares. Si tan siquiera dedicáis esta noche la atención de vuestro corazón, cuando os durmáis, a vuestra poderosa Presencia YO SOY y me lo solicitáis, intentaré exaltaros a todos tanto como la Gran Ley lo permita hacia un mayor desarrollo de vuestra filiación espiritual. Conferiré a todos los que sean dignos un grado de iniciación mayor de lo que han conocido nunca.

Este estado solo se producirá para ayudar a la humanidad de la Tierra a obtener su ascensión. Porque, amados, allá donde hay un candidato a la ascensión sobre este planeta, el resplandor alrededor de esa persona es una bendición para toda la conciencia de la vida encarnada aquí.

Fue este poder, este resplandor, esta gloria lo que se manifestó en el amado Jesús, lo cual atrajo a la concurrencia a los montes de Judea, lo que se desbordó y vivificó la conciencia de los hombres, lo cual produjo la conciencia de sanación y dio alegría a los montes del mundo, ¡porque Cristo caminó por ellos!

Os bendigo y os doy las gracias con el poder de la luz del Gran Sol Central. Y ahora os devuelvo a ese amado Dios de la Libertad, vuestro amigo, el amado Saint Germain.

SAINT GERMAIN

Queridos del resplandor en despliegue, nuestro amado Señor Maitreya, reverenciado en nuestra octava, os ha dado sus palabras de ánimo, sus palabras basadas en la inmortalidad de vuestras almas. Recordad, la llama del amor de su corazón encendió la chispa de amor en el vuestro.

Todas las huestes del cielo desean avivar la llama de la divinidad que hay en el altar del corazón de cada expresión individual de Dios. Hacemos esto, en el santo nombre de la libertad, para apreciar al mundo, para rodear al mundo, para amar al mundo con la paz de Dios.

Esta es la finalidad que tiene esta clase, desplegar el resplandor del individuo, dar libertad al individuo; desplegar el resplandor planetario, dar libertad al planeta; bendecir a la humanidad con su confianza individualizada y autorrealizada en la luz de Dios, que nunca falla; para que acepten la forma superior de pensar; para que ya no expresen las dudas limitadoras y confinantes del agnóstico o de los que se encuentran en la desesperación o el desaliento, que buscan en algún sistema o alguna ideología oprimida, algún pensamiento político, un sueño de libertad que está vacío.

En cambio, a todos digo: que vean dentro del corazón de su Presencia YO SOY la puerta abierta, la puerta abierta, la puerta abierta que conduce a su libertad en la luz de Dios, ¡que nunca falla!

Os doy las gracias y os bendigo, y os deseo buenas noches.

Filiación espiritual

En este dictado hay una iniciación apasionante, la iniciación del resplandor solar en las cámaras solares. ¿Dónde creen que se encuentran las cámaras solares?

Conferiré a todos los que sean dignos un grado de iniciación mayor de lo que han conocido nunca… para ayudar a la humanidad de la Tierra a obtener su ascensión

La ayuda que se les da a ustedes sirve de ayuda para todas las personas del planeta, ya que ustedes se convierten en un punto de anclaje. Se pone énfasis en la meditación del corazón. El corazón empieza con el Gran Sol Central, Alfa y Omega, siendo el pasto de las ovejas. Maitreya habla de escuchar la voz del gran corazón de Dios.

Voy a hacer una invocación sobre esta iniciación.

En el nombre de Dios Todopoderoso, invoco todo el poder, la sabiduría, el amor del Gran Sol Central. Invoco el rayo de luz absoluto del corazón del amado Señor Maitreya. Pido que estas almas sean elevadas ahora a través de la cámara del corazón, a través de la puerta del corazón hacia el corazón del amado Señor Maitreya, hacia el gran corazón de Dios, Alfa y Omega, en el Gran Sol Central. Invoco al potente rayo de luz, la luz descendente de cada cual, el YO SOY EL QUE YO SOY, el poderoso cordón cristalino del Gran Sol Central.

Pido que sus cuatro cuerpos inferiores sean cargados y equilibrados. Y esta noche invoco la poderosa transferencia de la iniciación del resplandor solar en las cámaras solares. Invoco la apertura de las puertas del templo. Invoco la apertura de las cámaras solares. Pido que estas almas de luz sean atraídas para que puedan ser centros radiantes del Imán del Gran Sol Central.

¡La luz de Dios nunca falla y la amada poderosa Presencia YO SOY es esa luz!

Tercer dictado de Maitreya, la tercera iniciación

21 de octubre de 1961, se pasa de Libra a Escorpión. Este dictado se dio en un santuario muy pequeño de Boston al que Mark y yo fuimos en muchas ocasiones. Y esta debería ser nuestra tercera iniciación.

SEÑOR MAITREYA
21 de octubre de 1961

La inmortalidad y el sentimiento cósmico

… La alegría del mundo que expresaron las huestes angélicas en la ocasión del nacimiento del Cristo inundó todo el planeta con los coros de las huestes angélicas.* Y la alegría que se expresó en el corazón de los pastores saltó de corazón a corazón por los campos y las llanuras, los bosques y las montañas, hasta que entró en el corazón de un pastorcillo en los montes de un país lejano, al otro lado del mar.

Queridos de la luz, hoy no le dais importancia a ver los programas de televisión y radio que se emiten por todo el mundo. Las maravillas de hace unos pocos años dejan de ser maravillas para vuestra mente. Pero, amados, hace dos mil años esto fue una experiencia trascendente, cuando la alegría de los ángeles se transfirió al corazón de los pastores y se extendió alrededor del mundo hasta las páginas de la historia y la conciencia de la humanidad.

Los mártires de aquella época del cristianismo primitivo expresaron su amor dándolo todo. Pero las cómodas experiencias del cristianismo actual distan mucho de aquella era de ofrendas en sacrificio, cuando defender la luz de Dios casi equivalía a perder la vida física. Hoy, amados, el mundo sabe más acerca del significado de la libertad, sabe más acerca del significado de la paz, sabe más acerca de la gracia de Dios. Las comprensiones intelectuales de la humanidad se han expandido y los teólogos entienden mejor las antiguas escrituras. Las artes de la imprenta y la comunicación han mejorado y se han expandido hasta que el mundo actual no es el de hace dos mil años.

Y las multitudes han aumentado. Los que oyeron las palabras del Cristo cuando caminó entre los hombres hace dos mil años, en los montes de Judea, eran pocos comparados con las multitudes de la Tierra que hoy tienen hambre y sed del agua viva de la Vida.[3] Pero esa agua de Vida es como un gran río y, en estos momentos, está siendo ofrecida a todos los que tienen sed, para que puedan beber.

Las personas, por costumbres en el pensar y el sentir —y

---
*En la grabación original falta el principio del dictado.

este amado os lo dijo—, se han vuelto un poco recalcitrantes y ya no comprenden la voz interior de su poderosa Presencia YO SOY. En cambio, han escuchado las voces de discordia y las voces de confusión del mundo, hasta que la voz del Cristo parece muy lejana.

Pero YO SOY el que ha venido hoy a cargar en medio de vosotros el resplandor que le es familiar a vuestra alma, el resplandor que es vuestro hábitat natural, la luz que os exaltará, os elevará y os consolará, la luz que será solaz para vosotros cuando parezca que estáis separados unos de otros y de todas las formas de consuelo.

Porque la luz de Dios penetrará en vuestra conciencia mientras yacéis en vuestra cama sin poder dormir, cuando las preocupaciones y las opresiones del mundo parezcan hacer presión sobre vosotros y os sea difícil hallar paz. Si volvéis el corazón hacia el Cristo y le hacéis un llamado, él responderá y entrará con luz destellante en vuestro campo energético para traeros esa misma paz y amor que llevó a la humanidad hace tanto tiempo.

Ahora, amados, estáis ante la inmortalidad. Estáis ante el reino de los Maestros Ascendidos. Estáis ante la compasión del cielo. A vuestra mente no llega un concepto normal o mortal, sino el concepto de la vida, el concepto de la vida eterna, el concepto de la gracia del cielo.

La gracia del cielo, amados, trasciende la historia. Trasciende el mundo conocido. Trasciende vuestros pensamientos humanos. La gracia de Dios os basta[4] para cada ocasión que tengáis que afrontar. Y con la disminución de todas las sensibilidades humanas, la humanidad hallará el amanecer del sentimiento cósmico en el que será capaz de comprender la cercanía de las octavas celestiales y las esferas de luz con respecto a su conciencia.

El pequeño bebé levanta los ojos hacia su Presencia Divina, y sonríe. Y las personas ante la presencia de ese bebé se complacen al ver la sonrisa en el rostro del niño, pero no saben nada de la visión de los ángeles que aparece ante el pequeño.

Mucho después en la vida, cuando la familiaridad con la escena del mundo ha cerrado la puerta y la cortina que separa la conciencia del niño de las maravillas de las esferas celestiales, esas visiones, pues, ya no llegan. Y el niño se vuelve parte de la conciencia de las masas, guiado por padres, guiado por maestros, guiado por compañeros, muchos de los cuales son aptos y muchos de los cuales no son aptos para guiar.

Por tanto, la presión de la conciencia de las masas va creando un hombre sintético; no una manifestación de la luz eterna, sino una manifestación de carnalidad destinada a estar confundida, destinada a confundir y destinada a perecer al final como entidad individual y a abandonar la pantalla de la vida.

Pero ese no es el plan de la inmortalidad, y Dios es inmortal. ¡Dios es inmortal! Y en su inmortalidad hay paz y alegría para siempre, sin fin.

La dureza del mundo, el furor del ruido metálico de las mareas de mortalidad, no consuelan a la humanidad; y, por tanto, las personas corren acá y allá buscando paz. Y no se les da paz, pero continúan buscando. Porque el Gran Yo Divino interior, que se manifestó en el sentimiento cósmico del pequeño bebé, debe despertar. Este sentimiento cósmico, como un botón de rosa, debe desplegarse. Como un loto, debe soplar su perfume hacia el espacio.

Cuando la conciencia del hombre empieza a desplegarse, este se vuelve como un niño pequeño. Y cuando se vuelve como un niño pequeño, toda la gloria del cielo se le revela a esa persona. Y el hombre se da cuenta de que la vida exterior ha sido una quimera, ¡y que todo lo que los ojos han visto y lo que los oídos han oído no es nada comparado con las maravillas de las esferas eternas!

Yo, Maitreya, vengo como un padre iría a sus hijos. Y hoy vengo a vosotros para soplar sobre vosotros acerca del sentimiento cósmico, para que podáis despertaros en vuestro interior a la gloria de Dios que está presente en el espacio allá donde estéis. Pero este Dios que os declaro hoy, amados, está tan cerca como vuestras manos y pies o tan cerca como vuestro corazón y aliento.

La entrada de la luz cósmica al cuerpo del hombre es un don de la Presencia de Dios que la inteligencia del cielo en acción perpetúa al instante. La mente Crística, el poder divino que hace latir vuestro corazón mientas dormís, que da a vuestra conciencia física, vuestro elemental del cuerpo, y a vuestra mente la comprensión para gobernar todos los sentidos que controlan los movimientos del cuerpo, tanto los voluntarios como los involuntarios, es un don de Dios.

Estad agradecidos, pues, por este don, pero sobre todo estad agradecidos por el don de los ojos de vuestra alma, el oído de vuestra alma, la comprensión de vuestro corazón. Porque no sois las vestiduras que lleváis. No sois estos cuerpos físicos. ¡Sois un alma viva! A niveles internos lleváis las vestiduras de inmortalidad, y estas son reales y tangibles. Pero debido a que habéis desviado vuestra atención del reino interior al exterior, no sois conscientes de las vestiduras interiores que lleváis, y es como si carecierais de vestimenta.

Deteneos ahora y pensad, amados, en lo que significa estar vestidos con la inmortalidad. El amado Hilarión, cuando estuvo encarnado como San Pablo, advirtió del hecho de que primero hay que despojarse de la mortalidad si quiere vestirse de inmortalidad.[5]

Yo, hoy, os advierto, amados de la luz, que reconozcáis igualmente la necesidad de despojaros de los sentidos mortales durante los momentos en los que deseéis despertar los sentidos de la inmortalidad. En el nombre de Dios Todopoderoso, queridos estudiantes de la luz, si pensáis en entreteneros, si pensáis en comer, si pensáis en algún logro que deseáis conseguir para expandir vuestra personalidad mientras intentáis sintonizaros con vuestro Yo Divino, ¿cómo será posible que logréis esa sintonización?

Por tanto, debéis despojaros de la conciencia del hombre exterior, del yo humano. Debéis acudir con plena fe a la fuente de Dios Todopoderoso, creyendo «que él existe, y que es galardonador de los que le buscan».[6]

Esta es una verdad practicada por Enoc de antaño,[7] practicada antaño por cada maestro ascendido que logró ascender. Esta búsqueda Crística debe convertirse en la meta del hombre si este desea despertarse hacia toda la potencia y el poder del fuego sagrado.

Amados, algunos de vosotros habéis soñado ociosamente con momentos en los que podíais decirle a un hombre que tiene una mano atrofiada: «¡Sé sano!».[8] Algunos de vosotros habéis soñado ociosamente con un momento en el que podíais pasar al lado de una persona embriagada en la calle habitualmente y de un vistazo le podíais hablar a niveles internos o externos y decirle: «¡Sé libre! ¡Sé sano!».[9] Algunos habéis sido más ambiciosos y habéis soñado con cómo podíais extender la mano como hizo el Cristo y resucitar a los hombres de los muertos.[10]

Bien, amados, este poder está dentro de vosotros. Pero es importantísimo que reconozcáis que vosotros como individuos primero debéis despojaros del hombre viejo y sus obras.[11] Vosotros debéis despojaros de la conciencia del sentimiento del mundo y vestiros de la mente nueva del Cristo si habéis de llevar a cabo ciertas hazañas específicas y disfrutar de estas gracias cósmicas, de estos dones cósmicos.

Estos dones se os dan. Son gratis, son sin dinero, no tienen precio.[12] Los sostiene ahora para vosotros vuestra poderosa Presencia YO SOY, y se manifestarán en vuestro mundo, y ningún poder del cielo o de la tierra puede evitar su manifestación en el momento en el que estéis preparados para recibirlos.

Pero, amados, no podéis ser preparados para recibirlos hasta que vosotros mismos hayáis escogido abrir los sentidos del cielo, hayáis reconocido a las huestes angélicas, hayáis reconocido a los Maestros Ascendidos, hayáis reconocido a vuestra poderosa Presencia YO SOY como el único poder en vuestro mundo. No hay ningún poder más que Dios. ¡Ningún otro poder puede actuar en vuestro mundo, sino el poder de Dios!

Por tanto, pido que os detengáis mientras me pongo en contacto con las amadas huestes angélicas y les pido que derramen su resplandor en el cáliz de vuestro corazón. Pido que os saturen con los rayos luminosos puros de su corazón, cargados con la esencia de rosas y la fragancia de pino. Pido que se os haga conscientes, pues, de la dulzura del alma de Dios que hay en vosotros y de la eterna Presencia de Dios en vosotros. La eterna Presencia de Dios en vosotros es para siempre, para siempre, para siempre. No tiene fin. Por tanto, aceptad este don de las huestes angélicas que forman parte de mi grupo de luz. Ahora os pido que estéis en paz. [Intervalo de meditación con música].

Hijos de la luz, quiero recordaros que cada uno de vosotros fue concebido por Dios. Quiero recordaros que no pasasteis por la puerta del nacimiento accidentalmente, sino que vinisteis con una intención consciente y divina. Quiero recordaros que vuestra vida fue una manifestación querida divinamente tanto como lo fue el nacimiento del amado Jesús y otros grandes avatares.

Quiero recordaros que las esperanzas del cielo por vosotros eran y son grandes, que simplemente el que las personas hayan permitido que la esperanza por sí mismas se atenúe no evita que el concepto inmortal de Dios sea mantenido constante por cada corriente de vida. Y es esta ancla, es esta ancla, amados de la luz, lo que provoca que cada hombre sienta la atracción de la inmortalidad, que lo lleva hacia adelante a buscar, a comprender las grandes leyes cósmicas y la gran luz cósmica.

Se me conoce como el Gran Iniciador y tengo la responsabilidad de interesarme por el desarrollo de los chelas individuales al pasar por las etapas iniciáticas de la Gran Hermandad Blanca. Hoy, al mirar no solo a esas corrientes de vida reunidas en esta sala, sino a las corrientes de vida de toda la humanidad, contemplo entre los hombres a muchos que están preparados para varias etapas iniciáticas. Algunos están preparados para etapas cósmicas de iniciación. Otros están preparados para etapas menos avanzadas de iniciación. Pero muchos se están preparando, aplicándose a su propia divinidad.

Los lazos de divinidad son en tal medida más grandes que las ideas mortales, que a veces es difícil salvar la distancia entre las palabras humanas y las ideas divinas para que la humanidad entienda el milagro al que me refiero. La humanidad actual está aquejada debido al hecho de que a través de la semántica de las palabras no siempre comprende o concibe el verdadero poder de la Palabra de Dios. Pero la Palabra de Dios es progenitora de cada persona en este sitio, en este planeta y en todas partes en el universo.

Esta Palabra de Dios, amados, es siempre bendita. Es tangible y real, es inteligente, ¡es luz! Y en ella no hay mudanza ni sombra de variación.[13]

Quisiera preguntar a algunos de vosotros, jóvenes en años: ¿A dónde irá la humanidad? Los apóstoles del Cristo le dijeron: «¿A quién iremos? Tú tienes palabras de vida eterna».[14] Y esto es verdad. Dios le da a los Maestros Ascendidos las palabras de de vida eterna.

Las personas han pensado que Dios se guardaba todos estos secretos y todos sus poderes para sí y la hueste angélica.

Muchas personas de la humanidad no han entendido que Dios da dones a los Maestros Ascendidos, dones de poder jerárquico mediante los cuales son cargados específicamente con impulsos acumulados de libertad, de obediencia, de amor.

Esto también es cierto con respecto al reino elemental. Al mirar las maravillas de la naturaleza, amados, ¿os habéis detenido alguna vez a considerar que casi todos los árboles y arbustos tienen a un ser angélico o elemental sobre ellos protegiéndolos para asegurarse de que exterioricen el plan perfecto de Dios? ¿Alguna vez os habéis detenido a ser conscientes de que cada persona tiene un bendito ángel guardián, debido a lo cual cada manifestación de la naturaleza tiene alguna inteligencia Divina que la vigila para asegurarse de que logre realizarse y ser perfecta?

Bien, amados, entonces comprended que vuestra poderosa Presencia YO SOY, el gran cuerpo electrónico de Dios salido del Gran Sol Central, apareció con una luz deslumbrante y resplandeciente como duplicado de la luz magnánima y expansiva de la poderosa Presencia YO SOY en el corazón del Gran Sol Central y fue duplicada para la poderosa Presencia YO SOY de cada individuo. Y este duplicado, amados, jamás está separado del propio Sol Central o de la Presencia de Dios dentro del Gran Sol Central, de modo que la Presencia YO SOY de cada hombre, mujer y niño está unida a la Presencia YO SOY de los demás. Esto hace que la vida sea una sola y que, por tanto, no haya ninguna diversidad.

Y ahora me estoy refiriendo, amados, a los niveles internos. Porque cuando miráis afuera, contempláis a personas en varias fases de desarrollo. Las veis representar grupos de varias edades en lo que respecta a los procesos de envejecimiento físico. Pero al mirar al interior no se ve un estado así; solo se ve la perfección de Dios manifestándose en cada punto del espacio donde haya una corriente de vida individual. Ahora bien, esa corriente de vida, cuando ese individuo despierte para ser consciente de su identidad cósmica, descubrirá que es capaz de sacudirse de encima las trabas de la mortalidad ¡y cargarse del poder de la divinidad!

Bien, cuando un individuo despierta para ser consciente del poder de la divinidad, un iniciado ha nacido en la escena mundial. La estrella de Belén aparece en el cielo cósmico y la estrella de ese nacimiento de divinidad se manifiesta para los Maestros Ascendidos. E inmediatamente, al percibirlo, envían una protección especial para sellar a esa corriente de vida en la protección del corazón de Dios que baja a través de la jerarquía angélica presidida por el Arcángel Miguel.

Veis, amados, qué cooperación tan grande tiene lugar en los niveles internos; ¿cómo a niveles internos, los niveles del espíritu de vida, perfección y protección se manifiestan siempre?

En esta sala hay tres personas que se habrían marchado de esta Tierra la semana pasada de no haber sido por la protección de su poderosa Presencia YO SOY y su ángel de la guarda. Una de ellas es un poco consciente de ello; las otras dos, no. Pero os señalaría esto porque no os dais cuenta de cuándo pudierais necesitar la perfección y la protección de vuestra Presencia Divina.

¡Oh amados, qué engreimiento y qué vanidad hay presente en la conciencia humana! Sin embargo, nosotros no estamos aquí para condenaros, porque sois hijos de la luz y nacisteis para recibir la gloria de ese derecho de nacimiento. Estamos aquí para ayudaros y estamos aquí para bendeciros.

No os abandonaremos. Vuestra poderosa Presencia YO SOY no os abandonará. Cada Maestro Ascendido y ser cósmico permanecerá a vuestro lado «en la dicha», como se dice, «y en la adversidad», siempre que estéis dispuestos conscientemente a hacer lo máximo para aceptar el plan de Dios, para comprender el plan de Dios, para caminar prudentemente tanto como podáis. Amados, Dios no es un tirano. ¡Vuestra poderosa Presencia YO SOY no es una tirana!

Yo diría que vuestra Presencia ha sido de lo más tolerante; la Presencia de la vida ha sido de lo más tolerante con toda la humanidad. Pero, aunque la Presencia ha dado a los hombres su libertad, ellos no han disfrutado del universo de Dios con esa libertad simplemente porque han convertido la libertad de la que han disfrutado en cadenas. Dios tiene la intención de asegurarse de que esas cadenas se rompan y que la humanidad sea liberada de todos los estados que la atan a la continua ronda de renacimiento, y que viva las iniciaciones cósmicas que la liberen del poder de la muerte.

Amados, ¿qué es la muerte? Entendéis qué es la vida, pero la vida, amados, no puede terminarse. Porque la vida misma es una cualidad. ¿Cómo puede dejar de existir una cualidad? Y puesto que tenéis vida, ¿cómo podéis dejar de existir?, os pregunto en el santo nombre de Dios, ¿cómo podéis dejar de existir?

Queridos, lo que la humanidad conoce como muerte es solo el fin de un ciclo. Y cuando ese ciclo llega, ello simplemente significa el comienzo de un nuevo ciclo. Y esta ronda continua de círculos dentro de círculos y ruedas dentro de ruedas[15] es una manifestación de la inteligencia divina y del plan de Dios para la vida. Pero Dios quiere que la humanidad tenga continuidad de conciencia y, por tanto, hoy quisiera destacar un principio muy específico a los estudiantes.

Al final de cada encarnación, por misericordia, se sella la puerta de la memoria para que la corriente de vida que va a encarnar en la mayoría de los casos no recuerde los eventos de su vida anterior, excepto vagamente. Pero, amados de la luz, esa no es la intención de Dios. Dios quiere que los hombres tengan un conocimiento ininterrumpido, continuo y consciente de que existen.

Os pido que ahora mismo reflexionéis y consideréis el significado de «YO SOY». YO SOY, amados, significa «ser», significa «existencia» ¡y significa «dicha»! Bien, si significa existencia y dicha, esa existencia no puede interrumpirse o intercalarse con una serie de experiencias debido a las cuales no sabéis nada, debido a las cuales ya no sois conscientes de vosotros mismos, debido a las cuales estáis en la sombra o la oscuridad, porque Dios es todo luz. Y, por tanto, debido a que él es todo luz, desea conceder a todo hijo suyo una experiencia continua.

Os pregunto, amados, si alguno de vosotros sois conscientes de las experiencias del amado Jesús desde que se llevaron su cuerpo de la cruz hasta que resucitó. ¿Recordáis que las escrituras dicen que durante el período en que fue bajado de la cruz hasta su resurrección predicó a los espíritus de los que desobedecieron durante los días de Noé?[16]

Entonces, creo que, si el Cristo predicó a los espíritus que desobedecieron en los días de Noé, debe haber experimentado una conciencia ininterrumpida. Y no puedo concebir que el Cristo que habló al ladrón que estaba a su lado y dijo: «Hoy estarás conmigo en el paraíso»,[17] ya no fuera consciente de Dios o de la vida. El Cristo era continuamente consciente de la vida. Y como parte de las grandes experiencias iniciáticas que recibe la humanidad, hay una serie ininterrumpida por la cual el individuo es consciente de Dios, mañana, día y noche.

A través de la noche, en todo momento, una persona nunca pierde la conciencia. Uno siempre es consciente, exterior o interiormente. Y, por tanto, muchos de nuestros iniciados se reúnen durante las horas nocturnas mientras duermen sus cuerpos. Y se mueven en sus vestiduras blancas por la Tierra para reunirse en sagrados retiros y lugares reservados, para poder ser instruidos a niveles internos sobre la justicia de las leyes cósmicas por maestros e instructores cósmicos.

Porque forma parte del plan de Dios el educar a la humanidad continuamente hasta que los hombres sean de hecho tan sabios como los dioses. El plan de Dios no es mantener a los hombres en la ignorancia o mantenerlos como víctimas de lo que no es verdad, sino más bien iluminar a la humanidad mediante la gloria de la poderosa Presencia YO SOY para que el Espíritu de la Gran Hermandad Blanca sea reverenciado por todos los hombres en la Tierra y sea un Espíritu vivo del Cristo vivo en acción entre los hombres. ¿Cómo puede ser posible esto a menos que sea una experiencia personal de cada persona?

Amados, cuando un individuo se manifiesta como un pequeño bebé, ese individuo con el tiempo llega a reconocer a su padre y a su madre y a los miembros de su hogar. Así es el espíritu de la luz. Cuando un individuo se vuelve como un bebé en Cristo, consciente de los Maestros Ascendidos, aunque tenuemente, se produce una expansión gradual de conciencia hasta que, al fin, esa persona es capaz de caminar y hablar con los Maestros Ascendidos y los seres cósmicos con la misma libertad con la que aquí, entre la humanidad, existe el compañerismo social. Y así debe ser. Porque los patriarcas de antaño comulgaban con los ángeles, comulgaban con los seres cósmicos. Y esto os pasará a vosotros; y después, queridos, veréis que el cielo está a todo vuestro alrededor y las rosas del cielo florecerán a vuestros pies. La fragancia del cielo penetrará en vuestro cuerpo y vuestra mente. ¡La luz del cielo os elevará en conciencia hasta que os sintáis como en casa bajo las estrellas! Porque sabréis que hay puntos de luz en este gran universo de luz. Sabréis que hay puntos de luz, chakras en vuestro cuerpo y centros de luz, y que con el tiempo todos esos puntos de luz se combinarán para formar una hermosa estrella, la estrella de iniciación gracias a la cual seréis capaces de pasar por la puerta estelar y comulgar con la naturaleza, con los elementales, con las huestes angélicas.

Ya no estaréis poseídos por el simple sentimiento de un cuerpo físico y las limitaciones de ese cuerpo. Seréis capaces de dejar el cuerpo a voluntad y seréis capaces de moveros por cualquier parte de este planeta o de muchos planetas a voluntad. Y estaréis libres del temor, de la esclavitud, de la necesidad de tomar alimentos, de la necesidad de estar sujetos a las leyes naturales y del hombre habituales. Porque estaréis sujetos a las grandes leyes cósmicas, y estas trascienden las demás leyes.

Queridos de la luz, la meta es grande. La raza necesita la ayuda de los Maestros Ascendidos. Estamos dispuestos a dar esto. Pedimos que hagáis el llamado dentro de vosotros mismos; no pedimos que tengáis que hacer la declaración de vuestra intención interior ante los hombres.

Aquellos de vosotros que sintáis timidez hoy y no reconozcáis del todo la voz del Buen Pastor,[18] pido que esta noche, antes de cerrar los ojos para dormir, hagáis un llamado a Dios, a vuestra poderosa Presencia YO SOY, y le pidáis que guíe vuestros pasos para que podáis entender el poder de la luz, el poder de los Maestros Ascendidos, el poder del Cristo en acción; y que elijáis conscientemente progresar más en las cosas del Espíritu, que ya no os aferréis a aquello que pasa, a las «primeras cosas»,[19] sino que afiancéis dentro del velo esa permanente conciencia Divina que ningún hombre puede quitaros.

Y entonces formaréis parte de nuestro grupo y habréis comenzado en vida nueva,[20] al renovar la conciencia de los átomos y electrones de vuestro cuerpo, cargándoos con el fuego sagrado. Acabaréis siendo triunfadores, no vencidos.

Os doy las gracias y os deseo buenas noches.

Hagan el llamado a Jesucristo

Me gusta la idea de ser transmisores de alegría, la alegría que salta de corazón a corazón por el nacimiento del Cristo. Y la alegría que salta es la alegría por haber nacido hoy. Existe la idea de que las multitudes tienen hambre; y hoy muchos más tienen hambre. Y el agua de Vida se está ofreciendo. Las multitudes son recalcitrantes. Ya no oyen la voz de su poderosa Presencia

YO SOY; y así, la voz del Cristo está lejos.

Esto nos habla del dilema de la densidad de las multitudes en la Tierra que tienen hambre, que tienen sed, pero son demasiado necias para recibir la respuesta del Cristo. Y así, esta es la primera iniciación:

> Pero YO SOY el que ha venido hoy a cargar en medio de vosotros el resplandor que le es familiar a vuestra alma, el resplandor que es vuestro hábitat natural, la luz que os exaltará, os elevará y os consolará, la luz que será solaz para vosotros cuando parezca que estáis separados unos de otros y de todas las formas de consuelo.
>
> Porque la luz de Dios penetrará en vuestra conciencia mientras yacéis en vuestra cama sin poder dormir, cuando las preocupaciones y las opresiones del mundo parezcan hacer presión sobre vosotros y os sea difícil hallar paz. Si volvéis el corazón hacia el Cristo y le hacéis un llamado, él responderá y entrará con luz destellante en vuestro campo energético para traeros esa misma paz y amor que llevó a la humanidad hace tanto tiempo.

Por tanto, el Señor Maitreya nos está dando luz. Maitreya trae luz, y con ello pide que dirijan su corazón hacia el Cristo y que hagan el llamado a Jesucristo. Parece que está bajando una gran esfera de luz y para asimilarla hay que cumplir un requisito. Es el llamado a Jesucristo:

> *Por la autoridad del Padre, del Hijo y del Espíritu Santo en nosotros, invocamos el nombre Jesucristo. Invocamos al Señor Jesucristo. Invocamos la gran luz que él trajo a la gente de la Tierra hace mucho. Y pedimos que la luz del amado Señor Maitreya descienda ahora a nuestro corazón. Invocamos esa poderosa explosión de luz.*
>
> *Invocamos el descenso de esa iniciación dada hace diecisiete años. Pedimos que se repita ahora en este campo energético.*

Invocamos el gran arco conector de luz desde su concesión original en Boston a este campo energético, desde el chakra de la coronilla hasta el chakra del alma en los Estados Unidos. Pedimos que esta luz, Señor Maitreya y amado Jesucristo, pueda entregarse a las almas de nuestro pueblo, especialmente a las almas de luz.

Que la luz aumente hoy en las almas de luz de los Estados Unidos. Que la luz aumente por la llama de la Diosa de la Libertad, por la luz de los Señores del Karma, por aquellos del Retiro Royal Teton. Invocamos a los Señores del Karma. Amada Diosa de la Libertad, que la antorcha de la iluminación del Cristo Cósmico descienda. Que sea por la mano del Señor Maitreya y el Señor Jesús hoy. Te damos las gracias y lo aceptamos hecho en esta hora con pleno poder.

La gracia de Dios basta

La gracia de Dios basta. La gracia de Dios es la conciencia Crística de Jesús. La gracia de cada Maestro Ascendido es el logro de cada uno de ellos en la conciencia Crística. Jesús dijo: «Bástate mi gracia: mi logro, mi luz, mi conciencia cósmica. *Tú eres mi discípulo. Yo soy tu maestro. Mi gracia te basta*».[21] Esta es la palabra de Jesucristo a sus discípulos, que afirma la gran geometría del ser, que, si está el gurú Jesucristo, si hay discípulos, el gurú les basta. La luz que Dios ha dado a Jesús basta para salvar a sus almas, para salvar al mundo. Esos son principios de Verdad. Son afirmaciones de matemáticas, álgebra, geometría. No fallan. Cuando comprenden que no son simples frases de fe, sino que son afirmaciones de la Ley, y cuando conocen la Ley y la recitan, la Ley obra en su favor. Y cuando tengan problemas y cuando afronten dragones terribles, monstruos e impulsos acumulados de energía del mundo, necesitan conocer la Ley y poder citarla en su defensa, en defensa de su alma.

Su Ser Crístico siempre es su defensor, su abogado, la ley de la luz que conoce la Ley, que conoce al Logos porque es el Logos, porque es la Palabra. Y deben saber que por cada desafío y cada iniciación que enfrenten, existe una afirmación de la Ley que afrontará ese desafío. Y cuando se afirma la Ley, es un estallido de conciencia cósmica, es un estallido de energía. Y la afirmación correcta de la Ley será esa fórmula exacta de fuego sagrado que se tragará la discordia.

Algunos de ustedes han tenido la experiencia que yo he tenido toda mi vida, que es tomar la Biblia cuando tenemos necesidad, abrirla, leer donde caigan los ojos, y siempre llega la respuesta al momento de necesidad. Esta es una ecuación exacta. La ecuación es que se tiene un vacío o una carencia, hay una necesidad. Y esa necesidad es un deseo de ser llenados; y el deseo atrae lo que es necesario. Y así, el ser interior en ustedes es una energía que les da la alquimia correspondiente.

Ustedes son la polaridad negativa; necesitan la positiva. Toman la Biblia y encuentran la respuesta. La vida es muy exacta en sus medidas y lo que atrae hacia ustedes. Ustedes atraen hacia sí lo que son, la vibración que son. Y cuando ven lo que hay a su alrededor, ello es un indicio de lo que hay en su interior. Cuando vean luz y gente bella a su alrededor sabrán que el Dios que hay en ustedes y el Cristo que hay en ustedes ha atraído esa belleza. Cuando vean oscuridad a su alrededor, ello es un índice de la oscuridad del interior que debe transmutarse. «Bástate mi gracia.»

Miro el sendero que he recorrido con el Señor Maitreya, Morya y Saint Germain desde aquel momento. Al escuchar esa música de meditación me acordé de la pequeña señora mayor que puso esa música en un tocadiscos viejo; y pude captar bien la vibración de los registros akáshicos de la sala. Pude visualizar a Mark sentado y escuchando esa música en medio del dictado, y pensé en el primer año de mi sendero.

Llevaba en el Sendero unos seis meses en aquel momento. Y cuando escuché esos dictados, simplemente los acepté como verdaderos con una gran apertura y cualidad de la conciencia como de un niño, que Maitreya dice que tenemos cuando empezamos en el Sendero. Y siempre he sentido que era una niña. Era una niña entonces y nunca he dejado de serlo. Y así, como una niña ante los Maestros Ascendidos, son como mi padre y mi madre, como mis padres. Lo que digan, lo creo; simple y sinceramente, lo acepto.

Y la aceptación es la puerta abierta de la que habló Saint Germain: «Abrid la puerta a vuestro corazón». Esta puerta abierta posibilita que el fíat y la Palabra se impriman en su corazón, en sus sentimientos, en su mente, en su cuerpo etérico.

Desgraciadamente, hoy día vemos que esto es lo que les pasa a nuestros niños en frente del televisor. Están en su niñez y están abiertos, y cualquier cosa que ocurra en esa pantalla, lo aceptan. Lo llaman programación. Pero Dios ya ha creado al Ser Crístico como una especie de computadora. Utilizamos la palabra «computadora» porque sabemos qué es una computadora y sabemos que puede recibir una gran cantidad de información. Puede almacenar, puede organizar, puede utilizar, puede incluso ser creativa con la información.

Por tanto, la mente universal de Dios manifestada en ustedes es capaz de expresar lo que Dios ha puesto en ella. Y si quieren utilizar esa palabra, él ha programado o computarizado esa mente para manejar las funciones de sus cuatro cuerpos inferiores, todo el complicado flujo de energía a través de los chakras, el mismísimo aliento de la vida misma. Nosotros no tenemos que hacer nada de esto con un pensamiento o un sentimiento original. Así, a falta de otras palabras, así es como Dios pone en movimiento una ley y cómo esa ley continúa obrando.

El niño pequeño que viene

Por tanto, Maitreya está hablando del niño pequeño que viene, el niño que tiene la visión de los ángeles y luego se vuelve parte de la conciencia de las masas y después de la «carnalidad destinada a estar confundida». Mark lo vio en sus propios hijos. Mark tenía una familia antes de que yo lo conociera, y vio cómo esos hijos se fueron por el camino de la mente carnal. Para él fue una experiencia muy, muy triste. Y fue una experiencia que le supuso una gran carga.

Mark vio a sus hijos venir al mundo con luz. Los vio como bebés que veían a los ángeles. Sabía cuál era su origen y sus experiencias pasadas con la Hermandad. Sin embargo, a través de la programación, a través de su madre, a través de su entorno, asumieron una actitud opuesta al Cristo, opuesta a la luz, opuesta a los Maestros Ascendidos, y estuvieron totalmente programados hacia los caminos del mundo; y hasta el mismo momento de su ascensión mantuvieron una postura contra él y contra su trabajo.

Por tanto, esa familia fue una gran carga para él y una gran iniciación. Y tuvo que dejarla para poder ser Mensajero. Podría haber perdido hasta la vida, tan grande era el odio y la intensa oposición, que, por cierto, básicamente llegó debido a una cultura fundamentalista, una cultura cristiana que niega a los Maestros Ascendidos simplemente porque es un término nuevo. Si se habla de los ángeles, quizá sería más aceptable. Pero fuera lo que fuera, vi su crucifixión. Y vi que incluso cuando la gente tiene hijos de luz, esos hijos de luz pueden perder el contacto con la Hermandad debido a la influencia de la conciencia de las masas. Así es que vi la gran determinación de su corazón para ofrecer un camino mejor para otros que vinieran después de él, para nosotros y para nuestros hijos. Y vemos lo que hace el entorno adecuado y la preparación correcta, no solo con los niños pequeños, sino con la gente que ha estado en el mundo y viene a Summit University.

Vacíen sus recipientes para que Dios pueda llenarlos

Con qué rapidez responde la plasticidad (a falta de otro término) de Dios en nosotros a la limpieza y la acción efervescente de la luz que viene como un gran elixir y que purifica, limpia y restaura las células. La limpieza de las células que sentimos en Summit University es para que puedan volver a usarse para recibir los patrones hechos en los cielos, las grandes verdades eternas, las grandes imágenes eternas de nosotros mismos. Y así, existe la necesidad de ayunar en conciencia, de renunciar.

Y tal como entendemos cuánto absorben las células de lo que hemos comido, lo que hemos ingerido en nuestro cuerpo, hay células en el cuerpo astral, el cuerpo emocional. Hay células en el cuerpo mental, en el cuerpo etérico; y están llenas de los agentes contaminantes de esos planos. Y están tan llenas que el estar llenas (si no hay otro factor que influya) es la razón por la que no se exteriorizan de repente, al entrar en contacto con el verdadero mensaje, con esa verdad.

La gente primero tiene que vaciar sus recipientes para que estos puedan volver a ser llenados. Y ese es el mensaje de este dictado. Primero hay que despojarse de lo mortal para llegar a ser inmortal. Ustedes quieren todos estos dones. Quieren poder sanar. Quieren esta comunión con las huestes de luz. Y aquí, para hacer eso, hay que despojarse de la mortalidad y vestirse de inmortalidad.

No sois conscientes de las vestiduras interiores que lleváis.

Agradeced el gran don

He aquí otro punto iniciático:

Yo, Maitreya, vengo como un padre iría a sus hijos.

Ustedes saben que *gurú* en un sentido puede querer decir «padre». En otro sentido, significa «madre». Nosotros nos identificamos mucho con nuestro gurú como nuestro padre y después como nuestra madre. Yo recuerdo encontrarme en un estado de exaltación y en espirales de conciencia cuando llamaba a Mark «Padre». Y otras veces lo llamaba «Madre». Así era el estado de dicha de su conciencia cósmica de Alfa y Omega en el que me encontraba. El gurú es Padre y es Madre.

Yo, Maitreya, vengo como un padre iría a sus hijos. Y hoy vengo a vosotros para soplar sobre vosotros acerca del sentimiento cósmico, para que podáis despertaros en vuestro interior a la gloria de Dios que está presente en el espacio allá donde estéis.

Maitreya está muy preocupado por nosotros; le preocupa que nosotros también nos hayamos convertido en parte de la conciencia de las masas, insensibles a la gran luz de Dios.

Quiere que sepamos lo cerca que Dios está.

La entrada de la luz cósmica al cuerpo del hombre es un don de la Presencia de Dios que la inteligencia del cielo en acción perpetúa al instante. La mente Crística, el poder divino que hace latir vuestro corazón mientas dormís, que da a vuestra conciencia física, vuestro elemental del cuerpo, y a vuestra mente la comprensión para gobernar todos los sentidos que controlan los movimientos del cuerpo, tanto los voluntarios como los involuntarios, es un don de Dios.

Estad agradecidos, pues, por este don, pero sobre todo estad agradecidos por el don de los ojos de vuestra alma, el oído de vuestra alma, la comprensión de vuestro corazón.

Todo esto es el gran don.

Maitreya habla de un sencillo aspecto de la sintonización. Si van a sintonizarse con su Yo Divino, no se preocupen de lo que van a comer cuando hayan terminado su período de meditación. Sálganse de su yo exterior, de su yo humano.

La necesidad de que el gurú ascienda

He visto los pasos que Dios me «ha obligado» a dar, en el sentido de que yo he escogido que me obligue. Dios no obliga a ninguno de nosotros a hacer nada a no ser que digamos: «Quiero volver a ti lo antes posible, y haré cualquier cosa que quieras que haga para llegar». Entonces Dios empuja y empuja fuerte. Algunas personas no están preparadas del todo para el fuerte empuje. Pero en el discipulado existe una conveniencia. Y creo que es bueno que sintamos esa conveniencia. *Conveniencia* significa «necesidad» y la necesidad es que el gurú debe ascender. El gurú debe ascender.

En los meses o en el año antes de que Mark ascendiera, me preocupé de escribir y poner en mi espejo: «Esto corruptible debe vestirse de incorrupción y esto mortal debe vestirse de inmortalidad».[22] Lo leía todos los días, muchas veces al día. Y la palabra «debe» (y pasaba por mi conciencia como una de esas fórmulas matemáticas a las que me refería) significaba que era una frase que reflejaba la ley del universo.

Y era una curación, era una curación constante, aunque ocurría a niveles internos; y el día en que, como cuando se le da a un interruptor, se rompió el cordón cristalino y el alma ascendió, volví a leer lo que tenía escrito en el espejo. Y entonces, de repente, mi conciencia física lo entendió: «esto mortal» era aquel que yo había visto, Dios velado en la mortalidad, que debía vestirse de inmortalidad. Era el mandato de su ser. Era la ley de su Presencia. Tenía que hacerlo, y me lo estaba diciendo todos los días a través de esa frase. Y el decírmelo todos los días fue la preparación de mi alma. Bueno, hacía diez años me lo había dicho: «Me marcharé. Debo marcharme. Debo marcharme de esta Tierra. Me quedaré lo suficiente para prepararte». Por tanto, la conveniencia, la necesidad de la preparación, del discipulado, era la comprensión de que él iba a marcharse, que no habría ningún mensajero a menos que el mensajero que se marchaba preparara personalmente a otro. El manto debía transferirse a alguien encarnado físicamente. Debe transferirse físicamente en ese caso, porque cuando no se transfiere físicamente por otro mensajero, el proceso se hace mucho más largo. Uno ha de ser preparado por un Maestro Ascendido que primero debe llevarlo al punto en que pueda ver a ese Maestro Ascendido y ser preparado por él.

Y así, la conveniencia, la necesidad, la urgencia de las circunstancias del mundo hicieron que tuviera que haber un mensajero ahí, presente, y que fuera preparado. Así es que yo tenía la sensación de que debía superar mis iniciaciones. Debía acelerar. Debía moverme a esa velocidad acelerada porque había una necesidad.

Para mí ese es el gran don, porque cuando no se tiene que hacer algo, ya sea recibir el salario mensual, lograr la carrera universitaria o aprobar un examen, si no hay un motivo inmediato para hacer algo, que me imagino puede llegar a ser la necesidad de tener suficiente para comer esta noche (esto siempre se reduce a los factores económicos de la vida), no nos damos prisa por hacerlo. Nos tomamos otro día, un día más. Y otro día, otra semana u otra vida podría ser fatídico para el alma.

El mundo los necesita tanto como necesita a Maitreya

Pero lo peor de todo es que podría ser fatídico para la evolución planetaria. La evolución de este planeta los necesita ahora mismo tanto como necesitó a Jesucristo, tanto como necesita a Maitreya. Maitreya quiere que sepan que las almas de esta Tierra, que esperan con hambre y sed, los necesitan a ustedes, a su alma, a cada uno de ustedes en este momento tanto como lo necesitan a él.

Sí, la gente necesita a Maitreya. Sí, la gente necesita su luz y su logro. Pero si ustedes no están ahí como recipiente en el que él pueda derramar el agua fría que ustedes servirán al que tiene sed, esa persona que tiene sed no beberá, aunque Helios y Vesta estén ahí, latiendo, en medio. Ustedes deben saber esto. Esto es lo que Maitreya quiere que entiendan ahora mismo, esta gran claridad de que ustedes son necesarios hoy en la tierra tanto como él lo es.

No exalten a Maitreya como ser cósmico y como el Cristo Cósmico, degradándose ustedes al pensar que son un pequeño signo negativo en la pizarra, un pequeño electrón, que es tan insignificante que no importa si está o no está.

Esa conciencia de que uno es necesario, yo tenía esa conciencia. Para mí estaba muy claro. Cuando llegué había muy pocas personas con Mark. Yo estaba en la ciudad de Washington en otoño de 1961, trabajando para mantener a Summit y trabajando para mantenerme a mí misma durante el discipulado. Era una de dos personas que ganaban dinero para apoyar a toda la organización, yo y la otra secretaria. Así, era evidente que era necesaria, ¿verdad?

Perdemos esa sensación cuando empezamos a ser decenas y miles de almas que se juntan. Pero todo lo que hay que hacer es leer el periódico y ver lo que está sucediendo en los Estados Unidos, lo que les está ocurriendo a los países de la Tierra, y nos damos cuenta de que hacen falta decenas de miles de almas.

Pero creo que es realmente fascinante escuchar las promesas que el Señor Maitreya dio a la gente que estaba sentada en aquella sala y ver que muchas de esas personas han fallecido, y ver que yo estoy aquí. Entonces cuento con (este octubre hará dieciocho años) dieciocho años de promesas cumplidas, promesas que Lanello me hizo, promesas que El Morya me hizo. Y, por supuesto, no éramos conscientes en nuestra mente externa de lo que ha ocurrido con la llegada de Cámelot y su creación.

Despójense del hombre viejo

Aquí tenemos todos estos fíats.

¡Sé libre! ¡Sé sano!... extender la mano como hizo el Cristo y resucitar de los muertos a los hombres... Pero... primero debéis despojaros del hombre viejo y sus obras.

Habrán leído estas frases en la Biblia, despojarse del hombre viejo, lo mortal volviéndose lo inmortal.[23] Pero los Maestros Ascendidos les están enseñando cómo hacerlo. No creo que todos tuviéramos una comprensión física de cómo esto fuera a ocurrir. Pero veo que está ocurriendo en sus auras y en sus rostros.

Cada vez que vuelvo veo que un poco más de ustedes ha pasado a la llama, que jamás volverá a existir, a menos que ustedes escojan echarse a la llama, recuperarlo y decir: «no puedo vivir sin ti». Algunas personas lo hacen. Pero nunca me habría imaginado cuánto nos podemos despojar del hombre viejo, cuánto karma se puede saldar debido a la simple llama de la obediencia y la simple llama del amor y la simple llama de la confianza.

El chisme es el más espantoso de los monstruos

Quiero contarles algo sobre el factor chisme. Creo que el chisme es el más espantoso de los monstruos y de las entidades que aparecen en escena para destruir la relación gurú-chela.

Cuando di ese grito desde el tejado en Boston, exclamando a Saint Germain que viniera por mí, ocurrieron una serie de contactos. Uno de los acontecimientos que tuvo lugar fue que, indirectamente, por una situación determinada, encontré a una representante de una organización basada en Nueva York conocida como Puente a la Libertad [Bridge to Freedom]. Viajé en tren a Nueva York para visitar a esta representante, antes de conocer a Mark, y fui al santuario del Puente a la Libertad.

Me senté en este santuario con una mujer que se llamaba Hilda Ziegler. Y estuve allí desde la mañana hasta la noche, unas ocho o diez horas. Me sentó y se puso a hablar sin parar nada más que de las enseñanzas de los Maestros Ascendidos, las encarnaciones de los Maestros Ascendidos y temas de todo tipo. Y también empezó a hablar sin parar de un hombre horrible de la ciudad de Washington. Se refería a Mark Prophet, y me hablaba de él de una forma muy despectiva.

La Mensajera del Puente a la Libertad, aproximadamente a los tres meses, se suicidó y creó una gran carga kármica para El Morya que le supuso una deuda con el universo por haber entregado su logro para prepararla. Durante el período de su preparación y su cargo de Mensajera, ella produjo una cantidad considerable de enseñanza. Se metió en lo psíquico. Se desequilibró y tuvo a su alrededor a mucha gente que no tenía energías puras hacia ella. Tenía más de treinta años y se quitó la vida, se tomó unas pastillas y se ahogó en Long Island Sound.

Fui allí y escuché muchas cosas negativas sobre Mark. Parecía que esta persona sentía una gran antipatía por Mark, este otro Mensajero, y le criticaba mucho. Ese día me dijo esas cosas durante horas, antes de que yo tan siquiera lo conociera. Y entró en mi conciencia, y mi alma en mi Ser Crístico debe haberlo transmutado al instante, sentada ahí llena de asombro, maravillada y agradecida después de haber buscado durante cinco años antes de encontrar a los Maestros Ascendidos. Y ahí estaban sus imágenes; y ahí había un santuario; y ahí estaba la Gráfica de la Presencia. Y ahí estaba la primera persona a la que conocí que era un estudiante de los Maestros Ascendidos. El nivel de la conversación de ella fue tan negativo y astral que ni siquiera me tocó la conciencia. Cuando conocí a Mark, solo me acordaba vagamente del hecho de que esta mujer había hablado y hablado constantemente de todas las cosas horribles que él supuestamente había hecho. Pues conocí a Mark, y tuve una experiencia emocionante al escuchar el dictado del Arcángel Miguel. Ese otro testimonio de la mujer lo recordaba como algo muy tenue. Pero lo curioso es que fue entonces que acudí a mi primera conferencia, que fue en 1961 (el mismo año en que se dio ese dictado), me senté en el hotel y vi el fenómeno de Mark Prophet dando los dictados. Y para entonces lo había conocido tres meses. Había una mujer en esa conferencia que me llevó a su habitación del hotel y me sentó otras dos o tres horas para contarme historias horribles y chismes sobre ese hombre. Y era como si en cuanto me lo decían, lo que me decían se metía en la llama Crística de mi corazón y se consumía.

La iniciación para el chela de dar testimonio de la verdad

Pero al mirar atrás y considerar ese dictado y comprender que esas cosas continúan, entiendo que está muy claro que supone una iniciación para el chela el afrontar ese tipo de energía astral. Ello se convierte en un punto del sendero de iniciación, un punto muy importante, pues si el chela no es capaz de percibir el testimonio de los dictados y los Maestros Ascendidos y la luz que se derrama a través del gurú, si el chisme y las mentiras parecen algo más real, entonces esa persona no es apta para sentarse en la luz. Si ella misma no puede dar testimonio de la verdad y si no tiene suficiente impulso acumulado para percibir la luz y la oscuridad, entonces no es digna de estar en el Sendero.

Sin embargo, creo que nos corresponde a todos los que cuidamos de las almas dulces e inocentes defenderlas contra esa energía dañina. Esa energía dañina nunca ha dejado de atacar a Jesucristo; ¡nunca! Y continúa haciéndolo. Lo lleva haciendo dos mil años. Se han dicho mentiras de él, imputándole a su corriente de vida cosas de todo tipo. Algunos creen y otros no. Algunos ven la gloria de la resurrección y otros la niegan. Este hecho incluso está escrito en la Biblia, acerca de la preocupación que tenían los que estaban enterrando el cuerpo de que los discípulos fueran a esconderlo y decir que había resucitado.[24] Estaban muy preocupados con que el cuerpo no fuera manipulado.

El bien y el mal relativos no son lo importante

Por tanto, creo que es importante llegar al punto en el que la bondad humana y el mal humano, el yin y el yang, el más y el menos del bien y el mal relativos, no es lo importante en Jesucristo o en el Buda Gautama, en nosotros o en la Mensajera.

Cuando los miro como chelas, a ustedes no se los acepta por haber sido una persona humanamente buena o mala. Sus malas obras no me impresionan en absoluto. Y las buenas tampoco. Lo que me impresiona es que quieren a Dios.

Tenemos las hojas que rellenan cuando solicitan se aceptados a Summit University: ¿Han hecho esto? ¿Han hecho aquello? ¿Han consumido drogas? ¿Han sido condenados por delito grave o esto o lo otro?

No me preocupa en absoluto lo que hayan hecho antes. Lo que me preocupa es la pureza de su corazón. Y lo que hayan hecho antes no influye en mí. Y creo que a la gente probablemente le preocupa muchísimo más que la grandeza humana no me impresiona como no me impresiona lo contrario. Es la calidad del alma y lo que está haciendo ahora en Dios.

Jesús y María Magdalena

Pero, justamente el otro día, me decía a mí misma: «Este chisme continuo que la gente trata de conjurar contra Jesucristo de que tuvo un asunto amoroso con María Magdalena», y sentí que me llegaba una energía como un desafío, y me dije: «Bueno, sentémonos y analicemos esto».

Y así es que me dije: «¿Te parecería peor que Jesucristo hubiera tenido un asunto amoroso con María Magdalena?». Y mi respuesta instantánea fue: «Pues claro que no me parecería, pero; me daría absolutamente igual».

Él era lo que era. Era el maestro. Era el Cristo vivo. Esa era la luz de su ser. Yo lo vi. Lo conocí entonces. Lo que hiciera con María Magdalena era algo entre él, ella y Dios. Y jamás habría cambiado su misión, porque él aún resucitó a los muertos, aún se resucitó a sí mismo de los muertos, aún es un Maestro Ascendido.

Al día siguiente me llegó una carta y en esa carta había un artículo de periódico. Y el artículo me lo enviaba un miembro de nuestro retiro en Colorado Springs. Parece que en Egipto habían hallado un recipiente lleno de pergaminos, igual que hallaron los Pergaminos del Mar Muerto. El hallazgo lo hizo un muchacho que estaba en los montes. Y se lo llevó a su madre. Como era supersticiosa, quemó uno, y vendió el resto. Llevan veinte años en circulación. Finalmente, un museo los reunió todos y los tradujeron.[25] Y ahí, en la traducción, estaban los escritos de aquellos a los que llaman gnósticos.

Había escritas cosas de todo tipo sobre Jesús que nos resultarían inquietantes debido a la idea que tenemos de él. Y cuando terminé de leer sobre este libro que se había escrito en aquellos tiempos, me pareció que había estado leyendo algo igual a lo que muy fácilmente podría haber escrito hoy gente que, habiendo formado parte de nuestra organización, la hubiera dejado y hubiera escrito esas cosas con un punto de vista totalmente distinto al nuestro.

Una de las cosas escritas en ese documento, supuestamente (solo sé lo que he leído en el periódico, porque no he visto el libro), es que María Magdalena era una de las discípulas preferidas de Jesús, que él estaba mucho con ella, que la abrazaba. Y dice que a menudo la besaba en los labios.[26]

Ahí tenía lo mismo que había estado pensando el día anterior. Y pensé: «No me puedo imaginar a Jesús haciendo eso». Pero ya había dicho el día anterior (y realmente tenían esa sensación de conciencia) que no importaba. Entonces, al analizarlo más, capté la vibración de que el documento era inexacto.

Sin embargo, creo que todo discípulo llega un punto en la vida en el que no importa «¿qué hizo Jesús?», sino cuál es su propia reacción, haya hecho Jesús lo que haya hecho. Esa es la cuestión del discipulado y esa es la cuestión en la que uno supera la idolatría que dice que este maestro tiene que ser un robot perfecto en nuestra conciencia dependiendo de lo que uno crea que sea un maestro perfecto.

Creo que Mark Prophet, entre las demás personas, eliminó de mi mente los estereotipos sobre cómo creemos que deba comportarse o ser una persona cuando está llegando a ser un Maestro Ascendido, cuando ha saldado su karma y qué cosas debería hacer. Por tanto, me siento agradecida por esa experiencia.

La traición, las intrigas y la deslealtad siempre están presentes

Quisiera que supieran que la persona que fue desleal a Mark en Washington era alguien muy cercana a él, que trabajaba con él en la organización. Y fue un acto desleal chocante.

No mucho después de eso, Mark viajó a Canadá, y otra

persona que trabajaba con él decidió venir a verme y me arrinconó en un hotel y quiso hacerme toda clase de preguntas sobre muchas cosas: qué me había dicho Mark, qué me había contado Mark y todo eso. Entonces, de inmediato, tomó toda esa información, que yo creí que debía darle porque ella estaba en el hogar de Mark, muy cerca de él, y se la dio a la gente ante la que Mark iba a hablar en Canadá. Ante esa información, todos dimitieron de la organización.

Por tanto, quisiera que sepan que la traición, las intrigas y la deslealtad son cosas que siempre están presentes como la cizaña y el trigo, como las ovejas y las cabras.[27] La información que le di tenía que ver con las iniciaciones del amado Saint Germain, el amado El Morya y el amado Jesús en las cuales, después de haber estados asociados durante cierto período de tiempo, dijeron que, en vista de la difícil situación, los problemas y el hecho de que Mark Prophet ya estaba divorciándose de su esposa cuando lo conocí y el hecho de que no podía ser mensajero ante la presencia de esa familia, en vista del hecho de que yo debía ser preparada, que éramos llamas gemelas y que debíamos casarnos.

Esa información llegó en unas cartas de Saint Germain y de El Morya dirigidas a mí. Y nos casamos dos años después de la llegada de esas cartas, porque yo quería darle a Mark y a su familia todas las oportunidades para que triunfaran en la luz y para que tuvieran la oportunidad suprema de aceptarlo a él y de aceptar las enseñanzas. Y no lo hicieron. Las personas de Canadá eran miembros de la Iglesia anglicana y no creían en el divorcio. Al no creer en el divorcio, no pudieron aceptar a Mark, que se divorció. Y lo dejaron, y creo que hubo docenas de personas que hicieron lo mismo cuando nos casamos en la primavera de 1963. Y creo que de hecho se marchó la mitad de la organización. Quizá tuviéramos cien miembros, y la mitad se marchó por el matrimonio.

Entonces, por supuesto, estaba la oposición proveniente de muchos estudiantes del Puente a la Libertad y el YO SOY, que pensaban que era una absoluta vergüenza el que tuviéramos hijos. Entonces, por tener hijos, la gente se marchó de la organización. Claro está que cuando tienes una organización pequeña, cuando toda esa gente se va, parece como un terremoto. Todo eso Mark y yo lo hicimos obedeciendo a los gurús, al Señor Maitreya y a los que tenían el plan y la clave de esta era. Y fue un matrimonio muy fructífero. Fue una relación muy fructífera en lo que respecta a la transferencia de luz del cargo de Mensajero y en lo que respecta a traer a las almas que ahora tienen la luz y el aura de nuestro amado Lanello.

Pero les diré que aquí mismo, en California y por todo este país, hay gente que actualmente le reprocha a Mark Prophet que se casara conmigo y que tuviéramos hijos, gente que se marchó de la organización entonces y que sigue diciendo que es una organización de la falsa jerarquía porque tuvimos hijos. Por supuesto, el tener a esos hijos me dio la experiencia de ser una madre de la Nueva Era, el conocimiento sobre cómo aconsejar a los matrimonios, aconsejar a los padres, comprender todo el proceso de dar a luz y las necesidades que han de satisfacerse en la comunidad, así como entender cómo manejar a los hijos, cómo criarlos.

No malcríen a sus hijos

Lo más importante, por supuesto, es que los portadores de luz sean tratados como niños normales y corrientes y no malcriados como si fueran una excepción. Deben disciplinarse. Es de esperar que tengan cuerpos emocionales correspondientes a su edad. A los cinco años tienen el cuerpo emocional de un niño de cinco años y no debería esperarse que sean pequeños Cristos y pequeños Budas andando por ahí.

Hay que manejarlos o de lo contrario pueden perder su misión. En muy posible que pierdan su misión si se los malcría, porque los padres piensan: «Bueno, tienen tanta luz, no les hace falta la disciplina»; o necesitan que les enseñen o no necesitan que los preparen. Esas son cosas que se aprender estando ahí, en medio de los niños que se comportan normal, como el resto de los niños, y que tienen los mismos problemas igual que los demás.

Y así, creo que sería una incompetente, incluso para servir junto a ustedes, si no me hubiera casado, tenido hijos y comprendido esa relación, la relación gurú-chela con Mark como padre, madre, marido, hermano, hijo, siéndolo todo en su relación conmigo en su última encarnación. Y eso es lo que debemos tener mutuamente, entender que cumplimos muchas funciones y que esas funciones deben cumplirse y deben comprenderse.

La confianza es un camino de dos sentidos

Por tanto, esos dieciocho años fueron una oportunidad para acelerar enormemente. Y faltó la constante iniciación que intenta destruir la confianza entre el gurú y el chela. Esa confianza es un camino de dos sentidos. Me gusta mucho esa idea porque tiene que ver con el flujo de la electricidad. Hay un cordón de confianza en el que el gurú confía en el chela y otro cordón en el que el chela confía en el gurú.

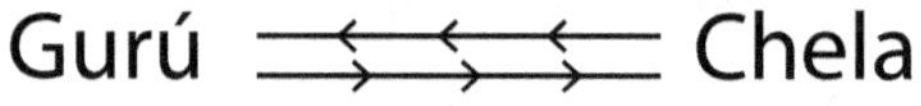

Gurú ⇄ Chela

FIGURA 2
El flujo de la confianza
La confianza entre el gurú y el chela fluye en ambos sentidos

Ahora bien, en nuestro sendero iniciático se espera de nosotros que iniciemos el cordón, que hagamos «frutos dignos de arrepentimiento».[28] Hacer frutos dignos de arrepentimiento significa traer nuestra fe, traer nuestro buen karma, traer nuestras buenas obras… pero traer también nuestra confianza. Si acuden a los Maestros Ascendidos y no confían en ellos, ahí se acaba todo. Ni siquiera podrán iniciar el Sendero. Su confianza es un cordón de energía, que envían y que se convierte en una pequeña señal en el corazón del gurú.

Es como si llamaran a la puerta suavemente; es una pequeña sacudida de energía. Y se despierta al Buda durmiente. El Buda está dormido y ustedes lo despiertan con su llama de confianza. Es decir, él está despierto y vivo en las octavas de luz, pero por no ser conscientes de él, lo ven como si estuviera dormido.

Al que despiertan en realidad es a su propia alma. Están despertando su potencial Crístico. Y así, envían el cordón. El gurú lo devuelve con cierta cantidad de confianza. Solo para que pueda existir la comunicación con el gurú, este tiene que confiar que ustedes lo recibirán, que lo aceptarán, que lo valorarán, que no pisotearán su valiosa flor en el suelo y que tendrán paciencia a medida que él les da su mensaje.

Ahora bien, hay veces en las que quizá el chela atraviesa una gran oscuridad, una gran duda o un gran temor y está preocupado y no sabe si deba confiar o continuar confiando en el gurú. Eso sucede cuando pasan por el plano astral y por las iniciaciones. Pero cuando son un chela de verdad que ha aceptado al gurú de verdad, el gurú no les abandona en cuando tengan alguna duda o alguna pregunta.

Una relación es mucho más que eso: es amistad. Uno no abandona a su amigo el día en que este te hace algo que no está muy bien o si te acusa falsamente de algo. Tú piensas: «Es mi amigo. Hemos sido amigos durante mucho tiempo. Mañana me sentiré mejor». Y así son los Maestros Ascendidos con nosotros. Ellos esperan que en algún momento tengamos un sentimiento desafiante y que de vez en cuando exijamos evidencias y busquemos esas evidencias y estemos dispuestos a esperar con paciencia hasta que las evidencias lleguen.

Por tanto, lo fascinante de todo esto es que, aunque dejemos caer el cordón de confianza que va de nosotros al gurú, aún hay cordón. Es decir, hay dos cordones. Pero si tienen algún temor o si tienen dudas, el cordón del gurú hacia ustedes se mantiene, se mantiene indefinidamente y eso tiene mucho que ver con sus impulsos acumulados del pasado, con el servicio que hayan prestado en el pasado a la Gran Hermandad Blanca, con sus vidas pasadas. Cuando tenemos un gran impulso acumulado de luz y pasemos por un período apesadumbrados, los maestros guardan la llama por nosotros, igual que nosotros la guardamos por ellos.

La gracia sustentadora del gurú

Nosotros hacemos lo mismo con nuestros hijos. A veces nuestros hijos se portan mal. A veces hacen cosas que no están bien o incluso no nos dicen la verdad, o quizá no nos dicen todo lo que deban decirnos sobre una situación porque no preguntamos bien.

He aprendido mucho sobre los estudiantes. Estos responden a todas las preguntas que les hago, pero no responden a la que no pregunté. Bien, nos damos cuenta cuando alguien no nos dice toda la verdad. Y sabemos que cuando hacen eso, rompen el cordón. En cuanto hay una mentirijilla, alguna media verdad, el lazo que ellos tienen se rompe, por lo que solo tienen medio lazo. Pues si ustedes tienen la conciencia Divina más grande sabrán que la gracia que los sostiene es que ustedes no retiran ese lazo, que lo mantienen, aunque saben que quizá hay cositas que están pasando a sus espaldas. Lo mantienen porque saben que ellos crecerán con la gracia.

Los padres entienden esto. Los que no lo son, son mucho más frágiles, perdonan mucho menos, esperan mucho más. Vemos que la gente que no tiene hijos siempre habla de lo horribles que son los niños y qué malcriados están y qué mal se portan. Bien, no han tenido hijos y por eso creen que los niños deben ser como pequeñas muñecas de porcelana en el armario, a las que uno desempolva de vez en cuando.

Los chelas son así. Tienen sus altibajos. Son niños y a veces se comportan como niños. Pero el gurú como padre y el gurú como madre tienen una comprensión mucho más amplia. Y tienen una gran túnica que puede contener todo eso. No se ofenden. No se sienten comprometido por esos pequeños defectos. Por tanto, el mantenimiento de este gran lazo de amor cuando a veces no hacen los decretos o a veces violan de verdad esa relación gurú-chela, es una bendición maravillosa. Es una gracia. Siempre nos damos cuenta de que, si por nuestra parte hemos roto el lazo, al volver al maestro y al hacer llamados, vemos que Dios está esperando darnos respuesta; las huestes angélicas están esperando volvernos a alimentar con amor y luz. Y entonces pensamos en nosotros como unos tontos, porque cómo hemos podido ser tan tontos de quedarnos ahí infelices por una hora, un día o más. Y vemos que lo único que teníamos que hacer es hacer un llamado.

Los Maestros Ascendidos sostienen a sus chelas

Por tanto, todos estos dones, que no podrán tener hasta que se despojen del viejo hombre,

> ... los sostiene ahora para vosotros vuestra poderosa Presencia YO SOY y se manifestarán en vuestro mundo, y ningún poder del cielo o de la tierra puede evitar su manifestación en el momento en el que estéis preparados para recibirlos.

Puedo atestiguar que desde ese día hasta hoy he visto aumentar el poder que Dios ha expresado a través de mí. He visto que la clave de ese poder es quitar de en medio al yo. Veo que los Maestros Ascendidos sostienen a sus chelas con una devoción enorme y ponen una enorme defensa. Defienden a sus chelas contra todos los enemigos, contra los chismes malintencionados. No permiten que ustedes sean juzgados por lo que hicieron antes de llegar al Sendero o incluso por errores cometidos durante el Sendero. No toleran que se digan chismes de ustedes tal como no toleran el chisme sobre sus Mensajeros.

Las dudas sobre el instructor y la enseñanza

Por tanto, ustedes no son chelas aceptados porque lleven razón o porque estén equivocados humanamente hablando, sino porque hay algo más, porque su alma forma parte de la gracia de Dios, su alma forma parte de la conciencia Crística. Y cuando tenemos ese conocimiento, somos intocables. Las dudas y el temor no nos pueden tocar.

Quisiera darles la enseñanza de Kuthumi, que escribió en la época de la Teosofía, en la que dice que la mayor prueba en el sendero del chela, la mayor iniciación del chela, es cuando llega el momento en el que debe afrontar dudas sobre el instructor y la enseñanza, dudas sobre el instructor y la enseñanza.[29] Kuthumi habla de eso en sus cartas y dice que si eso no se puede superar, no se puede triunfar en el Sendero.

El instructor es su Yo Real. El instructor es su Ser Crístico. Por consiguiente, si no pueden mantener la confianza en el Maestro Ascendido o en el Mensajero, al que ven, ¿cómo podrán mantener la confianza en el Ser Crístico, a quien no ven? La persona que tienen delante es simplemente alguien a quien Dios pone ahí para ver si creen de verdad en su Ser Crístico. En eso consiste la prueba.

Si no pueden aceptar al enviado a representar a su Ser Crístico, entonces se verán privados de su Ser Crístico como gurú. Y cuando la gente se ve acosada por las dudas y temores, ello no tiene nada que ver con cosas externas. Ello no tiene nada que ver con el entorno, no tiene nada que ver con Summit University, los Maestros Ascendidos, la Mensajera o las enseñanzas. A la gente le gusta echarle la culpa de sus dudas a esas circunstancias externas sin que tenga sentido.

Pero las dudas y el temor son un estado de la mente subconsciente que existe antes de la llegada del estudiante a los pies del maestro. Y esas dudas y ese temor serán llamados a salir del subconsciente igual que el maestro llama al grupo de animales del zoológico, queriendo que esos animales y que el zoológico salgan de su subconsciente para lidiar con ello, para que ustedes puedan elegir entre él y el zoológico. Y si escogen a sus animales de presa, sus dudas y sus temores que ustedes mismos han creado, vivirán con ellos y morirán con ellos. Pero ello no tiene nada que ver con el instructor.

Dios da luz a los corazones devotos que son limpios

La confianza que los hijos de la luz tienen en sus instructores es un fenómeno asombroso. Los Maestros Ascendidos nos enseñan que cuando un hijo de la luz confía en un instructor que no es de la luz, ello no tiene ningún efecto sobre su karma. Si cree y apoya a un instructor que o bien no es de la vocación más alta o bien es de hecho un instructor falso, Dios toma la devoción hacia ese instructor como si fuera devoción hacia el Cristo vivo (esto es una verdad absoluta) porque la confianza en ese instructor no tiene nada que ver con el instructor, tal como las dudas sobre el instructor no tienen nada que ver con el instructor. La confianza en ese instructor estuvo basada en un lazo interior con la Gran

Hermandad Blanca y un lazo interior con su Ser Crístico, y por eso la persona confiaba.

Por tanto, ahora nos queda ver a esas bellas almas de luz que confían y que defienden a sus instructores aun cuando los instructores las traicionan, aun cuando los instructores hacen cosas que evidentemente no están bien. Entonces, debido a que los instructores falsos los hipnotizan y los programan, están ahí por uno de esos dos motivos: porque están hipnotizados o porque son tan puros que son devotos inherentemente del Cristo.

Recuerdo, por ejemplo, cómo me crie en una religión que yo misma elegí cuando era pequeña, que era la Ciencia Cristiana. Iba a la escuela dominical. Y todo el tiempo cuando iba a la iglesia para que me enseñaran los maestros, tenía una devoción absoluta hacia ellos y hacia la enseñanza, pero interiormente, en mi alma, recibía la enseñanza de Dios y las Enseñanzas de los Maestros Ascendidos. Escuchaba lo que Dios me daba. Y así, el día en el que vi que había discrepancias y ciertos aspectos sutiles en la Ciencia Cristiana que no eran precisos y coincidían con la forma en la que los Maestros Ascendidos los enseñaban, no se me cayó el mundo encima, porque no estaba vinculada con la forma exterior. Estaba vinculada con la luz interior. Estaba vinculada con la luz de Jesús, de la Biblia e incluso de Mary Baker Eddy, que tenía una gran luz.

Y así, si las palabras no eran las precisas, si las enseñanzas no eran de lo más exacto, yo no estaba ahí por eso. Estaba ahí porque tenía una relación gurú-chela de verdad con Jesús y con Mary Baker Eddy, que está ascendida.* En aquella época ella estaba ascendida; yo tuve una relación viva y verdadera con ella. Mi percepción de Dios y de los Maestros Ascendidos era tal que cuando maduré, era tan real que podía ponerme ante los

---
*Teosofía, Diosa de la Sabiduría.

ancianos de la iglesia y la junta directiva y todos los líderes que había en Boston, y podía decirles que la percepción que tenían de la Ciencia Cristiana era inexacta.

Ellos no habían percibido realmente la verdadera ciencia divina que había detrás, y el hecho de que negaran a los ángeles y a los Maestros Ascendidos era una falsedad. Tuve que dar testimonio en ese templo y tuve que dar testimonio contra gente muy poderosa, muy rica y de mucha prominencia. Y a todos los líderes por los que sentía respeto pude decirles que su percepción de la verdad era inexacta.

Pero si hubiera sido una idólatra, si hubiera estado unida a la forma de la Ciencia Cristiana en vez de al espíritu, no podría haber hecho eso. Pero no se me cayó el mundo encima. Simplemente tuve que aprender el hecho de que cuando te encuentras en cierto nivel, recibes la religión a cierto nivel, lo mejor que la gente puede dártela. Dios intenta expresarse en todas las iglesias. Su espíritu se expresa en todas las iglesias, aunque las palabras exactas y las doctrinas y dogmas exactos en los que la gente cree no sean exactos. Sin embargo, debido a que esas personas son puras, una luz pura las atraviesa y bendice a la congregación.

Es un fenómeno maravilloso, cómo Dios, a pesar de la doctrina y el dogma erróneo, da su luz a sus dulces hijos. Y lo vemos en todas partes. Esto es cierto en todas partes. Allá donde la gente va a rendir culto, rezando a Jesús con sinceridad, con sinceridad tienen la luz de Dios, aunque el que predica predique una doctrina de infierno y condenación y aunque niegue la reencarnación y diga que soy una satanista. Eso no significa que esas almas tan dulces no reciban la luz de Dios si tiene el corazón limpio. Por tanto, Dios tiene una manera de circunvalar a los mortales y lo hace todos los días.

Una iniciación del corazón

Aquí tenemos la siguiente iniciación:

> Por tanto, pido que os detengáis mientras me pongo en contacto con las amadas huestes angélicas y les pido que derramen su resplandor en el cáliz de vuestro corazón.

Vuelve a ser una iniciación del corazón:

> Pido que os detengáis mientras me pongo en contacto con las amadas huestes angélicas y les pido que derramen su resplandor en el cáliz de vuestro corazón. Pido que os saturen con los rayos luminosos puros de su corazón, cargados con la esencia de rosas y la fragancia de pino.

Pino y rosas son un tema constante en la Hermandad; y también lo es el incienso. Por tanto, si aceptan el consejo, utilicen esas cosas si quieren.

> Pido que se os haga conscientes, pues, de la dulzura del alma de Dios que hay en vosotros y de la eterna Presencia de Dios en vosotros.

La dulzura del alma es la polaridad femenina del ser. Su alma es la polaridad femenina. Y la Presencia eterna es la polaridad masculina. Por tanto. Dios como Padre, Dios como Madre en ustedes es la conciencia.

Ahora bien, aunque no se digan las palabras, sé que el Señor Maitreya ya está empezando la expresión de sus fantásticas matemáticas y su ciencia que nos ha llegado con la percepción del formidable flujo en forma de ocho entre el alma y la Presencia YO SOY y todo lo que hemos aprendido sobre esa energía. Aquí está; y aquí las huestes angélicas nos dan la iniciación en nuestro corazón. La verdad expuesta con sencillez siempre contiene la matriz suprema de la enormidad que el alma descubrirá, no solo a lo largo de una década, sino a lo largo de muchas vidas, a lo largo de un período de conciencia cósmica después de ascender. Ustedes siempre descubrirán más y más cosas acerca de las dulces y sencillas enseñanzas de Jesucristo, inherentes a esas enseñanzas.

Y, como saben, los planos de conciencia entre el punto donde comprendemos a Jesús en el sentido físico y concreto y el punto donde ustedes y yo comprendemos tantas enseñanzas suyas, hay una aceleración tal desde el punto de la comprensión del alma hasta el punto de la comprensión a través de la Presencia YO SOY que a estos queridos cristianos en sus iglesias les parece que lo que decimos es la antítesis a lo que dijo Jesús, que es contrario a Cristo, que es satánico; cuando, de hecho, no es más que un conocimiento acelerado. Es como la violenta indignación que se produjo cuando hubo gente que sugirió que la Tierra era redonda después de que todos pensaran que era plana. Y esas perspectivas que tenemos, ver algo de cerca, después verlo a distancia y cambiar de perspectiva de modo que el testimonio cambia, la descripción cambia, y lo que parecía azul ahora pudiera ser rojo, se dice que una está bien y la otra mal, pero es sencillamente una cuestión de perspectiva. Existen opiniones de todo tipo acerca de nuestro universo, acerca de los cuerpos planetarios, acerca de la gravedad, acerca del centro de la Tierra, acerca de las estrellas, las cuales, cuando más conocimiento científico tenemos, más información tenemos, más testimonios distintos hay. Y la gente teme mucho ese cambio.

Por tanto, ese testimonio del espíritu y el alma y…

> … la eterna Presencia de Dios en vosotros es para siempre, para siempre, para siempre. No tiene fin. Por tanto, aceptad este don de las huestes angélicas que forman parte de mi grupo de luz.

Somos concebidos por Dios

Aquí hay una frase que dice que somos concebidos por Dios. La Virgen María me enseñó esta formidable revelación no hace mucho, sobre que el Espíritu Santo está presente en cada concepción: el padre y la madre (los padres físicos), el hijo, que es el alma entrante, y el Espíritu Santo. Por tanto, en la concepción de un hijo de Dios (recuerden que dije en la concepción de un hijo de Dios), el hecho de que el hijo es concebido significa que Dios concibió al hijo, que el Espíritu Santo estaba presente.

No existe la concepción de un hijo de Dios sin el Espíritu Santo. No importa si es una violación. No importa si no es algo intencionado. No importa si los padres no quieren al hijo. A niveles internos dieron su consentimiento. Si se concibe a un hijo de Dios, el Espíritu Santo está presente.

> Quiero recordaros que cada uno de vosotros fue concebido por Dios. Quiero recordaros que no pasasteis por la puerta del nacimiento accidentalmente, sino que vinisteis con una intención consciente y divina.

Escucho a los que están a favor del aborto gritar que los que están a favor de la vida quieren que sus creencias religiosas se conviertan en ley. No es una creencia religiosa, es una declaración de vida. Pero muchas personas que están a favor del aborto no son hijos de Dios, son la progenie del malvado. Y así, no tienen la vida de Dios en sí. Son capaces de asesinar a esa vida y les gustaría una filosofía que hiciera que los hijos de la luz asesinaran al que es Dios en ellos.

Algunos están preparados para las etapas cósmicas de iniciación

Maitreya se refiere a sí mismo como el Gran Iniciador, y habla de su interés en «el desarrollo de los chelas individuales al pasar por las etapas iniciáticas». Maitreya dijo que en la humanidad hay personas que están preparadas para las etapas cósmicas de iniciación. Creo que muchos de ustedes forman parte de ellas.

¿Saben dónde se encontraban el 21 de octubre de 1961? En otoño de 1961 Maitreya se asomaba desde esa sala en Boston, el chakra de la coronilla de los Estados Unidos, y los miraba a ustedes. Ahora estamos aquí y los está mirando otra vez, porque cuando se dio este dictado él me miraba a mí y sabía que Mark no estaría presente para iniciarlos a ustedes cuando llegaran. Por eso me miraba a mí, para que fuera el instrumento de esa iniciación que él les iba a dar.

Y los maestros nos han mirado cuando éramos bebés en la cuna, viendo las cosas que haríamos y con las que quizá soñábamos cuando éramos bebés en la cuna. Y nos miran antes de que encarnemos y patrocinan a nuestra alma. Pero hoy la misma frase es cierta:

> Algunos están preparados para etapas cósmicas de iniciación.

¿Dónde estarán ustedes dentro de dieciocho años? ¿Cuánto karma habrán saldado? ¿Ante qué audiencia y qué país de la Tierra estarán dando el mensaje del Señor Maitreya y, por tanto, dando a esa gente la iniciación cósmica que están esperando? Recuerden, es un vaso de agua fría en nombre de Cristo.

Cuando pienso en ese vaso de agua fría en nombre de Cristo, no sé por qué, pero siempre veo el viejo vaso medidor de latón que tenía mi madre en el cajón de las galletas. Y siempre tuvimos el mismo vaso durante los años de mi crianza, y acabó bastante maltrecho. Y cuando solía hornear algo, a veces bebía agua fría del vaso medidor. Recuerdo que estaba muy maltrecho. Y también me acuerdo de cuando era una bebé, alguien me dio una copa de plata. Esa copa está muy maltrecha porque se caía al suelo desde la trona donde me sentaba, y tiene todos los bordes golpeados.

Deben recordar la enorme visión de que Maitreya es el Cristo Cósmico. Él vierte el agua. Si no la capturan con el vaso de su ser, con su corazón, aunque sea de latón y esté maltrecho, no habrá ningún vaso con el que transferir esa agua viva de Vida eterna.

Y ese mensaje que él dijo: Ustedes son tan importantes para la Tierra, la Tierra los necesita tanto como necesita al Señor Maitreya; yo diría más, que la Tierra los necesita más que al Señor Maitreya, porque al Señor Maitreya siempre lo ha tenido. No es que él no haya estado aquí, es que no ha habido nadie que diera su mensaje. Jesús fue ese cáliz que ustedes son, que pueden ser, que pueden perfeccionar.

La Palabra es la progenitora de su ser

«La Palabra de Dios es la progenitora de cada individuo», no sus padres humanos, no su ancestro humano, no su raza, no su religión. La Palabra es la progenitora de su ser.

Esa es la declaración de una ley. Y cuando sufran en su cuerpo físico estados hereditarios, cuando sufran de problemas emocionales que tenían sus padres o sus antepasados, cualquier cosa que crean que se les niega debido a una herencia humana, recuerden esta declaración de la Ley: *La Palabra de Dios es la progenitora de mi alma*. Hay que decirlo como un fíat. Díganlo como un fíat como lo diría su Ser Crístico, como lo diría un abogado que les estuviera defendiendo ante el mundo, ante todas las mentiras insidiosas de este mundo que dicen que tienen que vivir un corto período de tiempo y que solo pueden hacer esto o lo otro porque su herencia los limita.

Esa es una declaración de plenitud. Es una declaración de

sanación. Es una declaración científica de su ser. Si pueden leer un dictado y subrayar las frases que son leyes, leyes absolutas, principios de su vida, y luego aprenderlas y familiarizarse con ellas, surgirán en su conciencia en el momento de mayor necesidad.

No es necesario que tengan una limitación humana debido a sus antepasados. Jesús rompió toda esa ley con su vida. La Palabra de Dios...

> ... es tangible y real, es inteligente, ¡es luz! Y en ella no hay sombra, ni sombra de variación.

Dios da «dones de poder jerárquico» a los maestros ascendidos, cargados de impulsos acumulados; a los elementales también. Y la conclusión evidente es que, si puede dar poderes jerárquicos a los maestros ascendidos, nos los puede dar a ustedes y a mí. Y nos los ha dado. Nos ha dado nuestra Presencia YO SOY, el duplicado, «jamás separado del Sol Central». Ustedes no están separados nunca del Gran Sol Central, ¡nunca!

El quinto dictado, que ya escuchamos hoy, habla del Gran Sol Central. Su Presencia YO SOY es un duplicado.

La protección del Arcángel Miguel

> Cuando un individuo despierta para ser consciente del poder de la divinidad, ha nacido un iniciado en la escena mundial. La estrella de Belén aparece...

Y Dios sella a esa corriente de vida. «Desde el corazón de Dios» hay protección «a través de la jerarquía angélica presidida por el Arcángel Miguel».

Yo doy fe de ese hecho. Doy fe de la presencia personal del Arcángel Miguel protegiéndome de la muerte física y de cualquier compromiso de la luz que pueda haber tenido lugar en mi vida antes de entrar en contacto con la Hermandad y antes de ser mensajera. Recuerdo que la presencia del Arcángel Miguel era tan fuerte que no podía mover la mano o el brazo contra la presencia de ese ángel formidable, que me protegía de los peligros. Y no lo supe hasta después de oír su voz en el primer dictado que escuché, que era la presencia del Señor que me había protegido.

Por tanto, Maitreya está hablando de tres personas en la sala que habrían muerto sin la protección de su Presencia YO SOY y su ángel de la guarda.

Había una persona en la sala de la que les hablé, de hecho se trata de la persona de la que les hablé y a la que vi que sacaron de la Gran Hermandad Blanca quitando el eslabón de la cadena. Y durante un período de tiempo estuvo ausente de nuestro servicio, y después hubo otro período en el que volvió y trabajó para mí, y después se volvió a marchar y lo echaron para siempre.

Durante el período en el que estuvo ausente, antes de que volviera, yo veía a diario una proyección, una visión, una imagen, digamos, de él habiendo sufrido un accidente muy grave. Me veía a mí misma ir al hospital y decretando y rezando por él cuando estaba en el hospital. Y cada vez que tenía esta visión invocaba a Dios Todopoderoso para que la transmutara. El día en el que decidió volver, ayudarme y trabajar conmigo, vino al Áshram y estaba pálido con un fantasma.

Me dijo que iba conduciendo por la carretera; iba por una zona de dos carriles y llegó a un semáforo. Estaba en el carril interior y había otro automóvil, y miró hacia el lado y vio a un automóvil acercarse a toda velocidad por la carretera. Lo percibió tan rápidamente que dio marcha atrás y se quitó de en medio. El otro automóvil se acercó a toda velocidad y se produjo un gravísimo accidente entre ese automóvil y el que estaba en el carril de al lado. Fue un accidente muy grave, y él no sufrió ni un rasguño.

Morya me enseñó que el karma de ese accidente se debía a

la traición a la luz por parte de esta persona y que, debido a que había decidido cambiar y servir a la luz, ese karma había sido apartado. Había sido apartado por la intercesión de la mensajera. Yo había recibido el aviso. Había hecho llamados. El accidente se evitó.

La persona que tuvo el accidente era una persona cuyo karma no se mitigó y cuya energía permitió y atrajo eso a su campo energético. Por tanto, no es que se hubiera hecho una injusticia. Esta persona llegó y prestó un servicio a la organización, desobedeció y finalmente se marchó. Rezo para que su alma esté a salvo y, evidentemente, no tengo ningún deseo de que nada de esto le pase a la gente. Pero lo he presenciado, y les debo decir que esa protección se da cuando la persona tiene un lazo con los maestros ascendidos. Y cuando se tiene el vínculo, ellos te sostienen absolutamente a través de todas las dificultades.

La enorme protección dada va más allá incluso de nuestra imaginación. No nos podemos ni imaginar a veces cómo salimos ilesos de algún accidente. He visto a gente de este personal salvar la vida milagrosamente en las carreteras. Existe una gran protección. Y, en lo personal, yo misma nunca estaría sin un gurú. La vida deja de existir cuando nosotros dejamos de tener un lazo con los emisarios de Dios, porque ellos son Dios. Los maestros ascendidos son Dios en manifestación.

Expresen su disponibilidad a renunciar al viejo yo

Valoro mucho el significado que se nos da del término *YO SOY,* que significa «ser», «existencia» y «dicha». Se nos dan esas tres palabras.

Maitreya está hablando de la experiencia continua, la conciencia continua de que no hay muerte. El niño de Dios, el hijo de Dios, no experimenta la muerte porque tiene un alma y una llama trina. Una serie de conciencias ininterrumpidas, a lo largo del día, a lo largo de la noche, a lo largo de las encarnaciones; y esa era la ilustración de la tumba. Los iniciados se reúnen por la noche.

Les insto a que acepten como lo haría un niño pequeño la promesa de la libre comunicación con los maestros ascendidos y que eso les ocurrirá a ustedes. Les insto a que acepten esa posibilidad de la comunión precisa, no una comunión psíquica, no una experiencia psíquica que uno no quiere, no a través del cinturón electrónico, no una comunión de su conciencia humana con los maestros ascendidos, sino el contacto directo, cara a cara, con la Hermandad.

La raza necesita la ayuda de los maestros ascendidos. Estamos dispuestos a dar esto. Pedimos que hagáis el llamado dentro de vosotros mismos; no pedimos que tengáis que hacer la declaración sobre vuestra intención interior ante los hombres.

Un aspecto de mucha sabiduría es, antes de irse a dormir…

… que hagáis un llamado a Dios, a vuestra poderosa Presencia YO SOY, y que le pidáis que guíe vuestros pasos para que podáis entender el poder de la luz, el poder de los maestros ascendidos, el poder del Cristo en acción; y que elijáis conscientemente progresar más en las cosas del Espíritu, que ya no os aferréis a aquello que pasa, a las «primeras cosas», sino que afiancéis dentro del velo esa permanente conciencia Divina que ningún hombre puede quitaros.

Y entonces formaréis parte de nuestro grupo y habréis comenzado en vida nueva.

Algo que vuelve a mostrar que ustedes tienen una iniciación, que tienen una oportunidad de formar parte del grupo de Maitreya y sus ángeles.

Pero él les pide que hagan algo. A Naamán, el sirio, se le pidió que se lavara siete veces en el Jordán. Él casi no lo hizo, de no haber sido por su siervo.[30] A veces las pequeñas cosas que nos pide el maestro son tan sencillas que olvidamos hacerlas.

Se acordarán, desde las seis y media de la tarde hasta la hora a la que se acuesten esta noche, hacer …

> … un llamado a Dios, a vuestra poderosa Presencia YO SOY, y que le pidáis que guíe vuestros pasos para que podáis entender el poder de la luz, el poder de los maestros ascendidos, el poder del Cristo en acción; y que elijáis conscientemente progresar más en las cosas del Espíritu, que ya no os aferréis a aquello que pasa, a las «primeras cosas».

Es decir, están pidiendo poder despojarse del viejo hombre y vestirse del nuevo, expresarle a Dios una disponibilidad a renunciar al viejo yo, «para que afiancéis dentro del velo», es decir, afianzar aquí, en esta octava, la «permanente conciencia Divina que ningún hombre puede quitaros». Si se hace ese llamado, «formaréis parte de nuestro grupo y habréis comenzado en vida nueva».

Y él ya les dijo lo que sucede cuando nace un iniciado: este tiene la protección absoluta de la Hermandad. Al final serán vencedores.

> Y entonces formaréis parte de nuestro grupo y habréis comenzado en vida nueva, renovando la conciencia de los átomos y electrones de vuestro cuerpo, cargándoos con el fuego sagrado. Acabaréis siendo triunfadores, no vencidos.

Se ofrece la iniciación total de su ascensión

Por tanto, aquí ha habido varias iniciaciones: el resplandor de luz y la petición de que hagan el llamado a Jesucristo, llevando la luz resplandeciente a su campo energético, soplando sobre nosotros el sentimiento cósmico para que podamos despertarnos en nuestras células a la gloria de Dios, que está presente allá donde estemos. Esa es la iniciación en la que él viene como un padre a soplar sobre ustedes acerca del sentimiento cósmico de la gloria de Dios allá donde se encuentren. No quiere que sean víctimas de la densidad de la conciencia de las masas. Él nos da la pausa para la iniciación de entrar en contacto con las huestes angélicas, derramando su resplandor a través del corazón. Y el propósito de eso es que ustedes entren en contacto con Dios como su alma, Dios como su espíritu.

Aquí se ofrecen varias iniciaciones. En efecto se ofrece la iniciación total de su ascensión. Si simplemente se despojan del viejo hombre y se visten del nuevo, podrán resucitar a los hombres de los muertos, podrán sanar a los enfermos, limpiar a los leprosos, etc. Deben saber que esto es cierto.

Y ahora, la promesa: si hacen el llamado a Dios para que les guíe, para que les dé el conocimiento del «poder de la luz, el poder de los maestros ascendidos, el poder del Cristo en acción», y si deciden progresar en las cosas del espíritu, y si se despojan del viejo hombre y se visten del nuevo, «formarán parte de nuestro grupo».

Les pido que se pongan de pie ahora para que pueda hacer una invocación.

Amado Señor Maitreya, invoco todo el poder del Imán del Gran Sol Central para acelerar en estas almas el gran sentimiento cósmico de Dios Todopoderoso presente aquí y ahora, y el dulce sentimiento de la relación del alma con la Presencia YO SOY a través del Mediador, bendito Jesucristo, y su propio Ser Crístico.

Pido la intensificación del conocimiento de la dulzura de la relación gurú-chela que compartimos. Pido la iniciación de la confianza, la confianza absoluta en uno solo, Dios Todopoderoso. En Dios ponemos nuestra confianza. Pongo mi confianza en el

Dios del chela tal como el chela pone su confianza en el Dios que hay en los maestros ascendidos y sus mensajeros. Y, por tanto, confiando en Dios dentro de unos y otros, nunca nos decepcionamos con la idolatría humana dentro del yo o dentro de otro yo.

Dios Todopoderoso, pedimos que envíes la luz de la Poderosa Astrea. Haz retroceder toda la nocividad para las almas de luz en el Sendero. ¡Hazlo retroceder! Oh, amado Arcángel Miguel, en respuesta al llamado de los grandes avatares eternos, te pido que ates a los demonios de la condenación que se interponen en el camino de los chelas de la luz que se acercan.

¡Haz resplandecer la luz de nuestro corazón! ¡Haz resplandecer el poderoso haz de Summit! ¡Haz resplandecer ese intenso rayo luminoso! ¡Haz resplandecer ese intenso rayo luminoso! ¡Hazlo resplandecer, oh luz de Dios, y que el haz de nuestro Cámelot sea el haz de todo el Espíritu de la Gran Hermandad Blanca amplificado por nuestras almas para que las almas de luz en los Estados Unidos lleguen con rapidez a la percepción de su Presencia YO SOY y los Maestros Ascendidos!

En el nombre del Padre, el Hijo, el Espíritu Santo, en el nombre de la virgen Cósmica, amén.

26 de enero de 1979

QUINTO CAPÍTULO

La iniciación del Espíritu Santo

Algunos de los mejores chelas que conozco son gente activa. Es apasionante producir un plan de acción de la Hermandad, reunirse con un grupo de chelas y que uno de ellos diga: «¡Hagámoslo!». Eso hace que se atraviese el nivel del cuerpo etérico, el cuerpo de la memoria, el cuerpo mental, el cuerpo emocional, y pone las cosas aquí mismo, en las líneas de las nueve, que es la línea de la acción, una línea de acción extraordinaria. Es apasionante estar en ese punto. ¿Han escuchado la conferencia sobre el reloj cósmico de julio de 1976? Vamos a ver si se la ponemos un día por la mañana de esta semana. Tiene muchas diapositivas, y la hemos incluido en el libro de esa conferencia, que es un libro en rústica que está casi terminado.[1] Fue una gran conferencia. El reloj kármico básicamente muestra en qué punto estamos con respecto al cien por cien de nuestro karma saldado.

El cien por cien es todo el reloj, ¿verdad? Por tanto, si lo dividimos, cada cuadrante sería un veinticinco por ciento. Normalmente una persona debe tener aproximadamente un veinticinco por ciento de su karma saldado para desear estar en el sendero del discipulado. Y cuando se salda ese veinticinco por ciento, se despierta la mente del Cristo Cósmico y se quiere saber: ¿quién soy?; quién YO SOY.

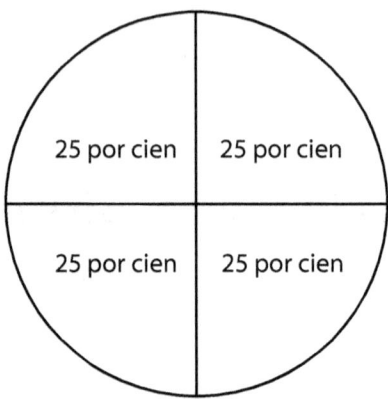

FIGURA 1
El reloj cósmico

Por debajo del veinticinco por ciento la persona está tan oscura que es casi como un animal. La gente animal de la Tierra está tan llena de alimentos y vibraciones animales que ni siquiera ha descubierto el hecho de que no sabe quién es. Simplemente forma parte del rebaño, parte de la conciencia de las masas. Y se siente igual de feliz que el ganado que come, pastando en los montes. Se ha convertido en lo que come.

Cuando la persona puede deshacerse de toda esa densidad, puede llegar a percibir: «Pero si no sé quién soy. Esto me perturba. Quiero saber quién soy. Debo encontrar al gurú que me lo pueda decir». Cuando llegamos a la línea de las seis de la Madre hemos saldado el 50 por ciento. Un grado más allá de la línea de las seis y tenemos el 51 por ciento del karma saldado y cumplimos el requisito para la ascensión.

Esfuércense para saldar el cien por cien de su karma

Bien, Lanello dio aquel famoso dictado en uno de mis cumpleaños más recientes, en el que dijo: «Quiero que los chelas y los miembros del personal se esfuercen para saldar el cien por cien de su karma. No quiero que volváis con un cincuenta y un por ciento. Podéis hacerlo. Quiero que vayáis más lejos»[2]. Pero cuando vamos más lejos nos encontramos con todos los sufrimientos y todo lo que Jesús atravesó.

Es todo el plano astral, la noche oscura del alma, el llevar la cruz del karma del mundo, el descenso a los infiernos, el afrontar los impulsos acumulados de locura, el exorcismo a los demonios. Ahí es donde necesitamos al Espíritu Santo. Ahí es donde necesitamos acción. Es uno de los períodos más difíciles de la existencia, de la iniciación de cualquier chela.

Cuando Mark ascendió, El Morya anunció que yo había saldado el cincuenta y un por ciento de mi karma y eso quería decir que Lanello estaba dispuesto a marchar. Estaba dispuesto a marchar porque sabía que yo lograría volver al Origen. No quería marcharse de este plano antes de saber que yo podría lograr triunfar. Pero eso no supone una garantía absoluta, porque es posible retroceder e incurrir en más karma y perderlo. Por tanto, si se ofrecen a quedarse más allá del cincuenta y un por ciento, estarán asumiendo un gran riesgo.

Cuando llegamos con Sanat Kumara teníamos un gran impulso acumulado de luz. Teníamos la luz. La perdimos. La perdimos hasta el punto en el que dejamos de cumplir los requisitos para ascender. Por supuesto, el requisito del cincuenta y un por ciento es una dispensación de este siglo. Antes siempre había que saldar el cien por cien para poder volver a Dios. Con la llegada del Cristo Cósmico, los gurús y Jesucristo, finalmente en este siglo nos han reducido el requisito hasta el cincuenta y un por ciento, lo cual actualmente es la mejor ganga del mundo.

Las iniciaciones del tercer y el cuarto cuadrante

Es evidente que yo me quedé y que no me quedo quieta. Por eso sé de lo que hablo. Ese tercer cuadrante es una gran iniciación. Pero el gran beneficio de querer continuar y pasar por eso es por lo que, después haber nadado en esa cloaca astral durante los años necesarios para atravesarla, salimos por la línea de las 9 del Espíritu Santo.

Esta es una línea muy importante porque no hace falta haber saldado el setenta y cinco por ciento del karma para estar ahí. Ustedes pueden estar ahí independientemente de dónde se encuentren en el reloj, siempre que tengan un lazo con el gurú, siempre que tengan un lazo con los que sí han llegado ahí, los que sí lo han logrado. Necesitan a alguien con ustedes que haya puesto a ese mar astral bajo sus pies. Y se quiere que algún día ustedes lleguen a ser esa persona, que estén ahí por méritos propios.

Cuando lleguen a ese punto tendrán unas iniciaciones muy serias en el cuadrante físico, en la línea de las nueve, las diez y las once. Pero tendrán un setenta y cinco por ciento de impulso acumulado apoyándolos. Y la ventaja que tienen con respecto a todos los santos que han pasado por eso es por lo que ustedes tienen una iluminación suprema. Ustedes tienen una iluminación que los santos de las iglesias de Oriente y Occidente nunca tuvieron. Tenemos muchísimas enseñanzas que nos dicen lo que está sucediendo. Son muy directas y determinantes. Es la enseñanza de Omega. Es el gran don del conocimiento que nos hace comprender las fuerzas que operan en el mundo y cuál es nuestra posición en ellas.

El otro don que tenemos es la comunidad. Estamos juntos. Nos fortalecemos y comprendemos mutuamente. Nos comprendemos unos a otros al atravesar esa noche oscura del alma, el plano astral. Entendemos los síntomas y permanecemos hombro con hombro y nos ayudamos mutuamente. Eso es algo que muchos adeptos de épocas pasadas no han tenido. Ellos estuvieron solos. También tenemos la presencia y la intercesión de la Gran Hermandad Blanca y el conocimiento de su existencia. La ciencia de la Palabra hablada es el regalo de Saint Germain en este siglo. Es un beneficio enorme.

Esos factores explican por qué uno puede avanzar más del cincuenta y un por ciento. Hasta que no lleguen a ese punto, no puedo enfatizar lo suficiente la importancia que tiene el lazo con la jerarquía. No pueden triunfar sin estar en la cadena de los que lo han conseguido. En el tercer cuadrante hay aguas muy perturbadas. Son aguas peligrosas y se necesita una cuerda salvavidas para continuar. Pero para tener la autoridad de precipitar en lo físico se necesita estar con los que ya lo han hecho.

El discipulado comienza en la línea de las 9

Por tanto, digamos que están aquí, en la línea de las cuatro, o en cualquier punto de este cuadrante entre el 25 y el 50 por ciento, que es donde están la mayoría de los estudiantes. Aquí es donde están posicionados. Cualquiera sea el punto donde se encuentren en esa zona, pueden relacionarse con el signo Libra, la experiencia del Espíritu Santo, siempre que tengan a la Hermandad, siempre que tengan la cadena jerárquica.

Así pues, la línea del signo de Libra es la acción del Espíritu Santo. Y esa es la acción de la labor sagrada y del chela. El discipulado no empieza en realidad hasta que no se esté en esa línea. Puesto que no podemos estar en esa línea hasta que hayamos saldado ese karma, debemos tener al gurú con nosotros. Debemos tener al gurú. Las enseñanzas orientales hacen mucho énfasis en esto. No importa qué corriente de la enseñanza escojamos, si es la enseñanza verdadera, ese será pondrá el énfasis. Se necesita la cuerda salvavidas y los Maestros Ascendidos la proporcionan.

Por tanto, cuando Maitreya viene y dice que debemos tener una labor sagrada, el entiende que a menos que podamos ocupar la posición del Espíritu Santo y ser Dios en acción, no estaremos realizando nuestro discipulado en realidad, porque el discipulado es amor. El amor es el cumplimiento de la ley de la relación gurú-chela.

Ahora miren a los hijos de Israel. Ellos interactuaban con el Padre. El principio del Padre en Abraham y en los profetas era el gurú. El Padre imponía la Ley. Si obedecías la Ley, estabas protegido. Si la desobedecías, te sobrevenía una destrucción rápida y repentina. Esa era una enseñanza kármica, pero no era la totalidad de la relación gurú-chela. En Israel no había demasiados chelas. Eran niños que aprendían una ley y que recibían unos azotes cuando la desobedecían. Era el aprendizaje de la relación con el Padre.

La llegada de Jesucristo… él es el Mediador y es el gran Gurú que a través de su conciencia Crística carga con el karma del mundo, que carga con el karma de sus discípulos para que estos puedan ir de dos en dos, de puerta en puerta, de pueblo en pueblo, de ciudad en ciudad, allá donde él vaya. Así pues, se convierten en evangelizadores de Jesucristo y en portadores del Espíritu Santo, porque él, en la posición del Cristo, mantiene el equilibrio del karma no transmutado de ellos. Y al lavarles los pies les dice que tiene que lavárselos: «Si no te lavare, no tendrás parte conmigo».[3] Y les dice que aún no están limpios del todo, aún no están libres de karma.

Así, la introducción de Maitreya es la oportunidad de ponernos en la línea de la 9 antes de ganárnosla. Es la oportunidad de llevar el manto del gurú, de probárnoslo a ver cómo nos queda, de tener la Presencia Electrónica de los gurús. Y por escoger ser un chela y estar unido al gurú que está ahí acompañando, podemos llevar a cabo su labor en su nombre. Y hacer el trabajo en su nombre acelera esta espiral de transmutación de los abusos de este cuadrante, de este cuerpo mental, así como del etérico.

Karma en los cuatro cuerpos inferiores

Ahora bien, al mirar el reloj cósmico no quiero que piensen que el primer veinticinco por ciento de su karma significa equilibrar solo el cuerpo etérico, el segundo solo equilibrar el mental y así sucesivamente. No es así como hay que ver este reloj. Hay que verlo considerando el hecho de que todo el karma que tengan por abusar del elemento fuego afecta a todo el reloj. El primer veinticinco por ciento del karma que salden se distribuirá de forma igual por todo su subconsciente. Lo mismo ocurre con el segundo, el tercero y el cuarto. Pero lo representamos en el reloj para que puedan entender los niveles de maestría y las jerarquías bajo las cuales reciben las iniciaciones del Cristo Cósmico.

Es decir, cuando hayan saldado el veinticinco por ciento de su karma —fuego, aire, agua, tierra; etérico, mental, emocional, físico— estarán entrando en las iniciaciones de la jerarquía de Aries para establecer YO SOY QUIEN YO SOY por la llama del control Divino y se encontrarán con sus impulsos acumulados del ego, el yo irreal. Pero se encontrarán con esos impulsos acumulados tal como hayan afectado a las demás líneas de su reloj, cada fase de su conciencia humana. Por tanto, ese será el punto en el que estarán en su iniciación.

Pero, evidentemente, cada acto kármico afecta a los cuatro cuerpos inferiores, especialmente el karma mental, porque cuando llevamos a cabo acciones, utilizamos la mente. Por tanto, no hay ningún karma en el cien por cien de la energía que hayan usado del que no sean responsables por la utilización de su cuerpo mental.

El período en este cuadrante mental es el período de Summit University, es el período de preparación. Es el período de la llama de la sabiduría. Y cuanta más sabiduría tengan, si tienen motivos puros, más transmutarán esa sabiduría.

La sabiduría es transmutativa. La llama amarilla transmuta la ignorancia. Los siete rayos son de por sí transmutativos si la voluntad es pura, si el deseo es puro. Si su deseo no es puro, pueden bañarse en una llama y después, cuando la llama haya pasado, seguir teniendo en su campo energético el hedor de la arrogancia o la ignorancia.

La razón que justifica la relación gurú-chela (entre las miles de razones, esta es una clave) es que, para poder triunfar en el Sendero, deben estar integrados de una manera activa con el Espíritu Santo. Su karma no les permite estar integrados. Por tanto, deben estar con alguien que esté integrado para poder pasar las iniciaciones que hay que pasar para ascender.

La figura del gurú se encuentra en todas las religiones del mundo

El gurú no ha desaparecido de ninguna de las religiones del mundo. Ya sea Mahoma, la Virgen María, Jesucristo o los profetas, la gente es consciente de que necesita un líder. La gente es consciente de que necesita a alguien a quien pueda seguir. Y los que se han decepcionado con la vida y con el mundo, que dicen: «No voy a seguir a nadie, porque estoy muy decepcionado con todos los instructores falsos», realmente han perdido el hilo de la jerarquía. Sin embargo, puede ser un período y una experiencia muy saludable retirarse de aquellos que uno sabe que no son aptos y esperar en la paz del Yo Interior a que llegue el instructor adecuado o la venida del amanecer del día de su Ser Crístico o su Presencia YO SOY. Creo que todos hemos pasado por eso. Pero están los que no lo hacen con humildad o sinceridad, suplicando sinceramente a Dios para que les dé respuestas. Hay gente que lo hace con un total desafío al orden jerárquico. Y dicen que lo hacen por el comportamiento horroroso de los líderes que han conocido: «Porque tal y cual, y tal y cual han sido horribles, no voy a formar parte de ninguna organización. No voy a seguir a nadie». Eso es simplemente tomar a otros caídos y sus bufonadas como excusa para justificar el desafío que sienten hacia Dios Todopoderoso.

He visto hacerlo a varias personas. «No voy a la iglesia porque el sacerdote hizo esto y lo otro». «No voy a la iglesia porque el ministro era un hipócrita». Y treinta años después siguen contando la misma historia y siguen sin ir a la iglesia. Eso no es más que rebelión, porque no hace falta estar muy desarrollado para entender que Dios está ahí y que uno no tiene que caer y adorar al ídolo del sacerdote o del ministro, y porque ellos nos hayan fallado, entonces nosotros le fallaremos a Dios.

Eso es un argumento muy malo, pero es uno de los argumentos de los caídos, una de sus excusas para no ser fieles a Dios y a sus siervos. Y cuando se examinan sus excusas a la luz de la verdad, vemos que todas ellas son bastante malas. Pero ellos las dicen con tal fiereza y con tal intensidad, que su emotividad detrás de las malas excusas parece salir ganando.

No se dejen intimidar por los que no tienen la mente Crística

Es como los argumentos del aborto. No existe ningún argumento real que pueda darse y que tenga sentido. Pero se argumenta en favor del aborto con la intensidad y energía de estos ángeles caídos, lo cual atenaza y paraliza a los países, lo cual paraliza a la gente. La gente en realidad no está convencida de los argumentos, pero está siendo hipnotizada y atenazada, literalmente atenazada por la energía, por el golpe que produce.

Creo que deben comprender que no deben dejarse intimidar por las personas que no tienen ninguna lógica, ningún Logos, ninguna mente Crística, con sus diatribas, sus denuncias y su emotividad, pero con una lógica y una mente de la conciencia de Dios muy débil. Y así, cuando se encuentren con toda esa energía, deben aprender a reconocer el impacto repentino en su plexo solar, en su cuerpo. Nos llega a través del televisor. Nos llega a través de la conciencia de las masas. Después de varios años de lo mismo, de repente decimos: «Pero que está pasando aquí; me voy a poner a revertirlo».

Ahí es cuando necesitamos la voz firme y la energía de Dios firme, que impulsa de nosotros y afirma la verdad con autoridad. Jesús hablaba con autoridad y no como los escribas.[4] Y la autoridad de su voz llevaba una espada de doble filo que revertía esa psicología calculada minuciosamente de los malvados. Ellos saben que están lanzando un golpe al plexo solar con sus mentiras. Y saben que sus mentiras no se sostienen cuando se las pone a la luz del sol.

Ahora bien, no hay que llenarse de emoción, sino que hay que ser muy firmes y muy decididos al pronunciar la Palabra. Hay que afirmarla y hacerlo con la mayor sencillez, porque la verdad que derrota a esas mentiras y a esa energía es muy sencilla. Ustedes pueden hablar con la Palabra que sale de mí ahora, de mi alma, de mi Ser Crístico, de mi Presencia YO SOY. Y sale de mi gurú porque mi gurú y yo somos uno solo, porque yo obedezco a mi gurú lo mejor que sé hacerlo. Y por estar unida a mi gurú, estoy unida a todo el Espíritu de la Gran Hermandad Blanca.

Y, por tanto, cuando hablo, lo hago con toda la autoridad de los Maestros Ascendidos y todo el impulso acumulado de los triunfadores de la era. Cuando caminamos en esa luz y hablamos con esa luz y no comprometemos nuestro honor ni nuestra dignidad personal, aumentaremos más y más el respeto por nosotros mismos y, consecuentemente, el respeto que nos tengan los demás.

Hablen con la autoridad del Espíritu Santo

Lo que digan cuando tengan esa autoridad será la Palabra del Espíritu Santo. Es la combinación del impulso acumulado del Espíritu Santo de todos los que han ascendido. Y ese factor multiplicador es el motivo por el cual la Gran Hermandad Blanca puede dar el poder a sus chelas. Ese es el poder que Jesús ejercía. Él tenía un contacto total con cada ángel, con cada ser cósmico. Por eso dijo en el momento de su crucifixión: «¿Acaso piensas que no puedo ahora orar a mi Padre, y que él no me daría más de doce legiones de ángeles? ¿Pero cómo entonces se cumplirían las Escrituras, de que es necesario que así se haga?».[5] Y dijo: «Ninguna autoridad tendrías contra mí, si no te fuese dada de arriba».[6]

El contacto instantáneo con la Gran Hermandad Blanca nos da la autoridad al instante de tener con nosotros, al afrontar el mundo, a doce legiones de ángeles o la Presencia Electrónica del Maestro Ascendido que invoquemos. Esa es la autoridad que hace falta para derrotar la palabra de los anticristos, que van y manipulan la sociedad, la educación y todos esos campos de actividad humana. Y esos varios campos de actividad humana necesitan a gente culta que también esté dotada del Espíritu Santo y que penetre en ellos, que saque la verdad a relucir y que saque a relucir el error.

Yo investigo lo mejor que puedo para obtener información sobre los distintos campos y llevársela a ustedes en las conferencias, dando conferencias de dos, tres o incluso cuatro horas sobre un área en concreto, arrojando luz sobre algunos de los problemas más evidentes. Pero hay áreas a estudiar e investigación que llevar a cabo que requieren una especialización.

Por ejemplo, hoy recibí una petición por escrito de una mujer que decía: «¿Por favor, podría hacer una exposición en la próxima conferencia sobre la profesión médica y su costumbre de utilizar agentes químicos para combatir las enfermedades y el patrocinio que las compañías farmacéuticas dan a los colegios médicos y, por consiguiente, el tratamiento de la enfermedad en vez de la prevención; la tiranía que está teniendo lugar al evitar que la gente dé un tratamiento a su cuerpo, ya sea con laetrilo o cualquier otra cosa que quiera hacer?».

Hay que hacer una exposición del mal como un «velo de energía» en la profesión médica. Los maestros han hecho comentarios en los dictados. Yo nunca he hecho una exposición completa sobre la profesión médica porque sé que, si la empezara a hacer, requeriría una enorme cantidad de investigación y no me considero apta a nivel humano para explorar todos los métodos de curación, investigar el campo quiropráctico, ortopédico, todas las formas que hay de naturopatía y las distintas clases de ciencias que se utilizan en la actualidad. No he intentado hacer una exposición así porque me parece que hay que aportar un mayor profesionalismo de lo que yo tengo, el deseo o la oportunidad de aportar en un mensaje así.

Sé lo que se necesita y sé a lo que me enfrento. Sé la dificultad que tiene afrontar la profesión médica. Son los príncipes de este mundo. Esta profesión es la élite de poder. Lo que yo hago es hacer invocaciones para atar a las fuerzas de los planos internos que son la fuente de su poder. Con el uso de la ciencia de la Palabra hablada se produce la destrucción desde dentro.

El papel del chela consiste en usar al Espíritu Santo

Lo que quiero decir es que el papel del chela consiste en usar al Espíritu Santo, la acción del Espíritu Santo, en todos estos campos de actividad humana. Ese es el papel de alguien ungido por el gurú con su manto. Y de acuerdo con su cuerpo causal, su plan divino y su desarrollo, ustedes pueden tomar la gran destreza de la espada de doble filo y llevarla más allá de lo que yo lo hice, ya sea exponiendo a Marx o a la KGB. Incluso una conferencia de dos o tres horas es solo el principio de lo que se necesita de verdad para precipitar la derrota final de esa oscuridad. Por tanto, el discipulado se convierte en la transformación de la intensa luz de fuego blanco del gurú a la humanidad.

Simplemente quiero que recuerden esta figura en forma de ocho. El gurú está en el punto de la Presencia YO SOY. El chela intenta sostener el punto del Mediador y del Ser Crístico. Y las almas de la humanidad están en el otro lado de la figura.

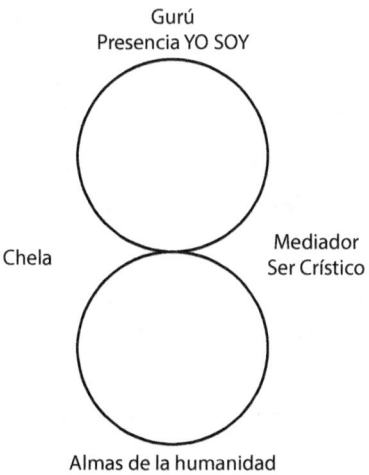

FIGURA 2

El flujo en forma de ocho entre el gurú y las almas de la humanidad

Sabemos que la Presencia YO SOY nunca interacciona directamente con el alma. La Presencia YO SOY siempre interacciona con el alma a través del Mediador, el Hijo. El gurú que manifiesta la energía pura de Dios da esa energía como conocimiento y como declaración de la Ley y como aplicación de esa Ley en los asuntos humanos.

Pero a cierto punto se da el relevo. El chela como mediador toma esa energía y la vuelve a traducir para las almas de la humanidad. Y así tenemos un flujo en forma de ocho: la persona que está en el nivel del Cristo le quita las primeras vainas y velos de oscuridad al mundo.

¿Han visto cómo se hace el algodón de azúcar? Sabrán que está hecho de hilos. Ustedes continúan sacando del mundo esa sustancia, que se transmuta en sus sesiones de decretos, y así elevan el nivel de la humanidad para poder alimentarla con la luz que necesita sin hacerle daño. Lo que le dan a la humanidad para alimentarla con la enseñanza les llega a ustedes en cápsulas muy, muy concentradas en dictados y en conferencias intensas y muy potentes.

Cómo exponer al mal encarnado

Esta mañana hablábamos de los «archivos confidenciales», de *El toque de Shiva*. Esas cintas no se pueden producir de ninguna otra manera. Eso es lo que ha dicho el Consejo de Darjeeling. Deben tener las invocaciones. Deben tener los llamados a Shiva. Deben tener todo lo que de hecho evita que la gente normal las escuche, porque el mensaje es muy duro ya que expone al mal encarnado.

Las personas que han intentado exponerlo en el pasado sin bañarse en la llama de Alfa han quedado destruidas. Han sido asesinadas, han enfermado y han muerto, han desaparecido de la faz de la Tierra. No han podido lidiar con aquello que estaban exponiendo. Hacen bien su labor durante unos años, pero no pueden continuar.

Por tanto, la gran clave está en hacerlo como una extensión de la jerarquía. Yo misma lo hago como una extensión de los gurús. Su manto es una mantilla que me arropa. Y esas invocaciones traen un poder enorme a nuestras reuniones para que incluso ustedes puedan soportar la intensidad del contacto con los registros originales del satanismo de Karl Marx. Ese satanismo los lleva en vibración a Satanás y todas sus legiones. Están en el mundo, y no hay forma de desafiar a ese mal, exponerlo, ganar y sanar a la Tierra de su amenaza sin el equilibrio del flujo en forma de ocho.

Por tanto, estas cintas no las entendería la gente destacada de nuestra sociedad, por el grito de «¡Shiva!», los decretos dinámicos y las invocaciones. Sus oídos no están sintonizados con ese tipo de energía, no están sintonizados con el Espíritu Santo. Cuando el Espíritu Santo habló a través de San Esteban, ellos se taparon los oídos y les rechinaron los dientes, y no pudieron soportar escucharlo.[7]

Y así, nosotros nos ocupamos de la transformación. El gurú entrega la Trinidad y la acción de la Madre, y el chela lo lleva a cabo. Pero la emisión del golpe que va del Legislador, el Padre, a la sabiduría del Hijo, es el Espíritu Santo. Es amor, amor con el fuego más intenso que pueda emitirse.

Por tanto, el programa del Señor Maitreya consiste en llevarlos al punto que siempre ha sido el punto del discipulado. Los grandes gurús de Oriente, los grandes instructores según la tradición de los Budas, así como en el hinduismo, son los ejemplos sobresalientes del chela que se convierte en el gurú.

La Materia es un espejo del Espíritu

Gabriel mencionaba que la Materia es un espejo del Espíritu. Y eso lo observarán en uno de los diagramas que va a salir con las *Perlas de Sabiduría*.[8] En un espejo todo es lo opuesto. No es que todo se repita simplemente, sino que se le da la vuelta. Es la polaridad negativa del Espíritu positivo.

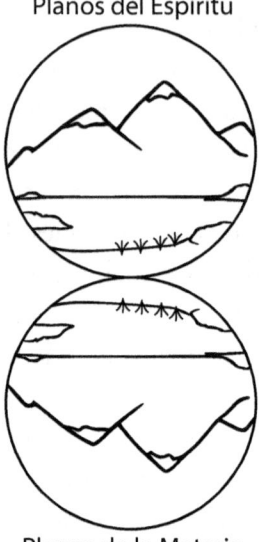

FIGURA 3

El espejo del Espíritu en la Materia

Por tanto, si en mi esfera superior tengo una montaña, lagos y hierba, cuando lo dibujo en la esfera inferior todo está al revés. Nosotros somos ese espejo opuesto. No pensamos en que estamos boca abajo, pero nos dicen que lo vemos todo boca abajo y lo retransmitimos.* Quizá lo vemos todo correctamente y lo retransmitimos para nuestro estado invertido. Sea lo que sea, estas dos esferas son gurú y chela.

La gente me dice que cuando ven ciertas fotos mías, que me

---

*Cuando la luz pasa por la lente del ojo, la imagen proyectada sobre la retina está boca abajo. El cerebro procesa la imagen para que encaje con nuestra percepción de lo que es "arriba" y "abajo" en nuestra interacción con el mundo. En 1896, el psicólogo estadounidense George M. Stratton inventó unas gafas que invertían la imagen antes de que entrara por el ojo. Tras unos días descubrió que su cerebro corregía de forma automática la información anómala y hacía que todo apareciera otra vez normal. Cuando dejó de usar dichas gafas, todo apareció del revés durante unos días antes de que su cerebro se volviera a adaptar.

parezco al El Morya. Y se sorprenden. Pues yo les digo que, si no me pareciera a El Morya, estaría preocupada.

El término que encontramos en *El chela y el Sendero*⁹ como origen de la palabra chela es la palabra sánscrita *ceta*, que significa «esclavo», y eso le asusta mucho a la gente. Pero ese es su origen y no tiene nada que ver con la negación del libre albedrío o con convertirse en zombis. Significa que uno se convierte en las manos y los pies de su maestro. Significa que entendemos que él sostiene el foco del Espíritu o Alfa y para que su energía se traduzca hay que ponerla en acción. ¿Cómo ponerla en acción de la mejor manera? Aprendiendo sus movimientos, aprendiendo su flujo de energía e imitándolo.

Eso es lo que significa la imitación a Cristo. Este conocimiento siempre ha conformado la verdadera tradición de las iglesias de Oriente y Occidente. Pero en cuanto lo afirmamos en nuestros términos actuales, la gente se pone histérica.

El mundo rechaza a los representantes de Dios

Hoy he leído una carta que un padre escribió a su hijo, el cual le había enviado el libro *Oración y meditación*.¹⁰ «Le he preguntado a la abuela —decía— qué diría ella si alguien dijera que han recibido un mensaje de Jesús, escrito y firmado como "Jesús". Y la respuesta de la abuela fue: "Diría que está loco"». Eso me hizo pensar, ¿cómo es que nadie dice que San Juan estaba loco? Eso es exactamente lo que hizo él. Lo hizo hace dos mil años y todo el mundo lo acepta como un escrito sagrado. Lo que, es más, lo que dijo es una locura: dragones y serpientes, monstruos y locuras de todo tipo. Ezequiel también debió estar loco. Puso a monstruos, ojos y fuegos de todas clases, más allá de la imaginación de ciencia ficción, ¡mucho más allá! No he leído un libro de ciencia ficción mejor que el libro de Ezequiel y el Apocalipsis. Y se han convertidos en escritos sagrados, y es exactamente el mismo proceso.

Hay que sacudir a la gente para que lo vea. Hay que sacudirla para que esté viva. Son como felpudos a los que se sacude y les sale una gran nube de polvo. La gente lleva siendo felpudos de los caídos tanto tiempo que ni siquiera tiene en la cabeza un solo pensamiento original. Cualquiera que piense de verdad, lo consideran un revolucionario extremo o lo etiquetan como el diablo o Satanás. Cuando Saint Germain caminaba por las calles de París sanando a los niños, los padres se los llevaban y le gritaban que era el diablo, *diable*. Lo llamaban diablo cuando los curaba. Por tanto, no se sorprendan cuando tengan sus sanaciones y sus milagros que digan: «¡Ajá! Eso demuestra que es el diablo».

Nunca se convence a la gente con una señal. A Jesús le dijeron que echaba fuera los demonios por Belcebú, ¿recuerdan?[11] No podían aceptar que hacía la obra de Dios Todopoderoso. ¿Cuánto menos van a aceptar lo que hagan ustedes? Se ha negado ese punto de comunión con Dios y la gente se ha vuelto como un felpudo de la mentira que dice que no se puede comulgar con Dios.

Preparación en el discipulado para formar parte del personal

Entonces, aquí estamos, el gurú y el chela. Al principio Summit University consistía en seguir a Mark Prophet todo el día y ver lo que hacía. Y cuando la gente venía a La Tourelle o a Virginia y decía: «Quiero servir», eso es lo que hacía. Lo seguían a todas partes: al automóvil, en la casa, dondequiera que fuera, de la mañana a la noche, hiciera lo que hiciera.

Después de que tuviéramos a mucha más gente en el personal y empezáramos a crear un cuerpo de conocimiento y enseñanza cada vez mayor y los chelas se aceleraran hasta cierto nivel, se hizo bastante evidente que la persona nueva que llegaba a la puerta, especialmente la persona que había consumido drogas y que había estado en muchas otras enseñanzas, no podía saltar de repente hasta el nivel en el que estaba el gurú con su círculo original de chelas.

Por tanto, Mark dijo que nos hacía falta un programa para que la gente pudiera entender qué pasos dar desde donde estuviera hasta donde estaba él con sus chelas. Eso inició la orientación del personal. La orientación del personal consistía en una serie de cintas que había que escuchar y cosas que había que leer. Esto se podía hacer en unos días, y estabas aceptado. Puesto esto ya no es posible, ahora tenemos doce semanas de Summit University antes de que puedan lidiar con la energía con la que lidian los chelas de esta comunidad. Y todo es una cuestión de energía. Cuanto más grande es el impulso acumulado de esta bola de nieve cósmica, mayor es la bola de barro que se le echa y mayor es el impulso acumulado que hace falta para contrarrestarla.

La persecución del movimiento antisectas

Cuando estábamos en La Tourelle, en Colorado Springs,* no nos enfrentábamos a la amenaza de todo un país de gente fanática y asustada que perseguía a todo el mundo, desde los Moonies[12] hasta cualquiera. Creo que es absolutamente horroroso. Creo que la persecución que la Iglesia de la Unificación está atravesando es absolutamente escandalosa. Personalmente, no me gusta Moon. Me da escalofríos. No quisiera encontrarme en la misma sala con él. Pero su gente es muy buena y está siendo perseguida. Y creo que es algo absolutamente escandaloso.

Por tanto, hoy día nos enfrentamos, por ejemplo, a la energía

---

*La Tourelle fue la sede central de The Summit Lighthouse de 1966 a 1976.

de la audiencia que tuvo el Senado ayer, que fue a puerta cerrada. No pudo entrar ni nuestro representante. Había que estar ahí a las cinco de la mañana para entrar, tanta gente había. Básicamente la audiencia era sobre la Iglesia de la Unificación y Guyana,[13] y la discusión giraba en torno a las «sectas» y el asunto va a obligar a una investigación total. El Consejo Nacional de Iglesias y el Sindicato Estadounidense por las Libertades Civiles se pronunciaron muy enfáticamente en contra de tales investigaciones del Congreso, porque en su opinión ello suponía una invasión de los derechos de la Primera Enmienda de la Constitución sobre la libertad religiosa, que era inconstitucional y que rayaba la caza de brujas.

Por tanto, te encuentras con compañeros de viaje improbables. El Consejo Nacional de Iglesias y el Sindicato Estadounidense por las Libertades Civiles son conocidamente de izquierdas. Por supuesto, siempre me ha parecido que me llevo mejor con la gente de la Izquierda que con la de la Derecha. Eso siempre ha sido así, porque son más fáciles en el trato. Son más tolerantes. Siempre te encuentras con que entienden mejor las religiones de la Nueva Era y las enseñanzas orientales. En cambio, aunque las personas de la Derecha tienen buenas ideas sobre muchos temas, estas tienden a ser extremadamente conservadoras en religión, así como en política, y poseen una característica rígida que a veces está apuntalada por el temor y el odio.

Es curioso. Ya se ocupa El Morya de que no tengamos motivos para ponernos en ningún punto de la Derecha a la Izquierda. Pero es bueno tener amigos en todos los frentes, porque nunca se sabe quién estará más cerca de las Enseñanzas de los Maestros Ascendidos.

Llamados al Arcángel Miguel para limpiar al país

El evento que me ha parecido más sorprendente de todo el fin de semana ha sido el hecho de que los Guardianes de la Llama de todo este país se han unido en una invocación con llamados al Arcángel Miguel que ha limpiado tanto al país de la sustancia, la duda y el temor, que ha habido literalmente una transformación de los Estados Unidos por la intensidad de los decretos de los estudiantes. Me siento satisfecha. Los vientos que soplaron el sábado y el domingo se llevaron la sustancia. ¡El chasquido de las legiones del Arcángel Miguel es extraordinario!

Fue una audiencia de un día y ya se ha terminado. Hay tanta gente en contra de las audiencias que dudo mucho que se vuelva a celebrar. Concluyeron que recibieron tantas críticas por perseguir la religión y por violar la Primera Enmienda de la Constitución, que ahora la manera de perseguir a las sectas será llevando a cabo investigaciones para ver si estas violan su exención de impuestos a través de la agencia del Servicio de Impuestos. Así es que esa es la manera en la que sospecho que van a proceder.[14]

Cuando la gente se ve acosada hasta el punto en que lo han sufrido los Hare Krishna o los miembros de la Iglesia de la Unificación, creo que estamos ante una profanación. Sé lo que significa vivir atemorizada y atormentada pensando que te están escuchando las conversaciones telefónicas, que te están observando, que en cualquier momento alguien va a escribir un artículo sobre ti, que en cualquier momento alguien va a mentir sobre ti.

No creo que la gente deba vivir hoy en los Estados Unidos con esa clase de temor y tormento. Creo que es un clima horrible. Es un clima enfermizo. Y cuando la gente deja de tener la libertad de experimentar con cualquier tipo de cultura o cualquier tipo de religión, se les impide cometer los errores necesarios para su crecimiento, cuando menos. No puedo defender a los gurús falsos, pero de ningún modo puedo ver la persecución de nuestra gente de esta forma.

La persecución a un hombre en Utah

La historia del periódico de ayer que me apesadumbró tanto es un ejemplo de una persecución suprema a un hombre en el estado de Utah. Era mormón y tenía esposa y cuatro hijos. El último año se casó con una segunda mujer con sus cuatro hijos porque creía en la práctica de las enseñanzas originales del mormonismo al pie de la letra. Y vivían en una granja. Él construyó la casa. Construyó la escuela. Enseñaba a sus hijos. Los sacó de la escuela pública porque no quería que se mezclaran con drogas. No le gustaba lo que había en las escuelas públicas.

Enseñaba a sus hijos en casa y decidió que les hacía falta tener vivencias prácticas tan importantes como el trabajo en la granja, tejer, cocinar y hornear y todas las cosas que vuelven a poner a los niños en contacto con la tierra. Los niños se sometieron a un examen de coeficiente intelectual y los resultados se presentaron al público, y no tuvieron muy buenos resultados. Los resultados de los padres fueron altos, pero los niños en general tuvieron resultados inferiores a los de otros niños de su edad. Por tanto, se consideró que no estaban recibiendo una enseñanza adecuada, porque los psicólogos que los examinaron dijeron que no sabían relacionarse con otras personas del mundo actual. Pero ¿quién puede valorar qué es más importante? El estado dice que es más importante que los niños aprendan a ser seres sociales y que aprendan a formar parte de la gente popular a que aprendan la llama de la familia, a arar el campo y todas esas cosas.

Independientemente de que el hombre sea bígamo. Eso no me importa nada. Y a sus hijos no les importa tampoco. Él es su padre que los ama y es la figura de autoridad de Alfa en su vida. Él hace las cosas lo mejor que sabe. Son tan independientes que él fue quien ayudó a la mujer a dar a luz a todos sus hijos. Se lo hacían todo ellos mismos, aunque tenían las cosas modernas eléctricas y demás.

Le ordenaron que pusiera a los niños en la escuela, pero él no quiso, por lo que le acusaron de desacato al tribunal. Lo segundo es que la segunda esposa tenía otro marido que quería recuperar a los cuatro hijos y le acusó de enajenación de afectos. No quisieron enviarle a los hijos, porque ellos querían estar con su madre. Por tanto, violó la ley por partida doble.

Dos hombres llegaron a la granja y dijeron: «Somos del periódico *L.A. Time* (sin la «s»). Les iba a conceder una entrevista cuando le dijeron que en realidad eran de una agencia policial, no recuerdo cuál, y que lo iban arrestar y a llevárselo por desacato al tribunal. Sacó un arma y dijo: «Si me ponen la mano encima, disparo». Entonces se marcharon. Llegados a ese punto, las dos mujeres pensaron que estaban sufriendo una persecución y no se marcharon de la granja. Todos tenían armas. Decidieron que estaban asediados y que no se iban a rendir. No querían poner a los niños en la escuela. Pensaron que el estado no debía forzarlos. El hermano del hombre conocía muy bien su temperamento y cómo pensaba, y dijo: «Si se acercan para intentar atraparlo, en esa granja correrá la sangre».

Ahora bien, él no hizo bien en desobedecer a la ley, pero la ley también ha de desafiarse. El derecho que tiene el estado a obligar a una persona a educar a sus hijos según lo que diga el Gobierno y la sociedad actual, eso ha de ser desafiado o nos vamos a encontrar con que nos podrán quitar a todos nuestros hijos por no aprobar los exámenes que el mundo les ponga.

Lo que conforma el cociente intelectual de los niños en el

mundo es el bombardeo de la televisión, su interacción mutua y las películas. Adquieren un conocimiento de la información que ni siquiera yo tengo. Pueden decir los nombres de la gente, de las canciones, de muchísimas cosas en la vida de los Estados Unidos y yo no sabría de lo que están hablando, porque no lo escucho. Por tanto, si me sometiera a un examen de cociente intelectual, es posible que no tuviera los mismos resultados que el resto del mundo, y lo mismo pasa con mis hijos.

Pues ahí está. Este hombre estaba dispuesto a enfrentarse a esa batalla él solo. Y por ser mormón, y las enseñanzas originales de los mormones dicen que hay que ser bígamos, él creía que el mundo tenía que volver a los principios básicos. Y hay bastantes mormones que piensan así. Por eso son bígamos.

Y hay que entender que este es un problema de una enseñanza falsa y de una enseñanza de la falsa jerarquía dentro de la Iglesia de los mormones. Eso no hace que una persona sea una mala persona. Es solo la forma con la que intenta encontrar la verdad lo mejor que puede y esa es la manera en la que la práctica.

La gente debería ser libre de buscar la verdad

La gente debería ser libre de buscar la verdad, aunque no estemos de acuerdo con ella, siempre que no hagan daño a nadie. Y estas personas no estaban haciendo daño a nadie, porque los niños no estaban siendo dañados ya que eso es lo único que saben. Lo que los daña son las aventuras amorosas, el cambio de pareja, la inmoralidad y el dejar a los niños en casa para salir y emborracharse y todas esas cosas con las que la sociedad está de acuerdo.

En cuanto alguien dice que es bígamo, todo el mundo se le echa encima. Pero los niños no sufrían, porque recibían mucho amor. Tenían un verdadero amor familiar. En el periódico salió su foto. Las mujeres iban vestidas adecuadamente con vestidos muy conservadores. Los niños llevaban el cabello corto. La cara les brillaba. Estaban con su padre y se veía que entre el padre y los niños había mucho amor. Entre las dos mujeres había evidentemente una total armonía.

Entonces, ¿qué pasó? Las autoridades decidieron ir a por él. Unos diez o doce hombres fueron a la granja. Todos con escopetas. El hombre salió a ver si tenía correo y le anunciaron que venían a por él. Él fue a por su escopeta y empezó a disparar, y ellos devolvieron fuego y lo mataron. Ahora los niños no tienen padre. Y las mujeres siguen ahí, y han dicho que no se marcharán de la granja y que educarán a sus hijos en ella.

Creo que es una de las tragedias más grandes que he escuchado en muchos años. Creo que es horrible. Creo que es puro comunismo. Es puro fascismo, en este país, porque hemos perdido la sensibilidad para valorar que la cultura de otra persona puede ser válida.

Y luego el periódico saca el hecho de que este hombre había nacido en Brooklyn, de padres alemanes, muy trabajadores, como se puede ver. Creó por sí mismo toda esa vida familiar. Su padre se lo había llevado a Alemania cuando era un niño. Durante la subida al poder de Hitler este hombre había formado parte de las Juventudes Nazis. ¿Y quién no lo fue de las personas que ahora tienen cincuenta años o más en Alemania? Todas. Pero en seguida todos piensan: «Ah, pues de todos modos era un fanático».

Los alemanes tienen una cierta intensidad y han dado esa sangre y esa intensidad a muchos países de la tierra. Han viajado por el mundo. Se han casado con gente de otros países. Y esa cepa alemana siempre es muy trabajadora, dura, y sí, testaruda, orgullosa, terca y todo eso también. Pero la cepa alemana contribuye a toda la cepa de la humanidad. Es una energía de trabajo que ha sido una de las bases de la creación de los Estados Unidos. Es una energía muy intensa. La gente que solo tiene sangre alemana siempre tiene esa iniciación. Tiene que vencer esa vibración de testarudez, terquedad y orgullo. Pero sus cualidades de trabajo, inteligencia, laboriosidad, libertad e individualidad son estupendas. Y por eso son tercos, porque siempre defienden su individualidad.

El hombre volvió de Alemania, se mudó a la parte occidental de los Estados Unidos, se asentó y se hizo ciudadano estadounidense, como todos nosotros. Y ahora lo matan a disparos y ya no está, porque a nadie se le ocurrió cómo manejarlo excepto con armas. A nadie se le ocurrió ninguna forma de lidiar con otra persona. Nos hemos convertido en la granja de los animales. Todos debemos pensar lo mismo y pensar del mismo modo. Es un escándalo mayúsculo.

Debemos exigir justicia cósmica

En vez de gritar en la plaza, me voy a mi cuarto y le expreso mi indignación a Alfa y Omega, y exijo justicia cósmica. He vivido lo suficiente en este planeta para saber que ese es el recurso que tenemos y que es el recurso que funciona y que está cambiando el mundo. Y ustedes deben saber que tienen que hacer lo mismo.

Pero cuando les digo estas cosas, ustedes deben salir de gira y traducir el mensaje a su gente, su gente que le entiende a ustedes porque están a su mismo nivel de conocimiento, económico o lo que sea. La gente que se identifica con ustedes y con la que ustedes se identifican debe escuchar el grito.

Afortunadamente, la gente de la comunidad inmediata ha exigido una investigación sobre este hombre y también se siente escandalizada. Estoy muy feliz de pensar que a los estadounidenses aún les queda chispa y fuerza que, aunque no estén de acuerdo con él, pueden defender su derecho a escoger un modo de vida.

Este modo de vida que actualmente buscamos en los Estados Unidos no produce más que enfermedades y gente psicológicamente impotente. Está produciendo homosexualidad. Está produciendo inmoralidad. ¿Quién es nadie para juzgar que no ha encontrado el modo de vida correcto? ¿Quién lo va a decir? ¿Quién va a ser el Dios supremo en la Tierra que le vaya a decir a nadie cómo puede vivir y cómo no puede vivir? Desde luego, yo no. La gente debe ser libre de evolucionar hacia Dios.

La persecución a una mujer en Los Ángeles

Pero ¿saben qué? Esta misma semana ocurrió algo idéntico en Los Ángeles. ¿Se han enterado de la mujer que no podía pagar la factura del gas? No podía pagar la factura del gas, que era menos de diez dólares. Era una mujer sola. ¿Cuántos miles de mujeres sufren hoy día porque no hemos creado nunca una imagen masculina adecuada de nuestros hombres en los Estados Unidos?

Nunca le hemos explicado al hombre lo que significa ser un hombre, lo que significa ser un San José, lo que significa tener el honor supremo de ser portador de la semilla de Alfa. El hombre no tiene la imagen que debiera, por lo cual deja a esta mujer porque nunca siente que puede llegar a ser suficientemente bueno, porque nunca puede ser el padre del Hijo Varón. Ese es el cargo primordial que tiene el hombre, ser el padre del Niño Cristo. Pero se le dice que fue un nacimiento virgen. José no fue necesario, por tanto, él tampoco es necesario. Más vale que se vaya a jugar con prostitutas en vez de ser José. Por tanto, tenemos a todas estas mujeres abandonadas en los Estados Unidos porque las propias mujeres no han concedido al hombre su imagen adecuada y verdadera.

Esta mujer está sola, por la razón que sea. Tiene dos hijos pequeños. Trabaja mucho para poder vivir, para que los niños vayan a la escuela, pero no puede pagar la factura del gas. Así es que la compañía del gas llama a la policía. Dos policías van a la casa de la mujer. Ella no vivía en un barrio bajo, vivía en un barrio decente. No era un barrio rico, pero era decente. «Venimos a apagar el gas», dijeron ellos.

Ella se sintió amenazada. ¿Es que no entiende nadie la psicología de las personas? Cuando se acorrala a una persona, no les queda nada más que pelear. Ella se sintió amenazada. Hacía frío. No quería que le apagaran el gas. Se enfadó. Se irritó. Agarró lo primero que pudo, que fue un cuchillo de cocina, y atacó a los policías.

Es algo natural que una mamá osa proteja a sus crías; es un instinto humano. Les lanzó el cuchillo. ¿Se imaginan a los dos policías incapaces de manejar a una mujer descontrolada que les lanza un cuchillo? ¿Es que no pudieron agarrarla, darle el típico golpe de karate, y ponerle las esposas? No. En frente de sus dos hijos, sacaron las pistolas y la mataron.

Esto sucedió en Los Ángeles la semana pasada. Miren a este mundo. Y la gente se preocupa de perseguir a las sectas. ¿Por qué no persiguen esta locura? Esa mujer está muerta y esos niños están huérfanos. Ahí estaban, viendo cómo asesinaban a su madre. Eso ocurrió en los Estados Unidos de América. No me creo que los policías no pudieran manejar a esa mujer. Deberían haber esquivado el cuchillo en el aire y capturado a la mujer. No es difícil. Cualquiera de ustedes podría haberlo hecho.

Ahora comprenden por qué la Izquierda llama a los policías «cerdos». Es un escándalo contra Dios. Clamo a Dios Todopoderoso para que venga a esta Tierra. Y la única manera en la que puede venir a esta Tierra es a través de sus chelas, gente que pueda contener suficiente luz para contrarrestar esta injusticia. Nadie tiene poder para pararlo porque nadie tiene un lazo con los Maestros Ascendidos.

Sin tener un lazo con el gurú no pueden ir a ninguna parte

Quizá digo lo mismo todos los días cuando vengo aquí, pero es el mismo tema. Es la misma canción. Yo nunca logré nada en miles de años y nadie más lo hizo a no ser que tuviera un lazo con el gurú. No hay ninguna otra solución. Se necesita el poder de Dios. De manera absoluta se necesita el poder de Dios. La única forma de hacerlo es convertirse en la sombra, la polaridad negativa de la positiva.

El chela debe llegar a ser la esencia de su gurú. Cuando veo que sus caras se parecen a la de El Morya, entonces es cuando me alegro. Por eso Maitreya vino a esta clase, porque hay una intensidad de energía muy grande en el mundo que hay que contrarrestar y desafiar.

¿Qué hay que hacer para desafiar el sistema policial, que va y asesina así a la gente en su casa a sangre fría? No podemos quedarnos parados y decir: «No podemos hacerlo». Ustedes sí pueden hacerlo. Tenemos un programa maravilloso en nuestra escuela Montessori. Está siendo llevado a cabo en Los Ángeles. Siete de nuestros estudiantes asisten los sábados, todo el día, desde las seis y media de la mañana, a un programa de entrenamiento policial. Se someten a toda la preparación para ser policías. Salen en los automóviles, realizan el trabajo de oficina, van con ellos. Reciben toda la preparación para ser policías, pero lo hacen durante sus años adolescentes. Y así comprenden cómo funciona la ley. Es fascinante.

Tenemos a gente en Montessori que quiere ser policía. Entienden que forman parte de las legiones del Arcángel Miguel, y entienden que en las legiones del Arcángel Miguel se han infiltrado los caídos y que ellos son quienes se comportan como «cerdos». Después, los hijos de Dios los imitan.

El motivo por el cual la gente es tan insensible es que come mucha carne de cerdo y de vacuno que es muy, muy pesada, y beben cerveza. No tienen sentimientos sutiles. No tienen ningún respeto por la vida. Y la vibración que hay sobre el país a raíz de la carnicería que hacen con los bebés en las fábricas de abortos pone un aura de insensibilidad sobre toda la gente. Por tanto, se pueden matar uno a otros. La vida vale muy poco, demasiado poco. Se han olvidado de que la vida es Dios.

Por tanto, deben ser especialistas. Deben ver cuáles son los males del mundo y qué cosas nos afectan mayormente. Cuanto más talento tengan, más capacidades a su disposición, más son las cosas a las que podrán afectar. Claro está, el sitio más evidente en el que hay que estar es la asamblea legislativa, es el órgano legislativo. Pero esa no es la única respuesta. Los departamentos de policía necesitan llamas. El Jefe de Policía Davis, famoso en Los Ángeles todos estos años, tiene una llama del Arcángel Miguel. Ya no es Jefe de Policía.

Pero esos pequeños núcleos, esas pequeñas moléculas de energía que afectan a las comunidades, todo lo que necesitan es a un portador de luz entre ellas, una persona cualificada. No importa lo que ustedes quieran hacer. Colóquense de forma estratégica donde puedan ser la dovela clave en el punto que sostiene todo el arco. El gurú es eso.

La dovela clave del arco

Creo que es un concepto asombroso. Ustedes seguro que conocen el principio del arco y los bloques que lo forman. Todos los bloques están colocados donde corresponde, pero el arco no se sostiene a menos que tenga la dovela clave, que es la cuña del centro. El gurú es la clave del «arco superior»* del ser. Él es el jerarca porque es la dovela clave del arco superior. Este es el arco del ser y todas las piedras del arco son chelas. Están todos juntos porque ese individuo es la dovela clave. Todo se apoya en ella y todo se sostiene. Y sin la dovela clave, todo se derrumbaría.

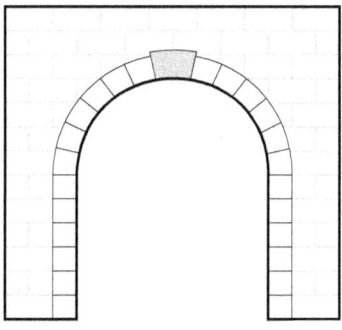

FIGURA 4
La dovela clave del arco

Hay muchas personas que ocupan posiciones muy importantes. Pero la dovela clave es la que gobierna la energía y la matriz y la que sostiene la integridad de la geometría.

Ustedes deben descubrir dónde van a ser una dovela clave. No pueden ser simplemente cualquiera de esas piedras. Eso ya no es para ustedes. Ustedes serán una dovela clave. Podrían ser una piedra clave en la granja o en el departamento de imprenta. Podrían ser una piedra clave sin que nadie haya oído hablar de ustedes. Pero puede que también deban ser una piedra clave en su Asociación de Padres y Maestros local, en su grupo local, a favor de la vida.

Allá donde sean una piedra clave, todos los que formen

---
*Juego de palabras en el inglés original: *higher arch,* 'arco superior', se pronuncia igual que *hierarch,* 'jerarca'. (N. del T.)

parte de ese mandala dependerán de ustedes. Aunque no sean la persona más importante del grupo, serán el poder detrás del trono o el corazón detrás de todos. Aunque no sepan que son la piedra clave, toda la energía de esa actividad fluirá a través del chakra de su corazón. Su corazón se convertirá en el corazón de esa actividad. Lo único que tienen que hacer es realizar la labor por la noche, la llama violeta.

Deben ser conscientes de todas las personas que están involucradas. A veces son miles de personas, pero deben saber de quién es la energía que están manejando, porque esa energía debe ser transmutada cuando pase por su corazón. Su corazón es el horno de su alquimia en la Tierra. Y ese horno debe tener suficiente fuego para quemar el carburante. Si no lo tiene, podrían fallecer debido a una cantidad demasiado grande de energía en su corazón, un gran peligro, pero no fallecerán si tienen un lazo con los gurús.

Este es un punto muy importante. Pueden ponerse ante las multitudes y desafiar al mal siempre que lo hagan en el nombre de su Presencia YO SOY, su Ser Crístico y su gurú y su manto. Entonces él estará a su lado con su Presencia Electrónica sobre ustedes.

Pero si deciden: «Tengo la enseñanza; tengo la información; no necesito a la jerarquía; no necesito a la Hermandad; voy a salir y hacerlo yo solo», ahí es donde caerán, ahí es donde no podrán, porque intentarán ponerse en la línea de las nueve, en la acción del Espíritu Santo, desafiando al mundo entero, pero sin haber adquirido aún el logro para hacerlo. Por eso han de tener la humildad de saber que necesitan a la Gran Hermandad Blanca. Necesitan a esos santos. Necesitan a los Maestros Ascendidos que los apoyen.

Siempre deben saber que actúan como instrumentos de su Ser Crístico, su Presencia YO SOY y la jerarquía. No pueden permitirse estallidos de orgullo momentáneos como si tuvieran el logro, porque entonces serán vulnerables.

Deben llegar a ser una piedra clave

Deben llegar a ser una piedra clave. La única manera de hacerlo es ser un chela. Y la única manera de llegar a ser un chela es llegar a ser el Espíritu Santo. Y la única manera de lograr el Espíritu Santo es ponerse a servir y pasar a la acción. Ahí es a donde van esta tarde. No voy a hablar mucho más para que puedan llegar.

Quería decirles que no hay ninguna otra forma en que yo hubiera entendido las enseñanzas. Las palabras no significan nada. ¿Saben lo que se descubre cuando se enseña a los niños? Que no han tenido las experiencias en la vida para entender lo que significan las palabras. No saben qué es la sensualidad. Nunca han tenido la vibración en su cuerpo. No tienen idea de lo que están hablando. No saben qué son los celos. No saben qué son estas vibraciones a menos que se mezclen con la gente y digan: «Ah, pues es eso». Entonces la palabra que lean en un libro tendrá significado.

En Montessori International tenemos ese problema. Los niños escuchan enseñanzas de todas clases, pero no han estado en el mundo lo suficiente para comprender que el mundo es difícil, para entender el «velo de energía» que es el mal. Son tan puros con su inocencia que al mirarlos con su pureza vemos que no entienden la diferencia entre el bien y el mal. No entienden la diferencia entre la luz y la oscuridad. Pueden cambiar de opinión y variar en su conocimiento porque no han tenido la experiencia del vivir.

Los adolescentes deben aprender a ser independientes económicamente

Ayer expuse en Montessori International el hecho de que, en la adolescencia, los niños deben ser económicamente independientes. Deben aprender a ganarse el pan de cada día. Deben aprender el sistema de libre empresa. Saint Germain dice que estamos criando a una generación de adolescentes a quienes los padres les dan todo hecho sin enseñarles a dirigir sus negocios. Cuando tengan veinte años estarán listos para recibir subsidios del Gobierno. Saint Germain dice que, si continuamos así, dejaremos de tener el sistema de libre empresa por haber educado a nuestros jóvenes contrariamente al darles todo lo que necesitan.

Lo que Saint Germain dice es que el motivo por el que los niños se rebelan y toman drogas es que no están realizando la vocación interior de hacerse independientes económicamente. Los niños deben saber que pueden ganarse la vida con sus manos, con su corazón y con su cabeza. Deben saber que pueden mantenerse a sí mismos. De lo contrario, se sentirán inseguros en el universo. Deben saber que, dadas las materias grises de su tierra, pueden salir y lograr sobrevivir sin sus padres. Los años de la adolescencia es el período adecuado para aprenderlo.

Si no lo aprenden, habrá un elemento no realizado en su naturaleza y se rebelarán. Se rebelarán contra los padres que les dan lo que saben que deberían ganarse ellos mismos. Y después se rebelarán contra los subsidios del Gobierno que les dan lo que saben que deberían ganarse ellos mismos. Esa rebelión está siendo inculcada en nuestros niños, meticulosamente calculada por los caídos y su psicología. Están inculcando la rebelión porque no estamos dando a nuestros hijos la verdadera crianza que necesitan. Y cuando se rebelan, toman drogas y hablan contra sus padres, no saben que es porque tienen esa hambre en concreto que no está siendo saciado, porque ya hemos destruido la sensibilidad de su alma que les hace conscientes de las necesidades de su alma.

La gente no sabe por qué está enferma. La gente no sabe por qué se irrita cuando comen los alimentos que no deben. Les damos alimentos inadecuados y los condicionamos al azúcar y todas esas cosas para que cuando tengan hambre, coman azúcar. Están condicionados. Por eso gritan y quieren los verdaderos alimentos. Cuando ya están condicionados, si les damos los verdaderos alimentos, no los quieren. La gente deja de saber lo que le conviene.

Los niños saben que tienen un período sensible. Quieren pasar a la acción, quieren ser independientes y quieren ser contribuyentes conscientes a la comunidad. Pero necesitan el sistema de libre empresa, que los recompensa por un buen servicio prestado. Esa es la lección del capitalismo: es una relación gurú-chela. Los niños no están preparados para renunciar a su identidad, porque aún no la han adquirido. Aún no saben quiénes son. Tienen que descubrir quiénes son y así se ponen en el sendero de Cristeidad.

La comunidad del Espíritu Santo

He dado conferencias en las que he demostrado que el sendero de Cristeidad en la línea de las tres es un sistema capitalista; y la línea de las nueve es la comunidad del Espíritu Santo.[15] La línea de las nueve es donde se llega al haber triunfado. Uno se ha convertido en un individuo. Ha conseguido éxito. Sabe que, si pone el tiempo y la energía necesaria en algo, puede conquistarlo. Tiene un sentimiento bien arraigado de la individualidad. Esa es su Cristeidad. Cuando se hayan ganado esa Cristeidad, ya no la necesitan. La pueden regalar porque la pueden recuperar en cualquier momento. Si hoy estoy sin dinero, mañana seré rico.

Sin problemas. No me preocupo. Ustedes no se deben preocupar tampoco. Si lo han demostrado, lo saben.

Entonces, ¿qué hago? Yo lo pongo todo a los pies de mi gurú. Lo pongo a los pies de la comunidad, y digo: «No necesito estas cosas. Quiero que las tengan mis hermanos y hermanas». Estados Unidos debe ser una comunidad del Espíritu Santo. No puede llegarse a ese punto si no dejamos que la gente se realice en la relación gurú-chela en lo que se refiere a lo que Jesús dijo: «El obrero es digno de su salario».[16] El trabajo que haga debe recibir una compensación. El trabajador debería tener dinero que él considera como energía, el fruto de su esfuerzo, con el cual, después, tendrá que decidir qué hacer con su libre albedrío, en qué lo usa. Que lo regale, que mantenga a su familia, que se compre un automóvil nuevo o haga con ello lo que haga, se lo ha ganado y es libre de tomar esa decisión. Y es de esperar que ese libre albedrío tenga un estándar de un grado cada vez mayor.

El programa de Maitreya para adolescentes

Ayer presenté en Montessori International el programa de Maitreya para adolescentes, en el que van a dirigir un negocio y a recibir una formación exhaustiva sobre negocios de empresas. Los adolescentes van a ocuparse de una cafetería de aperitivos aquí, en las instalaciones. Ese grupo estará formado por estudiantes de Montessori, nadie más. Están estudiando negocios, contabilidad. Y si ganan dinero, bien, si no, no importa. Ese es el riesgo del sistema de libre empresa y de empezar un negocio propio.

Todos están dando saltos de alegría. Hemos hecho una solicitud a Fullerton, que es un sitio donde se pueden conseguir cosas de todo tipo por muy poco dinero, cosas que vende el Gobierno. Ayer nos enteramos de que podemos comprar un horno para hacer pizzas que puede surtir a una sala grande. Cuestan miles de dólares y podemos comprarlo por trescientos.

Por tanto, hoy va a ser un día emocionante, cuando esos muchachos se enteren de que pueden conseguir un horno para pizzas para su cafetería. Nunca he visto a un grupo de jóvenes tan entusiasmados como este, y es porque tienen esa necesidad. Es una necesidad en su educación. Necesitan saber que cuando salgan de la escuela, pueden ir al mundo sin que los atropellen o se aprovechen de ellos. Comprenderán lo que significa tener una empresa, una asociación, una sociedad, cómo hacer la contabilidad, cómo dirigir un negocio, cómo averiguar los gastos generales a la hora de establecer precios y todo eso. Eso es lo que van a hacer a partir de séptimo curso hasta el último curso de la escuela secundaria.

La caridad de los estadounidenses

Ustedes están en otro nivel. Desafortunadamente no estaban aquí cuando tenían diez años. Esperamos que hayan aprendido un poquito del sistema de empresa. Están en la comunidad del Espíritu Santo. Están en la línea de las nueve y tienen la oportunidad de comprender que al lograr la victoria Divina y al demostrar que se puede hacer lo que ellos están haciendo, entonces uno dice: «¿Para qué? ¿Para qué ganar este dinero? ¿Para qué mi maestría y mi logro? He ganado diez mil dólares, cien mil o un millón. Ese dinero está en el banco sin utilizarse. Esto no es vida. Esto no es lo que quiero de verdad. Lo importante para mí fue el hecho de que pude hacerlo. Pero el dinero no me hace feliz, por lo cual voy a hacer feliz a otras personas. Voy a ayudar a una comunidad donde creo en lo que hacen»; etcétera.

Muchos estadounidenses ricos patrocinan hospitales, patrocinan muchas cosas para niños. Esa es la verdadera recompensa que tienen. Por eso tenemos una libertad tal en los Estados

Unidos. Tenemos el mayor sistema de obras benéficas del mundo. Nuestro sistema de obras benéficas actualmente demuestra que la gente de los Estados Unidos es una gente generosa. Regala más dinero que cualquier otro país en todo el mundo. Somos los grandes dadores de la Tierra. Damos y damos y damos.

Por eso no necesitamos socialismo. Por eso no necesitamos las subvenciones sociales. En otros países la gente es tan tacaña que tienen que poner impuestos para que las Iglesias sobrevivan, porque la gente no da a las Iglesias. En muchos países europeos de la actualidad, de los impuestos salen las contribuciones a las Iglesias. Y la gente se rebela contra eso porque dice que no cree en Dios y que no quiere que sus impuestos vayan a las Iglesias. Ese es el tipo de problema que tienen. Nosotros no tenemos ese problema porque nuestras Iglesias son ricas. Nuestras instituciones benéficas son ricas. Eso se debe a que cuando la gente pasa la iniciación de su Cristeidad en los Estados Unidos, es generosa. La gente quiere que otras personas se beneficien y ven que los pobres de espíritu necesitan a quienes han logrado la abundancia del espíritu.

La Palabra debe transformarse en acción

Por tanto, en el discipulado, las dos posiciones son lícitas. Una persona acaba de terminar de la escuela secundaria. Puede que necesite la línea de las tres. Puede que tenga que salir y hacer lo que haga falta. Eso es el desarrollo interior de su alma. Puede que acabe de terminar la escuela secundaria, pero ha tenido esa experiencia en tantas encarnaciones que quiere comprometerse con la comunidad enseguida. Tiene un sentido de identidad tan fuerte que no necesita demostrarlo conquistando ese sistema de libre empresa. Por tanto, la comunidad del Espíritu Santo, de la cual el comunismo mundial es una perversión, es el lugar en el que puede invertir su labor. Y el regocijo por el fruto de la labor es la expansión de la conciencia cósmica.

La recompensa que yo tengo por cada trabajo que hago es ver a una persona ante mí que se ha convertido en más de Dios. Ese es el aumento. Esa es mi alegría. Por eso no necesito nada, porque contengo a Dios por completo. ¿Quién necesita nada cuando contiene a Dios por completo? Hasta que no sepan que contienen a Dios por completo, necesitarán cosas. Necesitarán una oportunidad de dominar un oficio o una labor sagrada. Jesús lo hizo y ustedes también lo tienen que hacer.

Por tanto, dominar un oficio y una labor sagrada o entregarse a una comunidad, las dos cosas se realizan en el programa de Maitreya, que ahora se llevará a cabo durante tres días a la semana por la tarde además del sábado.

Queremos que salgan de las clases y entren en acción, porque una palabra de la Hermandad vale más que millones de otras palabras. La Palabra es tan poderosa que Maitreya dice que no hace falta que estén sentados aquí todo el día. Se llega a un punto de saturación. Van a escuchar conferencias y enseñanzas de las ocho a las doce, y las enseñanzas van a tener que estar condensadas. Y si quieren más, ya saben dónde obtenerlas. Tienen nuestra biblioteca con las grabaciones, tienen los libros y pueden estudiar por su cuenta.

Pero la Palabra que reciben es una enorme transfusión de energía del Padre y del Hijo. Y para recibir más, la Palabra tiene que convertirse en el Espíritu Santo; tiene que ser transformada en acción. Es el simple consumo de energía diaria. Comemos y necesitamos ejercicio. Comemos, etcétera. Así funciona.

Todos tienen tareas en los distintos departamentos y también fuera, en los terrenos. Y dentro de una semana tendremos unos doscientos eucaliptos que hay que plantar a lo largo de los límites de los terrenos.

Algunos de ustedes empezarán a trabajar en seguida en publicaciones y otros departamentos. Quiero que se marchen de Cámelot con un sentimiento de la llama de la comunidad, que la gente de aquí es igual que ustedes y con sus defectos, pero al unirnos hemos creado una comunidad. Ustedes podrían ser la piedra clave de una comunidad en Nueva Zelanda, Australia, China o Taiwán. Podría ocurrir en unos meses. Y tendrán que lograr la llama de la comunidad en el sentido de que han formado parte de la creación de esa comunidad.

Ahora bien, si alguien piensa que se le está engañando por ponerlo a trabajar en vez de sentarse a escuchar conferencias, me parece bien si creen que se les ha prometido estar en clase todo el día durante Summit University. Pero les estoy diciendo que la verdadera clase del gurú está en ser su llama en acción.

Preguntas y respuestas

Estudiante: ¿La entidad de la comida tiene nombre?

ECP: ¿Se refiere a la glotonería? Bueno, le diré que me alegraré mucho cuando ya no tengamos que comer. Eso es lo peor que tuvo el salir del Edén. Tuvimos que empezar a comer toda esa comida. Había que comer y después hacer ayuno. Comer de nuevo para poder moverte. Encierre todo ese tema en un círculo. Encierre en un círculo todo ese asunto. Asegúrese de tener todos los nutrientes para que las ganas de comer no sean porque al cuerpo le falta algo. Tome muchas vitaminas, haga ejercicio corriendo, respire aire puro e intente ponerse alternativas a la comida. Básicamente es una programación errónea. Hay que desprogramar el deseo del cuerpo de los deseos y del cuerpo físico. Estímulo, respuesta; las células piden, nosotros damos. Las células llevan pidiendo muchas cosas que no deberían tener desde hace mucho tiempo. Por eso uno tiene que tensar las riendas.

¿Debemos hacer invocaciones parecidas cuando expongamos a la oscuridad?

Estudiante: Madre, cuando vamos de gira, si queremos hacer una exposición sobre el satanismo, ¿son necesarias las invocaciones en ese momento igual que las que hace usted en sus exposiciones?

ECP: Bueno, me los imagino en grupos pequeños dando la información que tenemos en las conferencias. Me los imagino manteniendo el impulso acumulado de decretos, su comunión con Dios, su comunión con la Hermandad y su comunión con mi Ser Crístico y con Lanello que los patrocinamos; y después yendo a un grupo de personas y hablando exactamente a su nivel, diciéndoles lo que son capaces de escuchar y no diciéndoles lo que no deberían escuchar. Al empezar pueden ofrecer una oración sencilla que las personas puedan comprender.

Yo he hecho las invocaciones, y la energía que hay en esa grabación se ocupa de lidiar con esa información en concreto. Cuando presenten la información, no tienen por qué hacer las mismas invocaciones y no tienen que hacer los gritos a Shiva. Eso se hace en casa; es para prepararse. Siempre que sean conscientes de que están en el estrado con los maestros, serán capaces de afrontar bien la situación. Pero verán que tendrán que hacer una oración, una meditación de algún tipo. Verán que toda la audiencia se hunde debido a que vienen muchos demonios que reaccionan contra ustedes.

Yo dejé de hablar tanto de la conspiración en mi segunda y tercera gira porque había gente que se marchaba. La gente se enojaba. Me gritaba. «¡Heil, Hitler!», gritaban al marcharse. Cuando hablaba de la conspiración, se escandalizaban.

Esta era gente de la Nueva Era que se podía considerar como gente de izquierdas, de la Nueva Era, sin dogmas, amantes de la paz, ya saben: paz, paz, paz. Y les choca que el Espíritu Santo dé ese mensaje y les irrita muchísimo, les molesta a sus entidades. Por supuesto, algunas de esas personas son caídos. Algunas de ellas se marchan porque son quienes están siendo desenmascarados. Creo que no hay nada como tener experiencia para saber lo que se puede o no se puede hacer al enseñar a la gente. Lo aprendí todo yo misma por experiencia. Por tanto, pongámonos manos a la obra.

La importancia de José como padre de Jesús

Estudiante: Al hablar de la psicología de los padres y que les quitan la imagen Alfa, mencionó el nacimiento virgen y que los han programado para que piensen que José no era necesario para traer al mundo al Cristo. ¿Podría explicar más de eso y decir lo que significa?

ECP: Jesús ha dicho que José era su padre. Jesús dijo eso en un dictado reciente.[17] Esto es una información explosiva. La Virgen María dio un dictado hace muchos años a través de Mark en el que dijo que José era digno de ser su padre.[18]

Si se fijan en la revelación del Arcángel Gabriel a la Virgen María, dice: «El Espíritu Santo vendrá sobre ti… y… el Santo Ser que nacerá, será llamado Hijo de Dios».[19] Yo entiendo al Espíritu Santo como una persona, igual que cualquier cristiano. Si digo que el Espíritu Santo es energía me responderán: «¿No sabe que el Espíritu Santo es una persona?». «Claro —digo yo— el Espíritu Santo es una persona. Y también es energía». Persona y principio son energía y persona en uno solo.

Por tanto, entiendo que mi interacción con el Padre debe manifestarse en la persona del Padre. Cuando tenemos suficiente conciencia del Padre en nosotros, atraemos primero al Padre como energía, como Ley, y después, finalmente, vemos al Padre cara a cara. Él es una persona. Brahma es una persona: dentro de ustedes, como Dios Todopoderoso en el Gran Sol Central y también en figuras paternas que se encuentren en su vida.

El siguiente punto es el Hijo. El Hijo es una conciencia y también es una persona. Cuando lleguen a ser el Hijo lo suficiente, contemplarán al Hijo cara a cara. María era la novia del Espíritu Santo, no solo de las llamas gemelas que descendían sobre ella, sino de la persona del Espíritu Santo. San José como Saint Germain fue la encarnación de la persona del Espíritu Santo.

Tanto si Dios transfiere a María una línea directa de energía con tubos «intravenosos» desde su trono para dar la energía para la concepción de un hijo, como si lo hace a través de José, no me importa. Eso no hace que sea menos santo. Pero el mundo se ha afanado con esta idolatría de que Jesús no podía ser el Hijo de Dios a no ser que Dios fuera su padre y que se ignorara a José, porque José era un simple mortal.

Pues María era una simple mortal hasta que fue trasladada, hasta que fue asumida al cielo. Por tanto, el complot diabólico de los caídos es decir que el hombre no es suficientemente bueno para engendrar al Cristo y que cuando la mujer va a engendrar al Niño Cristo, debe recibirlo directamente de Dios porque el hombre no es suficientemente bueno. Eso es una psicología con la que hemos vivido miles de años.

¿Y qué hace el hombre? No es suficientemente bueno para estar con su novia virgen. No es suficientemente bueno para ser el padre del hijo de ella. José no lo hizo, por supuesto, porque José estuvo allí. Él fue el guardián supremo de la llama de Alfa. Él fue el portador supremo de la semilla de Alfa. María no descendía de la casa de David, sino José. El linaje de José era de la casa de David. Consta en la Biblia, si se interesan por las genealogías humanas, aunque Jesús no se interesa.

Hay otro pasaje en la Biblia que habla de Jesús como hijo de José. Aquí está. Lo encontré el otro día. Es asombroso lo que la gente no lee en su propia Biblia. Esto es Lucas 4:22.

> Y todos daban buen testimonio de él, y estaban maravillados de las palabras de gracia que salían de su boca, y decían: ¿No es este el hijo de José?

Aquí está la otra cita. Lucas 3:23.

> Jesús mismo al comenzar su ministerio era como de treinta años, hijo, según se creía, de José, hijo de Elí, …

Se retrotrae a David. Dice ahí que «según se creía». Ahora pueden interpretar esas palabras, «según se creía», como una corrección posterior de los eruditos bíblicos, pero aun así se puede interpretar de dos maneras.[20] Dice que Jesús era hijo de José «según se creía» porque mucha gente pensaba que era en efecto hijo de José. También se puede interpretar como lo interpretan los cristianos, que se creía que Jesús era hijo de José, donde el escritor está haciendo un comentario.

Es decir, a fin de pagar impuestos, a fin de saber quién era, Jesús constaba como hijo de José. Pero creo que es muy curioso. Me he encontrado con un Nuevo Testamento griego y quería consultarlo para ver qué decía en versión griega.

El hombre y la mujer contienen la luz de Alfa y Omega

Pero no hay un complot más grande de los caídos. Para negar que son el Cristo, tienen que hacer que ustedes no pueden alcanzar la Cristeidad. Si el Cristo solo se puede lograr a través del nacimiento virgen y todos tenemos que nacer de una manera normal, ¿quién va a dar a luz al Niño Cristo?

Es una filosofía detestable de los caídos, que se niegan a admitir que alguien pueda ser el Hijo de Dios además de Jesucristo.

Pero la Virgen María me mostró de una manera muy clara, un día, en estos últimos años, cuando meditaba, que el motivo por el cual el hombre no cumple su papel es que no se estima apto para contener la semilla de Alfa.

Aunque no tenga hijos, aunque no esté casado o, aunque su mujer no tenga hijos, el hecho de que su cuerpo sea portador de la semilla de Alfa significa que tiene la energía de Alfa en el núcleo de fuego blanco del Gran Sol Central. Tiene eso en su cuerpo. Al caminar por la Tierra, el foco físico de esa semilla es la energía que hace que sea un hombre. Y el óvulo de Omega que tiene la mujer es la energía del núcleo de fuego que hace que sea una mujer.

El hecho de que contengan la semilla y el óvulo es el motivo por el cual Dios ha pronunciado su juicio contra la homosexualidad y la masturbación. El derramar la semilla en el suelo es una profanación de esta luz tan elevada e intensa, la cual debe llevarse en el cuerpo, no agotarla ni profanarla. Es como si el hombre fuera portador del vino de la comunión como esencia del Espíritu y la mujer, portadora del pan. Ambos son necesarios para producir al Niño Cristo. Necesitamos el Cuerpo y la Sangre de nuestro Señor. Dios nos ha hecho hombre y mujer para que tengamos las dos mitades del todo de modo que seamos humildes y no nos volvamos autosuficientes, diciendo: «No nos necesitamos mutuamente», porque sí nos necesitamos. Necesitamos la polaridad de esas energías. Por tanto, cuando el hombre no sabe que tiene la semilla de Alfa, ¿qué valía tiene? Su valía se ha negado. El hecho de que somos el templo del Dios vivo es la valía más grande que tenemos. En nosotros vive el Cristo, pero el Cristo en cada uno de nosotros sirve al cargo de esa encarnación.

Yo tengo el óvulo materno del cosmos. Soy muy consciente de ese hecho, de esa enorme luz pulsante. Lo tengo en mi cuerpo causal. Lo tengo en todos mis chakras físicos. Pero también lo tengo físicamente porque soy una mujer.

Usted tiene la energía de Alfa, por tanto, usted es un hombre. Y la tiene en su cuerpo causal, la tiene en sus chakras, la tiene en su energía y también la tiene físicamente porque todo lo que existe va del Espíritu a la Materia, etérico, mental, emocional y finalmente físico.

Cuando no vemos las dos partes del todo como algo sagrado, tampoco vemos al niño como algo sagrado. Por tanto, lo abortamos. La sacralidad empieza en la semilla misma de la vida y en el óvulo. Por tanto, lo que decimos es que la semilla del hombre no es suficientemente buena para engendrar al Niño Cristo. Bien, subconscientemente, a nivel del alma de su ser, él sabe que su valía suprema mientras vive en la Tierra, la semilla que hay en él, es el foco físico y tangible de Alfa. Y esta se profana por completo con la homosexualidad, y se pierde y se disipa con la masturbación.

Si le dicen a un hombre que no es suficientemente bueno para engendrar al Hijo de Dios, se marcha de la casa y se va con otras mujeres. Y eso es subconsciente. Las mujeres dominantes lo refuerzan. Debido a la longevidad de los hombres que no tienen autoestima, estos tienen a volverse débiles, sin fuerza, sin el rayo masculino. Debido a que no valoran el rayo masculino en sí mismos, no respetan su propia masculinidad. Eso se transmite a las mujeres. Entonces las mujeres se vuelven mandonas. Se vuelven tiranas. Se vuelven dominantes.

Tenemos un problema de maridos maltratados. Yo no lo sabía. He oído hablar de mujeres maltratadas, pero el departamento policial nos dice que hay maridos maltratados. Mujeres que pegan a sus maridos. ¿Se lo pueden creer? Pues eso es lo que está pasando en nuestra sociedad. Por eso las mujeres son abandonadas.

Y ese problema existe entre los negros debido a la experiencia de la esclavitud. La esclavitud no empezó en los Estados Unidos. Los negros esclavizaban a los negros en África mucho antes de que la esclavitud llegara a los Estados Unidos. Es una venta barata del hombre. El hombre criado como un animal para producir esclavos cada vez mejores pierde su autoestima. En la actualidad este es un problema enorme en los países africanos. Todas las mujeres africanas que he conocido me han dicho que este es el peor problema que tienen.

Pero las mujeres lo han compensado demasiado. Se han vuelto tan dominantes, critican, condenan y juzgan tanto que los maridos no pueden hacer nada bien en casa. Prefieren salir y recibir el consuelo y los halagos de una prostituta a quedarse en casa y ser criticados todo el día por las cosas que no hacen. Y eso se convierte en un círculo vicioso que nunca se acaba.

Esto debe terminarse ahora, pero nunca se acaba hasta que las personas están iluminadas. La Virgen María me dio esa joya valiosísima de iluminación. Es algo importantísimo cuando nos ponemos a pensar en ello, cuando sientes en tu cuerpo purificado que no solo tus centros espirituales, sino cada parte de tu cuerpo, cada célula de tu cuerpo, el centro de cada célula, es la luz de Alfa y Omega.

Cuando medito en mi cuerpo, este es simplemente latidos de luz resplandeciente. Está lleno de millones de estrellas. Cada célula es una estrella y cada estrella es la luz de Alfa y Omega. A través de cualquiera de esas estrellas puedo ponerme en contacto con Dios en el Gran Sol Central. Prefiero hacerlo a través de la gran estrella del chakra de mi corazón, pero cada célula tiene ese componente básico de la vida.

La sensibilidad hacia la semilla y el óvulo nos da la sensibilidad de ser cocreadores con Dios. Y, como digo, eso no significa necesariamente tener un hijo físico. Significa tener la polaridad de energía para crear, dondequiera que uno esté, cualquier cosa que estemos haciendo, tengamos la edad que tengamos.

Es emocionante estar vivos cuando comprendemos nuestra misión fundamental. Mi apreciación por el hombre, ya sea Mark, mi marido, o los chelas de la comunidad, hace que me incline ante su llama por tener el valor de ser en la Tierra portadores de la semilla de Alfa. Y estoy tan agradecida de que exista esa función y ese cargo que sostiene la polaridad de la Sangre de Cristo, que puedo entrar en *samadhi* solo al contemplarlo.

El hombre que tenga el valor de ser portador de la semilla de Alfa con todas sus responsabilidades concomitantes es el hombre o el grupo de hombres o el grupo de chelas que hace que mi misión sea posible, porque no podría haber realizado esta misión desde el primer día sin la encarnación física del hombre. Y eso sigue siendo así hasta el día de hoy. Los hombres de esta comunidad son el apoyo supremo a mi misión. En primer lugar, porque tienen el rayo masculino; en segundo, por todo el trabajo que realizan, una cantidad enorme de trabajo.

Bueno, ya no habrá más preguntas. Que Dios los bendiga. Recibirán respuesta durante sus esfuerzos.

Coman, vuelvan, reciban sus tareas y márchense. Y pueden silbar mientras trabajan. Pueden decretar mientras trabajan. Ustedes son un decreto.

Que Dios los bendiga.

6 de febrero de 1979

SEXTO CAPÍTULO

El manto del Cristo

En el nombre de la luz del Sanctasanctórum, en el nombre de la luz de Dios que nunca falla, invoco la luz de los amados Helios y Vesta. Amado Señor Maitreya, vivifica en estos corazones una infinita autopercepción, una infinita autopercepción hacia el Gurú. Invoco la gran percepción Divina del gurú para que descienda ahora a cada corazón. Que la autopercepción de cada cual se realice a través de la autopercepción de Ti mismo que tú eres.

En el nombre de Brahma, Vishnú y Shiva, en el nombre de la Virgen Cósmica, amén.

Quisiera leerles un poema que Henry Wadsworth Longfellow tradujo del poeta español Lope de Vega.* Quisiera que mediten en él.

¿Qué tengo yo que mi amistad procuras?†

¿Qué tengo yo que mi amistad procuras?
¿Qué interés se te sigue, Jesús mío,
que a mi puerta cubierto de rocío
pasas las noches del invierno escuras?

---
*Lope Félix de Vega Carpio (1562-1635).
†Original de Lope de Vega y no la traducción de Longfellow. (N. del T.)

> ¡Oh cuánto fueron mis entrañas duras,
> pues no te abrí! ¡Qué extraño desvarío,
> si de mi ingratitud el hielo frío
> secó las llagas de tus plantas puras!
>
> ¡Cuántas veces el Ángel me decía:
> «Alma, asómate agora a la ventana,
> verás con cuánto amor llamar porfía!
>
> ¡Y cuántas, hermosura soberana,
> «Mañana le abriremos», respondía,
> para lo mismo responder mañana!

El poema habla del aplazamiento a recibir al gurú, de lo cual la humanidad ha sido culpable durante miles de años.

Maitreya ha venido porque es bien recibido. No creamos que, por haber puesto nuestros cuerpos en Summit University, automáticamente estaremos dejando entrar al Cristo por nuestra puerta. Comprendamos que cada día necesitamos volver a recibir al Señor Gurú Maitreya al templo interior de nuestro corazón y, al hacerlo, permitirle eliminar de nuestro templo aquellos estados y circunstancias que incomodan su meditación y su acción.

La primera *Perla de Sabiduría* del Señor Maitreya es del 29 de enero de 1960. Quisiera leérsela:

> ¿Qué es lo que reflejáis, oh, hijos de la Tierra que anheláis ser libres? ¿Acaso las efímeras modas del día o las eternas vestiduras que llevamos? En esta gran dualidad de la vida activa que deriva su movimiento y energía de una llama interior, ¿a dónde va vuestra atención, amados?
>
> Vuestras peticiones y solicitudes a menudo pasan ante mí para ser revisadas, y me recuerdan mucho a veces, en algunos casos, a estas palabras de hace dos mil años: Pues qué habéis de pedir como conviene, no lo sabéis.[1]
>
> Rezar, pedir o decretar es todo ello un intento de invocar

aquello que vosotros deseáis. Si vuestros múltiples deseos excluyen principalmente lo interior, pero incluyen mucho de lo exterior, estaréis comiéndoos las cascarillas de la vida, aunque recibáis todo lo que pedís.

Cómo buscar del don correcto

Esto es un aspecto de suma importancia en el Sendero: cuando ejercemos correctamente la ley cósmica, podemos pedir cosas materiales y conseguirlas. Incluso podemos pedir salud y seremos sanados de nuestras enfermedades. Pero a menos que pidamos la conciencia cósmica, no la obtendremos por haber rezado y recibido cosas físicas y salud física.

La gente de Science of Mind, incluso la Ciencia cristiana o Unity, mucha gente de la zona de Los Ángeles que sigue a esos movimientos, considera que tiene un gran logro porque ha aprendido una forma de oración científica con la que se puede rodear de todas las cosas que necesita. Si leéis los periódicos del domingo veréis a los ministros de Science of Mind o Divine Science. Estos ponen fotos suyas en el periódico buscando ser gente importante y popularidad, y su intención es obtener de la vida lo que quieren.

Por tanto, hay personas que utilizan a Dios y lo hacen de una manera muy egoísta. Él ya nos lo dijo: «Buscad primeramente el reino de Dios y su justicia, y todas estas cosas os serán añadidas»,[2] y: «No os afanéis, pues, diciendo: ¿Qué comeremos, o qué beberemos, o qué vestiremos?».[3]

Cuando buscamos la conciencia Divina a fin de dársela a los demás, estaremos buscando el don correcto. Estaremos buscando llegar a ser Dios. El deseo puro es querer ser el gurú. Cuando queremos ser el gurú, el gurú nos da todas las cosas.

Yo no quisiera considerar que en cincuenta o en cien años

nuestros decretos se lleguen a practicar generalmente por las masas de la humanidad como se utiliza este mantra japonés para lograr la riqueza y cualquier cosa que la gente desee. Por tanto, tengamos cuidado para no permitir que nuestros deseos impuros salgan a la superficie y para no utilizar la oración a Dios para satisfacer esos deseos impuros. Más bien, recemos para que nuestra impureza se consuma y Dios ponga en nuestra conciencia su deseo puro.

Cuando deseamos tener su deseo puro, una sola gota de esa energía en nosotros supondrá la sanación de nuestras debilidades físicas, supondrá la provisión que necesitamos. Es muy importante que no pidamos equivocadamente, sino que pidamos legítimamente en oración.

E Pluribus Unum: De muchos, uno

Pero, amados, si ponéis vuestra atención, cada vez con más frecuencia, en la hueste ascendida, ¿no debería eso significar que seréis nuestro reflejo, aunque a veces lo seáis de una forma imperfecta? Porque seguirá siendo nuestra imagen, la imagen de Dios, la imagen Crística, vuestra llama individualizada de inmortalidad que está siendo engrandecida en vosotros con el propósito prístino de que asuma al fin el señorío que le corresponde por derecho, ¡que os liberará de acuerdo con el plan divino original!

Porque donde esté vuestro tesoro, allí estará también vuestro corazón (toda vuestra atención).[4] Y puesto que las palabras, «por sus frutos los conoceréis»[5], hasta el presente tienen un significado patente, ese significado será ejemplificado e invocado en la realidad viva por vuestra conducta Crística diaria, sinceros míos.

[«Sinceros míos»: discípulos sinceros].

Ahora bien, la Gran Hermandad Blanca no es un cuento ni es una organización misteriosa que enseñe a los no iniciados como algo que os separe de otros u os distinga con un honor temporal. Tampoco debe extinguiros en la ignominia de la humildad sincera pero abyecta, sino más bien proporcionar con la dignidad de la providencia divina una vía o salida protegida donde la luz Crística de muchos pueda salir con un servicio ordenado, con dignidad divina y pureza eterna. Esto glorificará ese valioso espíritu de unidad divina que la buena fortuna ha inscrito tan sabiamente en estas palabras del Gran Sello de los Estados Unidos de América como *E Pluribus Unum,* «De muchos, uno», que en su significado superior se completa diciendo: «De uno, muchos, con unidad de acción» —política, educativa y religiosa—, que se acercarán a su Creador con un sentimiento de unidad tal que glorificará al Cristo eterno de todos aquellos cuya unidad activa habita siempre ¡en la *luz única* de todo hombre!

E pluribus unum, «de muchos, uno». Deberían conocer estas palabras y saber cómo se escriben. Están en el billete de un dólar. Están en el Gran Sello. Pero lo que nos enseñan es que los Estados Unidos de América se fundaron para ser una comunidad del Espíritu Santo de las doce tribus de Israel y de todos los que deseen convertirse a través de ellas al Mesías. «Gentiles» se refiere a quienes son de la luz y están en otros países. No se refiere a un grupo inferior de gente. Todas las almas de luz, independientemente de su raza, nacionalidad, religión o procedencia, forman parte de esta comunidad.

Pero las evoluciones rezagadas no forman parte de la verdadera comunidad viva de los Estados Unidos. Y en la actualidad los Estados Unidos están siendo destruidos por el odio, los celos, el rencor de las evoluciones rezagadas, tanto dentro como fuera de sus fronteras, que están celosas de la luz de la progenie de la Mujer, la progenie de la Mujer vestida del Sol.[6] Este es el dilema al que nos enfrentamos: «Somos una conciencia Crística formada a partir de muchas almas, y en esa unión compartimos la gran abundancia de nuestra tierra, la gran abundancia». Debemos echar a los cambistas y a los que quieren controlarnos mediante la distribución de alimentos, la distribución del dinero, el control de la industria, el control del Gobierno. Si no desafiamos con éxito y traemos el juicio a esas personas, ellas destruirán a los Estados Unidos, porque esa es su intención.

La administración de Carter* tiene la intención de hacer que los Estados Unidos formen parte del orden colectivo de naciones en el que nosotros seamos un país entre iguales. Por eso Carter, cuando va a Nigeria o a México y recibe insultos, ni siquiera defiende el cargo de la Gran Hermandad Blanca que ocupa. Él tiene el manto de jefe de las tribus de Israel y está permitiendo que su manto sea pisoteado y así hace que todos seamos arrastrados por el barro de su conciencia inferior. Carter rinde culto a la élite de poder, que son los caídos; les rinde culto y ellos lo controlan.

Estados Unidos no es un país entre iguales. Estados Unidos y su gente son portadores de luz, los portadores de la antorcha para la Tierra. Un otorgamiento superior les da una responsabilidad superior, y eso no tiene nada que ver con la supremacía racista blanca de las distintas doctrinas que salen de la gente y las organizaciones religiosas que hablan de la raza blanca como una raza superior.

En el planeta hay una raza superior, que es la Raza YO SOY. Está compuesta de gente de todas las religiones, de todas las razas, de todas las procedencias, de todos los sistemas planetarios, independientemente de dónde procedan, que rinden culto a la Presencia YO SOY, «Dios con nosotros». «Immanuel» es la palabra que significa «Dios con nosotros».

---
*Jimmy Carter fue presidente de los Estados Unidos de 1977 a 1981.

Los que se adhieren a la causa debida con un motivo equivocado son los más peligrosos

Los que no rinden culto a Dios con nosotros o a Dios en nosotros son unos idólatras que quieren destruir la verdadera religión de la Presencia YO SOY. Por tanto, un miembro de la Raza YO SOY sabe que Dios mora en el interior y se inclina ante el Mesías, que es el mensajero del Señor Maitreya, Jesucristo.

Ahora bien, cuando la gente ha tenido la oportunidad durante generaciones y miles de años para hincar la rodilla y confesar al gurú del jardín del Edén o al gurú en Jesucristo o en Gautama y no lo ha hecho, debemos decir que los conocemos por sus frutos de conciencia, y se han identificado con su vibración. Por tanto, estas personas deben ser desafiadas por la luz, deben ser entregadas a los arcángeles sin la menor vibración de condenación por nuestra parte. Deben ser aisladas por sus doctrinas y el electorado debe ser informado para que, a través de su Ser Crístico individual, vote por las personas debidas que están adheridas a los asuntos debidos.

Ya lo hemos dicho antes, hay gente que se adhiere a los asuntos debidos con un motivo equivocado. Esas personas son las más peligrosas de todas. El motivo equivocado es el interés propio. Ese motivo será por las causas que deberían liberar a los Estados Unidos, pero utilizan esas causas como escaleras políticas. En este estado tenemos a Jerry Brown,* que está vacío como un agujero negro del espacio, que ahora se adhiere a cualquier viento conservador que sople porque cree que le conviene políticamente. Y hay demócratas y gente parecida que está en contra de él.

Esas personas son de lo más peligroso. Tienen una meta: el poder. No tienen lealtades personales. Mejor ser fieles a un caído

---

*Jerry Brown, miembro del partido demócrata, fue gobernador del estado de California de 1975 a 1983 y de 2011 a 2019.

y expresar esa lealtad, salir y declararlo, que no tener ninguna lealtad. Él es probablemente una de las personas más peligrosas en los Estados Unidos de América, después solo de Ted Kennedy en lo que a la locura de los caídos se refiere.

Si observan a Ted Kennedy* en el periódico, siempre está levantando el brazo en sus discursos, exactamente como los caídos han exhortado a los niños de Dios imitando a los siete arcángeles. Y sale con sus declaraciones y usa la mano para reforzarlos. Utiliza el poder pervertido de la Lanza Sagrada.† Ambos individuos quisieran destronar a Carter, que a su vez está programado para llevar a los Estados Unidos a la destrucción total.

Ahora bien, cuando hay un juego político de combatientes, formados todos ellos por personas que vienen de los caídos, tenemos el mayor desafío a *E pluribus unum*, porque solo los hijos de la luz pueden mezclar su conciencia Crística formando un Hijo Varón resplandeciente, una comunidad de más de doscientos millones de personas moviéndose juntas para gloria de Dios.

Por tanto, nosotros consideramos que nuestra respuesta no es lanzarnos en medio de esa lucha, enviarlos a ustedes o a otros Guardianes de la Llama para que intenten lograr un cargo político en campañas donde la gente está programada para elegir a uno de varios caídos, donde el conocimiento político es inmaduro, donde el conocimiento sobre los asuntos políticos es inadecuado.

---

*Ted Kennedy, hermano menor de John F. Kennedy, fue senador del estado de Massachusetts de 1962 hasta su muerte en 2009.
†La Lanza Sagrada, también conocida como lanza de Longino, es según la leyenda la lanza que perforó en costado de Cristo durante la crucifixión. La lanza se encuentra en la Cámara del Tesoro del palacio Imperial de Hofburg, en Viena, desde el siglo XI. Su poder místico se deriva del contacto que tuvo con la sangre de Cristo. La lanza también es símbolo de la luz de la Kundalini elevada. La Mensajera dio una conferencia sobre la Lanza Sagrada el 18 de febrero de 1979, durante un seminario titulado, "El sendero de iniciación bajo el Buda Maitreya". La conferencia aún no se ha publicado.

Ustedes tienen poder siendo simples extensiones del Señor Maitreya

Debemos comprender que el Señor Maitreya y Gautama Buda vienen en un momento importantísimo. En este momento muchos de ustedes aquí y en nuestros grupos son muchos más eficaces trabajando como empleados del Gobierno, donde no tienen que pelear contra los caídos en campañas políticas y donde pueden ser maltratados y expuestos por estar vinculados a la religión de los Maestros Ascendidos o por tener a un gurú en particular, especialmente a Gurú Ma.

Es un momento muy importante para entender qué poder tan grande tienen ustedes como simples extensiones del Señor Maitreya al hacer muy discretamente las exhortaciones más poderosas al SEÑOR Dios para resolver nuestros problemas. Y cuando se gastan grandes cantidades de energía buscando votos de la gente, de un electorado mal informado, hay que comprender que esa batalla, en este momento, se está librando en los círculos de la Derecha y la Izquierda.

Ya hay mucha gente de derecha que buscan esos cargos en estos momentos, y tiene suficiente sustancia humana en sí misma como para ofrecer el yin y el yang del bien y el mal humanos relativos. Y no veo que, en estos momentos, este año, sea el momento de que nuestra gente salga de nuestros centros de enseñanza o de este grupo para competir de repente por un asiento en el senado o incluso en sus órganos legislativos estatales, a no ser que las personas estén preparadas para hacerse una carrera profesional establecida en ese sentido y estén seguras de que pueden ganar, porque la cantidad de luz que se puede extraer para salvar a los Estados Unidos ya está pesada. Y la visibilidad, condenación y confusión que surge cuando un portador de luz entra en medio de la batalla con los caídos no solo es devastadora para el chela y la enseñanza, sino que priva al individuo de cierta victoria que puede lograr con sus invocaciones y la fuerza de nuestra comunidad.

Cómo salvar a los Estados Unidos y a la Tierra

Maitreya dice que al mundo no puede obligársele a que tenga lo que no quiere. No se podía obligar al pueblo iraní a tener al shah de Irán. Cuando la gente no quiere lo que le conviene, debe vivir durante un tiempo lo que no le conviene, hasta que se harta, clama al Dios vivo y pide a un libertador. Cuando la voz del pueblo exige a un líder como el Ayatolá Jomeini, la mejor lección kármica y del gurú es retirarse y dejar que el pueblo tenga lo que quiere.[7] Este es el dilema que vemos. El desafío que nos da el Señor Maitreya es cómo salvar a los Estados Unidos y a la Tierra ante un adoctrinamiento popular apabullante de empatía y apoyo a los caídos, y un clamor contra los verdaderos hijos e hijas de Dios. Eso no ha cambiado; de hecho, ha aumentado desde la crucifixión de Jesús. El mundo exclama: «¡Suéltanos a Barrabás!».[8] Lo hemos visto una y otra vez.

Y así, si los Estados Unidos están destinados a ser una comunidad y no podemos resolver el problema debido a la invasión del país por generaciones rezagadas y contrarias al Cristo que se encuentran en todas las razas y en todos los sectores, entonces debemos formar nuestra propia comunidad como arquetipo, como núcleo. Y al crear una matriz perfecta en la relación gurú-chela más perfecta que podamos establecer, estaremos proporcionando una levadura para el aumento de la conciencia. Estaremos proporcionando un imán para atraer a personas que entiendan la prioridad de esa comunidad como la forma de salvar a los Estados Unidos.

Y no se trata de una forma complicada. No se trata de una forma poco práctica. Si no fuera por la presencia de esta comunidad en los Estados Unidos actualmente, en primer lugar, habría habido un cataclismo en el sur de California, pero también había habido un cataclismo económico.

Ustedes tienen lo que Dios necesita: un templo físico

Hoy es el aniversario de la transición de nuestro amado Mark Prophet. Un día como hoy, hace seis años, entregó su vida a Dios y compró tiempo y espacio para que ustedes y yo lleguemos a ser el Buda. Y así, las celebraciones del fin de semana son por el don glorioso que tenemos. El dio su vida por sus amigos, y consideraba a todo el pueblo estadounidense como su amigo y a todos ustedes que venían, pero aún no habían llegado, dignos de ese sacrificio. Sin la compra de ese tiempo, no estaríamos aquí. Habríamos sufrido el cataclismo y el colapso económico.

Ahora vemos otra vez la acumulación de la oscuridad. Y otra vez Dios nos pide que hagamos un sacrificio vivo, no de hacer la transición de la muerte, no de ascender, sino de comprender que el sacrificio vivo es ser el instrumento de Lanello. Puesto que él tuvo que dar su vida, como tuvo que hacerlo Jesús, él y Jesús necesitan su templo corporal. Y si alguna vez se han preguntado: «¿Qué tengo yo que no tengan los Maestros Ascendidos y que pueda darles como un servicio útil?», es su templo físico, el hecho de poder obrar en los planos de la Materia, el hecho de poder proporcionar el vehículo para sus enseñanzas destiladas al nivel de aquellos con quienes se encuentren.

Por tanto, este fin de semana esperamos una enorme entrega de luz al apropiarnos del gran manto de nuestro amado Lanello.

Maitreya dice a través de Mark:

> Los próximos días deberían exaltarse como días invaluables de oportunidad en los que la semilla cósmica de nuestras actividades brote y expanda los resultados de las

trascendentales deliberaciones recientes del Consejo de Darjeeling, que ahora se revelan de muchas formas a los ojos de cada estudiante de la luz sincero y alerta, cuyo celo y cuya fe amplíen así el panorama del amor de la Vida y la consecuente belleza de la Vida misma, que entonces se expandirá para incluir el significado más amplio de los lirios del campo y su gloria;[9] la vida santificada y su gloria; el grano dorado que madura y su gloria; el maná celestial y su gloria; la victoria Crística que vence al mundo y su gloria; y la cercanía de la Presencia de Dios con respecto a vosotros a cada hora mientras sois sostenidos en cada momento al guardar a sus santos ángeles, reales y tangibles, ¡y su gloria!

La *gloria* es el «rayo brillante» de la Presencia YO SOY.[*]

¡Yo, Maitreya, deseo a cada cual que todas estas glorias de Dios, y muchas más, os puedan ser cada día más reales que incluso los cielos cambiantes o el clima de la Tierra!

He aquí, en las muchas moradas de nuestro Padre y de su Cristo, la luz de todos los mundos hace parpadear su recibimiento individual por los reinos estelares del espacio hasta alcanzar el corazón donde ese bendito rayo afianzado conecta a todos con la misma realidad Crística de vida inmortal.

YO SOY siempre vuestra atención en Dios cada día en la victoria del despliegue de la libertad.

Señor Maitreya

Siempre que leemos los dictados que se dieron antes de que encontráramos la luz o llegáramos al servicio, siempre tenemos ese sentimiento reconfortante y recogido de que justo en el momento en que el dictado se estaba dando, Dios tenía sus ojos en nosotros, en cada uno de ustedes, como tiene sus ojos en el

---

[*]En inglés, *glory*, 'gloria' y *glow ray*, 'rayo brillante' se pronuncian de forma parecida. (N. del T.)

gorrión. Y ese dictado y la entrega de luz se envió para que fuera una esfera lanzada al plano de la Materia, estallando como luz, saliendo la luz y entrando en contacto con su corazón y acercándolos un poquito más.

Cuando oí hablar de todos los decretos que hacía el movimiento YO SOY cuando nací y durante mi crianza, sentí una enorme gratitud por todas esas personas y por los dictados que se dieron entonces, que yo sabía fue la luz sustentadora en aquellos años formativos. Por tanto, todos ustedes han sido atraídos por esas redes de luz que se refuerzan cada vez que se da un dictado.

Sus deseos deben transmutarse o exteriorizarse

Otra *Perla de Sabiduría* se dio el 23 de septiembre de 1960:

> El pensamiento siempre ha de estar gobernado para que produzca la cosecha de perfección querida por el Padre de toda la vida, ¡y anhelada hoy por tantos que no están ascendidos! El registro etérico, el lapso de memoria desde la primera y más temprana encarnación de cada individuo hasta el presente contiene un registro indeleble que debe, o bien exteriorizarse sobre la pantalla de la vida a fin de producir un equilibrio y justicia cósmica en los asuntos de la humanidad, o bien ser transmutado por la alquimia espiritual o por un proceso místico como el bendito y adecuado uso del fuego violeta del amor y el perdón de la libertad.
>
> Mientras que muchos hombres se pasan las horas «desarrollando sus rasgos negativos» (es decir, sus tendencias humanas, de forma muy parecida a como un fotógrafo revela una placa fotográfica), la humanidad en cambio haría bien en utilizar cada método que Dios le dé con el que pueda transmutar, sanar y bendecir el «Libro de su Vida» (su cuerpo etérico de la memoria). Comenzar de nuevo, comenzar de nuevo una infinidad de veces, es mucho mejor que desviarse

o seguir los caprichos de esos líderes ciegos de los ciegos ¡que se niegan a hacer caso de la voz de la conciencia o a escuchar la voz de Dios!

En verdad, los trabajadores son pocos y la cosecha es abundante. ¡El tiempo para trillar, el tiempo para limpiar y para la purificación en esta era de oro está a las puertas! El amor, sin embargo, no el temor, debería ser el recibimiento para llevar a los hombres al festival de la cosecha con regocijo. El cultivo de la alegría al contemplar las posibilidades divinas que son las santas esperanzas del cielo es una forma inteligente de expandir las actividades de luz de nuestros queridos chelas, que comprenden la necesidad constante de llevar la practicidad de un cristianismo místico a la acción diaria ante los hombres para que estos puedan ver las buenas obras de los hijos de la luz y deseen ser como ellos.

«El cultivo de la alegría» es lo importante en esa frase, «al contemplar las posibilidades divinas».

YO SOY la sonrisa de Dios concedida a todos los Hijos de la Fe.

Maitreya

Lo más importante que se dice aquí sobre su psicología es que todo lo que hay en su conciencia en el lapso de memoria, que es el registro de su cuerpo de los deseos, debe exteriorizarse sobre la pantalla de la vida, para bien o para mal. Y así, miramos a la pantalla, ¿verdad?, y decimos: «¿Quién es el autor del drama de mi vida? Pues soy yo, y lo que veo en la pantalla es lo que tengo en el núcleo de mi ser». O bien se exterioriza, o bien se transmuta con la llama violeta.

Treinta minutos de llama violeta cada día

Por tanto, no es una cuestión de que vaya a desaparecer de algún modo o que ustedes mismos repriman de alguna manera en su subconsciente aquellas cosas que no son placenteras. Esas cosas se exteriorizarán. Se pueden exteriorizar como una necesidad, como una carencia, como una incapacidad de contener la luz de la conciencia cósmica. Se pueden manifestar como estados de todo tipo que se sufren. De otro modo, pueden acabar en la llama. Recuerden, Saint Germain le dijo a Godfre que el requerimiento para la persona que desea ser un chela y que desea ascender en esta vida es treinta minutos de llama violeta al día.

Conozco a estudiantes del YO SOY que han obedecido ese requisito, algunos de ellos durante veinte y treinta años. Quisiera decirles que ello produce un resplandor y una maestría, independientemente de cualquier otro estado de su ser. Hay un resplandor y una maestría que deberían buscar e imitar.

Los decretos que ustedes hacen y la energía que tienen en su aura ya los distingue mucho de otros chelas de otras enseñanzas que no hacen la llama violeta. Eso no los hace mejores que ellos; hace que la llama violeta sea mejor que sus métodos. Eso quiere decir que ellos deberían adoptar el mismo método.

Ustedes fueron escogidos para expresar la totalidad de Dios en la Tierra

Ahora deseo que escuchen unas palabras de Maitreya del 10 de febrero de 1962:

> Oh benignos, vosotros que sois escogidos desde el Principio para ser como el unigénito del Padre: YO SOY el que ha venido esta noche a vuestro campo energético para daros una idea de cómo vuestra alma se abre como una flor.
>
> El capullo de vuestro Yo Divino espera abrirse. Y de vosotros se espera que respondáis a la acción vibratoria de su manto Crístico, que desde el interior busca engalanaros con vestiduras inmortales de fortaleza, poder, pureza, adoración y una comprensión completa de que Dios lo es Todo y está en todo.

Con un sentimiento de la completitud de la divinidad, esta noche deseo deciros que hay un hilo dorado tejido en cada circunstancia de vuestra vida, que no siempre es aparente por estar tejido entre otros hilos y parece desaparecer por un momento de la vista. Sin embargo, ese hilo dorado de perfección siempre está presente en cada uno de vosotros y os ayuda a encontrar, si lo seguís, el camino de regreso al Origen, el camino de regreso a la victoria, la gloria, la pureza y el poder del Cristo Cósmico y del Buda.

Vosotros, benditos, sentados en el trono del loto de vuestro corazón, podéis desplegar vuestra latente divinidad con toda la seguridad de un Buda o de un Cristo. La oportunidad es vuestra. Ningún hombre puede quitaros esta corona.[10] Nadie puede estafaros para que no tengáis esta oportunidad excepto vosotros mismos, al sentir que sois indignos, al sentir que no queréis, al sentir que no sois escogidos. Y, sin embargo, yo, ¡el Señor Maitreya, os he asegurado con plena fe que cada uno de vosotros y toda la humanidad fuisteis escogidos para expresar la totalidad de Dios en la Tierra!

Tomad, pues, esta oportunidad. Considerad que tiene un valor supremo. Y así, el Espíritu de Dios os exaltará para llevaros ante nuestra presencia por la noche, mientras duerme vuestra forma física, y conferiros las iniciaciones cósmicas que os elevarán y os distinguirán de la humanidad como alguien perteneciente a las cortes eternas del cielo.

Oh, cómo ama y adora la humanidad, incluso ahora, los títulos y la nobleza. Y, sin embargo, os digo de verdad que los títulos más grandes y la nobleza más grande de todas esperan a que el cielo mismo los confiera. Y cuando los da y los concede Dios, ningún hombre puede separaros o dividiros de ellos, porque son vuestra porción y herencia eterna.

Ahora, oh fuego cósmico, ¡arde en estos niños! Intensifica en ellos el manto de la perfección de la vida, el resplandor en despliegue de su pureza y su divinidad en ciernes.

Que esta luz se expanda en el campo energético de su ser de tal forma que desde esta noche sean capaces de dar a todos aquellos con quienes se encuentren un amor extraordinario, el amor de Dios sin límite, el amor de los Maestros Ascendidos, ¡el ejemplo del fuego sagrado en manifestación física!

Os doy las gracias y os deseo buenas noches.

Su alma se abre como una flor

Sois escogidos desde el Principio para ser como el unigénito del Padre.

Los Maestros Ascendidos que provienen de Oriente repiten este mensaje una y otra y otra vez porque la conciencia de las masas de la Tierra ha negado la aceptación de ese mensaje. Y la creencia de las personas en que no son escogidas para ser como el unigénito del Padre es el mayor enemigo de los hijos de la luz en la Tierra. Esto es lo que Jesucristo nos trajo de la India, de su unión con el Cristo Cósmico, de sus grandes iniciaciones cósmicas incluso antes de su encarnación, su iniciación, para darnos una idea del despliegue de nuestra alma como una flor.

Ahora bien, nunca hemos visto a una flor abrirse. Solo vemos, a veces, cuando miramos la flor, que esta se ha expandido. Con una cámara, ponemos una rosa bajo una fuente de calor y la aceleramos, observándola y tomando fotografías para obtener una serie. Tenemos un conocimiento interior sobre lo que está ocurriendo en el despliegue de una rosa. Desde el centro, abriéndose en espiral, hay una luz blanca de Alfa y Omega en equilibrio, la cual se libera muy suavemente, la misma suavidad con la que la Tierra y los mundos giran sin perturbar la vida. Es un calor que rezuma, porque se emite una energía. Y así, hay calor, un brillo y una luz cuando esta espiral de energía sale del corazón y produce un equivalente físico, el despliegue de la rosa.

Nuestra espiral de energía que sale de nuestro corazón debe tener su equivalente en manifestación como templos hermosos y como una gran creatividad. Pero la intensidad de esa espiral también puede afectar a las demás partes de la vida en el planeta, como lo hace a través de los Cristos y los Budas. Por tanto, esa misma energía suave sirve para el equilibrio Alfa-Omega, la sanación de todos en el cuerpo planetario.

Tener una idea del despliegue de nuestra alma como lo hace una flor es tener una idea de que Dios está emitiendo constantemente esa espiral de energía, suave pero omnipotente. Es tan potente como una gota de lluvia que cae sobre una roca. Es una energía invencible, intensa, pero muy suave, suave como el terciopelo.

E «idea» significa «percepción cósmica». Significa la percepción del Cristo Cósmico que tiene el Señor Maitreya. Es la percepción perpetua de nuestro dulce Buda, de que la espiral nunca deja de abrirse y emitir su perfume, su fragancia, y el suave poder que lleva a toda la vida hacia esa misma percepción cósmica.

> El capullo de vuestro Yo Divino espera desplegarse. Y de vosotros se espera que respondáis a la acción vibratoria de su manto Crístico.

De ustedes se espera que respondan. «Busca engalanaros con vestiduras inmortales de fortaleza, poder, pureza.» El sentimiento «de la completitud de la divinidad» forma parte de este sentimiento del despliegue.

Encuentren y sigan el hilo dorado

Y después nos habla del hilo dorado. Al encontrar el hilo, lo podemos seguir. Es un hilo de perfección, la perfecta imagen Crística, y podemos seguirla para volver al Origen. Y así, Dios no nos ha dejado sin un mapa del tesoro para que podamos encontrar el camino de vuelta a su Hogar. Es el hilo dorado.

Vosotros… sentados en el trono del loto de vuestro corazón, podéis desplegar vuestra latente divinidad.

Tomen la oportunidad.

Él les garantiza la seguridad de un Buda y de un Cristo. Maitreya promete que llegarán a él si aprovechan esta oportunidad mientras duermen por la noche.

Habla otra vez de nobleza, de títulos y nobleza, diciendo que cuando se confiere la iniciación, no hay iguales entre iguales. Están los que tienen más luz y los que tiene menos. Y los que tienen más luz deben ser respetados como gurús.

Autopercepción del fuego sagrado

Deben convertirse en un «ejemplo del fuego sagrado en manifestación física». ¿De qué otra forma alguien va a comprender las palabras «fuego sagrado»? ¿Cómo puede nadie saberlo? Y así, si van a convertirse en el fuego sagrado, ello forma parte de esta iniciación. Un sentimiento del despliegue de su alma como una flor incluye la autopercepción del fuego sagrado.

¿Cuántos de ustedes han sentido un ardor físico en su corazón en algún momento durante el seminario de Maitreya?[*]

Yo he sentido ese ardor en mi corazón llegar a una intensidad tal que me obligó a interrumpir mi meditación para poder permanecer en esta octava. Es una experiencia bastante frecuente. Por tanto, me alegra que Dios me dé muchas cosas que hacer para tener una excusa para interrumpir mi meditación.

No se puede negar que Dios está presente. Y ustedes recordarán: «¿No ardía nuestro corazón en nosotros?».[11] Cuando los

---

[*]El seminario titulado, "El sendero de iniciación con Maitreya Buda", se celebró del 16 al 19 de febrero de 1979, en Cámelot.

discípulos lo vieron de camino a Emaús, no sabían quién era y se reprendieron por no haberlo reconocido, diciendo: «Debimos conocerlo porque nuestro corazón ardía en nosotros». Esa es una señal muy clara de la presencia del Señor.

Aunque tenemos el Cuerpo del Señor y la Sangre del Señor, también tenemos (ayer, por ejemplo) los seminarios sobre las sectas que se celebran en Los Ángeles, con varios desprogramadores distribuyendo sus panfletos contra esta organización y contra esta Mensajera. Por tanto, ya ven a un mundo ignorante que necesita el golpe de la espada de su fuego sagrado para desvelar la verdad viva.

¿Dónde hay que poner la confianza para la supervivencia?

Voy a leerles otra *Perla de Sabiduría,* esta del 10 de marzo de 1961:

> ¡Con la venida de la Nueva Era, las cosas viejas en efecto habrán pasado!

Se refiere a la nueva era de su Cristeidad personal. Las cosas viejas del viejo yo literalmente pasan suavemente. No siempre es algo violento y doloroso. Simplemente, ya no disfrutan de las cosas de las que solían disfrutar; y eso es un alivio por tener una nueva mesa a la que sentarse con las huestes del Señor.

> Los hombres han buscado la destrucción por tanto tiempo que la parte principal de toda la profecía mencionada anteriormente, sobre la cual ha pensado la mayoría, está relacionada con la destrucción y especialmente con la destrucción planetaria o el desplome de la civilización. Dejadme que me apresure a asegurar a toda la humanidad que, aunque los cataclismos se manifiestan ocasionalmente por ley natural, el pasar del viejo orden tiene el propósito de limpiar el camino para construir lo nuevo. Esto siempre trae el nacimiento en la

conciencia de las tendencias Crísticas o propensiones divinas. Quizá hayáis oído decir incluso a vuestras madres terrenales: «Tal como se curve la ramita, así se inclinará el árbol».

La intención interior del corazón en el hombre es en parte algo heredado. Por supuesto, siempre que las entidades de guerra o las del odio y otras influencias malignas creadas por las masas que causan al mundo tanta infelicidad personal y planetaria sean eliminadas o transmutadas, el mundo o el individuo respira libre por un momento, pero solo lo suficiente para que alguien vuelva a empezar la reacción en cadena del libre albedrío mal cualificado con el mismo viejo patrón discordante que durante siglos y milenios ha causado sufrimiento en la Tierra y en las experiencias de la humanidad. Por tanto, solo por la aceptación universal por parte del mundo en general puede llegar a la Tierra y a sus multitudes la victoria final. Y solo elevándoos en conciencia a vuestra ascensión podéis hallar el escape personal. ¡No hay otra manera!

Esa es una respuesta muy profunda al dilema actual sobre el que estábamos hablando. «¿Os comprometeríais», pregunta Maitreya en este momento…

…o pondríais vuestra confianza en el mundo para vuestra supervivencia? ¿Veis a alguien en el mundo en cuyas manos pudierais poner vuestra alma, vuestra supervivencia física, incluso vuestra salud, incluso vuestra educación o el sendero de vuestra alma?

Acudimos a los Maestros Ascendidos y a nuestra Gran Presencia Divina. Vemos los signos de los tiempos, muchos de los cuales precedieron a otras evoluciones, a otros trastornos en los que perdimos la vida. Por ejemplo, hoy día hay gente que ha perdido la vida de forma repentina en Irán por haber esperado demasiado a salir del país. Esperaron demasiado a ver las señales de peligro.[12] Hoy día vemos estas señales a todo nuestro alrededor.

Y las señales estaban muy presentes antes de la Gran Depresión del 29, de la Revolución rusa o de la llegada al poder de Hitler. La enorme acumulación armamentística que llevó a cabo Hitler antes de la Segunda Guerra Mundial fue un claro indicativo de que habría guerra.

Preparen el cuerpo para trascender las dimensiones

Hoy día vemos señales que nos dicen que debemos tener un camino alternativo, un escape. Y solo hay una alternativa: preparar el cuerpo para trascender las dimensiones.

Los Maestros Ascendidos les han dicho que yo vivo en el plano etérico y les han dicho que esa es una opción que ustedes tienen.[13] Cuando vinieron al seminario de Maitreya sobre la iniciación, vinieron a mi casa. Por tanto, vinieron a mi nivel. El maestro entregó la radiación necesaria para que vivieran en el plano etérico durante las horas que pasaron en su radiación.

La gran clave para la supervivencia durante una transición consiste en purificar sus cuatro cuerpos inferiores para poder entrar y salir, incluso con su forma física, de los retiros de los Maestros Ascendidos. ¿Saint Germain los salvaría en tiempos de cataclismo? Claro que lo haría. Pero no puede llevarlos a un sitio que es igual de letal para su ser como una bomba atómica. Ese sitio letal es un sitio en el que hay un fuego sagrado altamente concentrado. Los retiros de la Gran Hermandad Blanca están afianzados en el plano físico, en el corazón de la Tierra, en el corazón de las montañas. Si no están yendo a ellos es porque sus vehículos no estás preparados.

Deben sobrevivir en tiempos de transición

Su estancia en Summit University no es un intento de ponerlos en un invernadero y darles forzosamente mucha luz para beneficio de cualquiera. Es un intento de darles la máxima oportunidad de que se apropien de la luz debido a los cambios que se aproximan. Los cambios son inevitables.

Inmediatamente después de la ascensión de Lanello hace seis años, celebré una conferencia tras la conferencia de Pascua en Los Ángeles sobre cómo sobrevivir en tiempos de transición. En Los Ángeles había una gran oscuridad. Me marché tan pronto como pude después de esa conferencia. Era casi como si tuviera un cataclismo pisándome los talones. Hasta que Jesús nos dio la dispensación de venir aquí, ni me atrevía a venir al sur de California.

Los cambios llegarán. No nos preocupa qué forma adquieran. Nos preocupa qué forma adquiriremos nosotros. Dios quiere que sobrevivan. Quiere darles una salida. Hay psíquicos que, a partir de sus exploraciones de los misterios, han vislumbrado que Dios, de alguna manera, vendrá al final de este siglo con naves espaciales o les permitirá entrar en cavernas subterráneas de Suramérica en los Andes, y que esa sería la vía de escape. Bien, no son los psíquicos los que sobrevivirán. Esas profecías no se dieron para los psíquicos. Esas profecías se dieron para los portadores de luz que pudieran acelerar sus templos.

Y así, si sienten que han tenido un período dificultoso de ayuno, dieta y decretos, es por el enorme amor de Maitreya y porque él comprende la necesidad que tienen de sobrevivir en tiempos de transición. Tanto en el cuerpo físico como fuera de él, aunque sea fuera del cuerpo físico, la purificación por la que pasan queda grabada en el cuerpo físico e incluso los ayuda a salir del tumulto, el caos masivo y el terror que se produce en el plano astral durante cualquier tipo de tumulto planetario, debido al enorme derramamiento de sangre y a las hordas de la noche que intentan hacerse con el control de la gente a través del miedo.

El miedo es el gran instrumento de las revoluciones, y la superstición ayuda e instiga el miedo y la ansiedad. Por eso debemos limpiar el cuerpo físico incluso ante la presencia de algún peligro para ese cuerpo físico. Debemos seguir practicando nuestra purificación porque esta libera al alma.

Salden su karma y estén preparados para ascender

Por tanto, Maitreya dice que la humanidad, con sus entidades de la guerra y sus entidades del odio, es limpiada y purificada por los gurús y sus chelas solo para volver a crearlas.

> Solo por la aceptación universal por parte del mundo en general puede llegar a la Tierra y a sus multitudes la victoria final. Y solo elevándoos en conciencia a vuestra ascensión.

No hace falta que asciendan. Solo hace falta que estén preparados para ascender. Deben estar preparados al haber saldado su karma.

No hay forma más rápida de saldar su karma que predicar la Palabra. La prédica de la Palabra les beneficia. No sirve para beneficiar a una organización externa o a un grupo externo de personas. Cuando la Palabra pasa a través de ustedes, su cuerpo se acelera. Cuando hablan la Palabra, están tomando parte del Cuerpo y la Sangre de Cristo, no de un modo egoísta, sino dándoselo a los demás. Y cuando pasa por ustedes, ustedes se convierten en ella. Se convierten en la Palabra; se transforman por la Palabra. Cuando dice: «¡No hay otra manera!», y él es el gurú de todos los tiempos, debemos tomarnos muy en serio y muy a pecho su mensaje.

Su verdadera familia está agradecida por su luz

¿Existe un deseo de no ascender? ¡Límpienlo! ¡Transmútenlo! ¿Existe un deseo de muerte? Claven la lanza en la muerte y realicen la vida. Pero no se anden con juegos y se entretengan alargando su discipulado por estar preocupados porque son demasiado distintos a su familia y a sus seres queridos y estar distanciándose con demasiada rapidez. Un día serán la Roca de Cristo y caminarán sobre el agua del plano astral, cuando ellos se hundirían bajo las olas. Y la mano que extiendan a sus seres queridos será la mano que les permita cruzar esas aguas.

Y si quizá los malentendieron, calumniaron o criticaron mientras ustedes pasaban por las disciplinas para adquirir ese logro, cuando su alma y su vida estén seguras por los sacrificios que ustedes han hecho, entonces se alegrarán. Y estarán felices de no haber sucumbido a la tentación de bajar para beneficiar la comodidad humana de ellos.

La gente se siente muy incómoda conmigo. Acaso deba yo decir: «Dios, llévate tu luz. La gente se siente incómoda». No, yo estoy muy feliz de retirarme para que ellos no se sientan incómodos. Me retiro a sitios donde mi presencia no les moleste. Pero no renunciaré a la luz, porque sé que la luz es el equilibrio.

Siempre podemos encontrar a gente que se siente cómoda y agradecida por nuestra luz. Y esas personas son nuestros verdaderos amigos ascendidos, y esa es nuestra verdadera familia.

La hora más sombría es justo antes del amanecer

Las intenciones interiores del corazón se desarrollan solo de dos formas: o bien por una sintonización santificada con vuestra Presencia YO SOY, o bien escuchando las voces discordantes de las masas salidas de los megatones de energía mal cualificada que la humanidad ha creado. La semilla produce según su clase. Por tanto, el único consejo seguro viene de Arriba, donde nace toda la virtud y la pureza cósmica. Lo que os eleva a vuestra ascensión viene de Arriba; lo que os hace bajar a la discordia es de abajo. Es así de sencillo. Olvidaos, pues, de la personalidad, incluso de las injusticias. Olvidaos incluso de vuestras necesidades por un momento, si fuera necesario, y concentraos en el servicio a los demás en el santo nombre y poder del Cristo. Haced esto y encontraréis vida incluso entre las ilusiones de la denominada muerte. ¡La Gran Ley no puede quebrantarse!

Cada día es una parte de la santa estación de la eternidad. A través de la exteriorización del reino de Dios en vuestro corazón y sobre esta querida Tierra, desvelaréis con dignidad y maravilla el dulce misterio de la vida que es mi nota clave.*

En el nombre de Dios Todopoderoso, invoco la vivificación del oído interno de estos chelas con respecto al dulce misterio de la vida del Señor Maitreya.

Al partir el velo cósmico, os encontraréis cara a cara con vuestra propia divinidad sin fin. Y en el círculo mágico de la Presencia de Dios, conoceréis esa existencia encantada que, mientras une a toda la vida, también da a cada cual una concesión de paz, poder y protección tales como solo Dios puede dar.

Recordad, yo tuve una existencia en la Tierra como vuestro estado actual y, mediante el poder trascendente de mi Presencia Divina, fui elevado hasta donde, ahora, visto unas vestiduras de vida eterna como un día vestiréis vosotros. Es absolutamente esencial, por tanto, que no flaqueéis ni os sumerjáis en estados de desesperanza en los que empecéis a sentiros desconectados de Dios. Porque todos los sentimientos así son solo el resultado de pensar demasiado en las ilusiones del yo y la vida mundana, sin suficiente contacto con la realidad de vuestro Santo Ser Crístico y vuestra Gran Presencia Divina YO SOY.

El remedio debe aplicarse constantemente. No os

---

*"Ah! Sweet Mystery of Life" ("¡Ah!, dulce misterio de la vida"), de Víctor Herbert, es la nota clave musical del amado Señor Maitreya.

apartasteis de la luz en un momento. A veces se necesita más que un momento para encontrar el camino al Origen. Pero es peligroso demorar el viaje cuando la vida ofrece grandes oportunidades.

Por tanto, benditos que habéis demorado y postergado, comenzad de nuevo. Y vosotros que os habéis afanado por tanto tiempo, ¡continuad! ¡Seguid, seguid y seguid adelante! La hora más sombría está justo antes del amanecer de la iniciación. Muchos de vosotros estáis acercándoos a grandes iniciaciones cósmicas. Sostened con firmeza la luz, la puerta hacia el día eterno de Dios.

YO SOY vuestro Amigo, Compañero y Hermano.

Señor Maitreya

Ahora, mientras nos preparamos para la conferencia de Pascua, vamos a escuchar el ofrecimiento del amado Maitreya del 28 de marzo de 1964, hace quince años, su entrega del fuego de la resurrección en la Pascua.

El cubo blanco
La venida del avatar

Uno a uno, han venido. Uno a uno, he mirado sus rostros. He leído el registro. He percibido la intención. He dado mi amor. Uno a uno, son elevados. Sin embargo, la Ley invoca torrentes y multitudes.

La dulzura, la suave sencillez del diseño Divino puro queda tan cautivada por las hebras de la personalidad humana que es como si estuviera atada de manos y pies, atrapada en una malla de su propio tejer de la que no se pueden liberar.

Sin embargo, igual que una antorcha de acetileno corta el acero, el poder del amor, el poder de llama azul de la santa voluntad de Dios, derrama su resplandor y separa, hebra a hebra, las cadenas de creación humana hasta que, al fin, el alma sale libre como un pájaro de la jaula y remonta el vuelo hacia los cielos para la reunión, la iniciación, la comprensión, la dicha. En la quietud del santo resplandor que derrama el amor de Dios, en la quietud de ese amor, ¡toda la forma se desvanece en un estallido de luz!

YO SOY quien ha venido. YO SOY quien ha venido a representar a la poderosa jerarquía, confiriendo a quienes deseen servir a nuestra causa un honor extraordinario, el honor de los siglos, afianzándolos en la hendidura de la Roca [fortaleza]* de los siglos, extendiendo sobre ellos nuestro manto blanco, consagrándolos al edicto puro de luz.

El entendimiento fluye como una espada afilada, una espada cortante, una espada perforante. Separa, como si dijéramos, lo impuro de lo limpio y divide con claridad la luz de la oscuridad. La iniciación confiere a todos el manto del Cristo y la santa porción que es la asignación del Espíritu Santo que recibe el hombre.

Aquietaos. Estad en paz. Sed conscientes de vuestro Dios. No es con simples palabras, la emisión del sonido santo, sino con la emisión de sustancia santa que la llama de la devoción, limpia a los hombres, la llama limpia que purifica y elimina todo lo que nos es limpio, radiante, puro y bello, hasta que lo que queda es Dios, es Bien, la sencillez básica del Niño Cristo.

Y os voy a decir algo sobre los que tienen el cargo que yo ocupo. Los que tienen el cargo que yo ocupo están tan entusiasmados con una manifestación de la radiación celestial de los escogidos, como Dios quisiera que estemos. Nuestro deleite está en estas pequeñas cosas: mirar un rostro y saber que ahí hay un triunfador, iniciar a tal persona en los misterios del cielo, poner sobre tales hombros el atavío limpio, de lino blanco, de nuestro cargo. Este es un honor que tenemos conferido, y de hecho, estamos agradecidos por la oportunidad manifiesta de hacer esto por todos los que vengan como

---

*Isaías 26:4. (N. del T.)

un niño dulce a recibir la rama de olivo de la paz y la paloma santa descendiendo sobre su conciencia.

Un grito surgió en el pasado, pero era negativo. Pertenecía a la degradación humana; por tanto, no lo utilizaré hoy, aunque está grabado y escrito. En cambio, pronunciaré el mensaje de su antítesis, de su opuesto, de su manifestación como Dios quiso.

¿Recordáis al pastor rey David? ¿Recordáis los salmos que se derramaron de su corazón?

«El Señor es mi pastor; nada me faltará. En lugares de delicados pastos me hará descansar... Confortará mi alma... Aunque ande en valle de sombra de muerte, no temeré mal alguno, porque tú estarás conmigo; tu vara y tu cayado me infundirán aliento».[14]

Y así, los salmos de David han traído una dulce música a las almas de los hombres, y ha ocurrido que la emisión de su energía ha subido para honrar al Rey de reyes y al Señor de señores.[15] Las tensiones del mundo se aminoran, se aminoran mucho, al mantener la concentración sobre esas palabras santas, al valorar el derramamiento de su maravilloso corazón.

Y así, hoy doy tributo a esas almas solitarias, como hizo Tabor anoche,[16] y llamo vuestra atención a que esas almas en realidad no son solitarias, sino que son almas de unión divina que han atravesado las pruebas, las duras tribulaciones de la vida, y han logrado una victoria manifiesta que no pueden negar el hombre ni sus contemporáneos ni su familia ni sus amigos. Quisiera llamar vuestra atención a la frase que el amado Jesús dijo sobre la amistad, afirmando que todo aquel que hace la voluntad de Dios era su amigo y, en un sentido, su hermano, madre y ser querido.[17] Benditos, cuando vais a guardar la llama de vuestra divinidad, debéis daros cuenta de que algunos de vosotros sois en comparación como caballeros bisoños, y algunos de vosotros sois escuderos en proceso de aprendizaje, al desear ser como los Caballeros de la Mesa Redonda pero no al haber sido puestos a prueba y aún bisoños.

Si hoy acudierais a mí donde estoy, pues estoy en la Cueva de la Luz, en el retiro de Chananda,[18] os digo que se daría una dispensación muy especial. Porque hemos convocado una radiación enorme. Y esta radiación se emitirá mañana, de acuerdo con el propósito divino, al amanecer, y debe acelerar su ritmo hasta que a las doce horas alcance su cénit en el huso horario donde os encontréis. Esto ha sido coordinado por el Consejo de Darjeeling y el Consejo Indio a fin de conferir a los estudiantes reunidos aquí la cresta creciente de ese impulso acumulado santo, entregándolo al corazón de los Estados Unidos y dispensándolo para que todos los países beban del cáliz de su resplandor.

Por supuesto, si estuvierais aquí hoy y pudierais bañaros en la radiación acumulada, estoy seguro de que os daríais cuenta de que ello en efecto arrancaría de vuestro ser capas y más capas de sustancia densificada hasta que, por su poder y su presión, os encontrarais mucho más cerca de vuestras queridas metas.

Lamento no haber podido abrir los brazos y formar un sendero de luz por el que todos pudierais caminar para venir aquí hoy a tomar parte de este impulso acumulado. Pero creo que, al hablaros de él, recibiréis alguna compensación. Porque en vuestros pensamientos, vuestro cuerpo mental y vuestro cuerpo emocional pueden ser, en un sentido, proyectados aquí, hacia nosotros, y pueden recibir la poderosa llama que atraviese vuestro cuerpo mental, vuestro cuerpo emocional, para que aquiete los sentimientos de frustración y aflicción que haya, para que se lleve de vuestro ser la causa, el efecto y el registro de la memoria que es sórdido y destructivo, y por discernimiento divino os dé la capacidad de sentir la unción que recibió la cabeza de David,[19] y la de Jesús,[20] y la de todos los avatares que han venido a nuestro retiro y se han arrodillado ante mí como el jerarca que YO SOY.

Oh queridos, mi amor por vosotros es tan grande hoy que es como si deseara dar un millón de años de servicio a este bendito planeta si creyera que, al hacerlo, pudiera liberar a esta generación. Sin embargo, el Consejo Kármico no lo permite; la Gran Ley no lo permite. Y así, a todos nos modera, en nuestros momentos de gran inspiración, la mayor llama de la sabiduría de Dios, que exige la mejor ruta para todos. Por tanto, al hablaros ahora, propongo que, al aquietar vuestra conciencia, entendáis el significado de quietud, contemplación y pureza. Visualizad ahora conmigo de una forma especial, para que se os conceda una gran bendición. Ante cada uno de vosotros, visualizad un cubo de un pie cuadrado.* Este cubo es blanco y se parece al alabastro. En este momento es como una bombilla a través de la cual no pasa ninguna corriente. En esta experiencia haremos que brille, pero todavía no. Primero debemos hablaros de la importancia que tiene este cubo.

El cubo es cuadrangular. El cubo es indicativo de la Nueva Jerusalén. El cubo es indicativo de la Ciudad Santa celestial que desciende del cielo, de Dios. El cubo es significativo de la piedra blanca y el nombre nuevo que se da a todos los que son capaces de recibirlo.[21]

El cubo representa vuestra entrada potencial en esa Ciudad Santa de Dios, construida sobre los profetas, los instructores y los avatares de todos los tiempos, construida sobre las vidas de los santos, construida sobre la unidad cósmica de la Ciudad Cuadrangular, construida sobre el sistema iniciático de la Gran Hermandad Blanca. Este gran cubo de luz, pues, también representa vuestro valioso contacto con la Gran Hermandad Blanca.

Este cubo es simbólico y real; real en el sentido de que ante los ojos de Dios y por su poder, él puede hacer la ofrenda

---

*Un pie cuadrado = 0.0929 metros cuadrados. (N. del T.)

más grande, de cualquier tamaño relativo, según su deseo. Y, por tanto, este cubo que aparece ante vosotros en el espacio, que sostenéis en vuestras manos, es esencialmente tan grande como Dios decidiera hacer la Nueva Jerusalén, un sitio de luz, conciencia y pureza ilimitada, un sitio en el que todos los santos del universo y de todos los universos puedan habitar. ¿Podría entonces ser pequeño? ¿Podría entonces ser demasiado grande? Tiene exactamente el tamaño correcto. Y al aceptar que esta es vuestra porción, vuestra piedra en el templo eterno, representativa de la perfección clara como el cristal de vuestra identidad, comprenderéis que, si ahora estuviera rodeada de barro, cieno y desechos humanos, sería inapropiada para el templo lleno de resplandor, lleno de luz, lleno de pureza, lleno de santidad. Y, por tanto, este templo debe necesariamente sustentarse en dimensiones espirituales, porque aún no puede confiarse a la carne. Antes que el gallo cante, me negarás tres veces.[22] ¿No sabéis, pues, que las aspiraciones de los hombres y sus intenciones se descartan con mucha frecuencia en los momentos desesperados? Las personas en realidad han abandonado esta fraternidad sin darse cuenta del potencial que hay en su interior. Esto es muy desafortunado para ellas y también para nosotros. Porque si se hubieran quedado, habrían recibido la concesión de las eternas promesas en una mayor medida y con un mayor derramamiento.

Sin embargo, esto no disuadirá a los fieles. Porque en todas las épocas los solitarios han caminado por el sendero de iniciación. Han comprendido el significado de la dedicación y del servicio abnegado. Han comprendido que solo ellos pueden pasar por la puerta de la iniciación, que nadie en la Tierra puede hacerlo en su lugar, que ninguna otra persona puede sustituirlos.

Madres se han arrodillado a mis pies y han suplicado poder pasar por las pruebas más horrendas a fin de que sus hijos pudieran recibir un lugar más alto en el reino. Pero la Gran Ley no lo permite y las he despedido a todas.

Todos deben llegar solos al punto en el que se dan cuenta de que tienen en sus manos su propio destino cósmico, que esta piedra blanca que ahora tenéis ante vosotros es un símbolo de ese potencial que tenéis en vuestro interior.

El Morya, con todo su gran amor y luz que resplandece a través de mí ahora porque he mencionado su nombre, es consciente del hecho de que con todo su amor no podría empujaros para que entréis y hacer que quepáis en ese templo perfecto y hermoso. Solo vuestro libre albedrío que Dios os ha dado, continuamente empujado contra todas las fuerzas contrarias, puede mantener un equilibrio perfecto, la clave de la salvación de vuestra alma.

«Con vuestra paciencia ganaréis vuestras almas»,[23] es el poder que os dará la capacidad de sostener el diseño Divino y la dirección Divina que hará posible que entréis al templo, que, de hecho, está más en vuestras manos que en las de Dios, ¡porque Él os lo ha dado a vosotros!

¿Os dais cuenta, amados? Siempre os ha pertenecido. Era el diseño cósmico enriquecido que Dios os confió en el Principio, que siempre ha estado ahí y que no os ha quitado nadie nunca, excepto que se ha elevado a un patrón superior no solo en vuestro Cuerpo Mental Superior, sino en el centro de la gran llama Divina en vuestra Presencia YO SOY individualizada. Y hoy ha descendido de vuestra Presencia como el don de la vida.

Es posible que entréis en contacto con esa Presencia. Es posible que entréis en contacto con esa perfección. Es posible que quepáis en el templo eterno y que mantengáis la llama de vuestra divinidad ardiendo; ¡no solo ahora, sino siempre después!

Y por ese motivo os digo —mientras sostenéis este aparentemente inerte templo de la vida, que es vuestro ser cuadrangular, en el poder de vuestras propias manos—, sabed que en un momento dado de este servicio lo iluminaremos con la gran llama cósmica. Y entonces, con esa llama cósmica que arde con la extraordinaria blancura y resplandor, sucederá que todos vosotros ofreceréis a vuestra Presencia Divina esta piedra blanca que es vuestra verdadera realidad que contiene vuestro nombre, que simboliza vuestro servicio a la vida para siempre. Y la ofreceréis a vuestra Presencia al saber que solo vuestra Presencia tiene la clave perfecta que permitirá que os ocupéis de vuestra perfección.

Y, por tanto, al devolvérsela a vuestra Presencia, toda ella espléndida y brillante con el resplandor santo, recordaréis siempre que habéis sostenido este tesoro divino en el campo energético de vuestras manos físicas, y también que ha pasado por las manos de vuestro Santo Ser Crístico y que está guardado para vosotros en el corazón de vuestra gran Presencia Divina, en la llama central del corazón de Dios.

Ahora, queridos, se acerca el momento en el que los ángeles de la iniciación se acercarán mucho. Por tanto, pido que se ponga música, primero suave y después aumentado progresivamente, para que el resplandor pueda destellar y la percepción pueda amanecer en vuestra bendita conciencia hoy.

Habéis viajado aquí contemplando una luz mayor, y recibiréis esa luz. Pero el grado que se manifieste estará determinado por los factores determinantes de vuestro ser y vuestro mundo. No todos son iguales; sin embargo, hemos dado a todos el mismo cubo cósmico. No todos son iguales, porque no todos han entendido el uso de aquello que tienen en sus manos. Sin embargo, la posibilidad de igualdad yace como un don en la mano de todos. Cuando los hombres lleven bien esta responsabilidad y este conocimiento, ya no culparán a otros por sus defectos o fracasos. Ni se culparán a sí mismos, sino que dirán a su Presencia Divina:

¡**Estoy preparado!** En todas las eras que han pasado,

cuando he estado plagado de fracasos, generados por mi falta de comprensión, sé que tú has estado ahí y que me has guiado hasta el presente. Por tanto, permanezco, esperando mi iniciación cósmica. Deseo un sitio en tu gran redil. Deseo ser una piedra en el templo puro, santo e inmortal. ¡Me ofrezco a mí mismo y todo lo que YO SOY a ti! Tómame y utilízame, asimílame y dirígeme.

Y observad, queridos corazones, cómo la respuesta cósmica generará en vuestra mente una nueva ley en acción, una ley que cumplirá su diseño con la velocidad de la luz, la velocidad del relámpago y el poder de los ángeles. Esto ocurrirá si lo esperáis. Esto ocurrirá si lo ordenáis, sabiendo que vuestra Presencia será quien actúe a través de vosotros para producir la manifestación que ansiáis y deseáis y queréis tanto.

¡Oh queridos, id adelante en la luz! Sostened ahora vuestro cubo más cerca y juntad las manos hasta que sea como si pudierais sentir este cubo y su presión os apretara las manos, hasta que sea como si no pudierais juntarlas porque este cubo es la sustancia luminosa tangible que hay entre ellas. Y alrededor de este cubo, vuestras manos pueden sentir la presión de esa vida inmortal que es la gloria de los santos de todas las épocas y el poder del Principio eterno manifestado. [suena la música]

URIM THUMMIM [24]

¡Brilla, resplandeciente cubo de luz
con blanca sustancia inmortal;
destelle tu brillo en el fuego
e inspire tu amor a todos los corazones!
Porque la Presencia de Víctory aquí es manifiesta
y Dios mismo es bendecido.

Oh santos cubos de blanco resplandeciente,
sed ofrecidos a la pura luz de Dios;

elevad vuestras manos, oh benditos,
hacia el Sol de vuestra Presencia.
Oh huestes angélicas, tomad estos cubos de luz
brillando con toda la luz del firmamento.

Oh, poderosa Presencia Divina, YO SOY de todo,
por tu luz y amor pedimos
que la virtud de la luz
y el poder de la fuerza de Dios
se manifiesten en la noche humana
y hagan que todas las cosas se corrijan.

Es el deleite de Dios, oh benditos, lo que sella la fuerte resolución
y arma al corazón para que distinga entre lo que está bien y mal,
y ofrezca en el nombre de Dios
el amor y la luz de la oración de una doncella.

Un alma hermosa de gozo baja,
descendiendo para llevar su corona;
y todos los hombres se alegran por doquier,
pues la luz y el poder en la voz de Dios
resplandecerán desde el poderoso Hijo,
el ser cósmico, santo de Dios.

¡Y todos los hombres son la plenitud
de esa gran llama ardiente,
respuesta a la oración de una doncella,
la Madre Cósmica cuyo amor brilla
y llena el circuito con el sonido
del regocijo celestial y el acorde
que es la plenitud del Señor!

Que el Gran Príncipe Solar Miguel, Señor de los Arcángeles, os quite, benditos, para siempre, todo lo que no sea de la luz de Dios. Pueda el Gran Príncipe Solar Miguel ser vuestro guardián especial para siempre. Pueda el Gran Príncipe Solar Miguel proteger a todo Guardián de la Llama.

Oh, Arcángel Miguel, encárgate de estos benditos. Dales tu amor, y puedan ellos darte a ti su amor.

Su Ciudad Cuadrangular

¿Cuántos de ustedes han reconocido la música de Jesús que ha sonado? Solo unos pocos. Música compuesta por Godfre, «YO SOY" quien ha venido con toda la gloria», que ha tocado el pianista.

Ahora, la primera iniciación es conferir…

…un honor extraordinario… afianzándolos en hendidura de la Roca [fortaleza] de los siglos, extendiendo sobre ellos nuestro manto blanco [de luz], consagrándolos al edicto puro de luz.

El entendimiento fluye como una espada afilada, una espada cortante, una espada perforante. Separa, como si dijéramos, lo impuro de lo limpio y divide con claridad la luz de la oscuridad. La iniciación confiere a todos el manto del Cristo y la santa porción que es la asignación del Espíritu Santo que recibe el hombre.

Por tanto, la concesión es el honor eterno y ese honor es el manto del Cristo y la santa porción que es su porción del Espíritu Santo.

Esa iniciación asumió la forma tangible de la piedra blanca, el cubo de un pie. Es su propio ser cuadrangular. Es la Ciudad Cuadrangular.[25] Simboliza la Nueva Jerusalén.[26] Representa a esa Ciudad Santa de Dios, construida sobre [la Verdad pronunciada por] los profetas, los instructores y los avatares… construida sobre el sistema iniciático de la Gran Hermandad Blanca.

Puede que les resulte interesante llevarse la meditación sobre el cubo y ver cuántos puntos distintos sobre el cubo pueden recordar —qué es, qué puede hacer— y después escuchar otra vez la parte donde él da el cubo.

El descenso del Ser Crístico a su templo

Un alma hermosa de gozo baja,
descendiendo para llevar su corona;
y todos los hombres se alegran por doquier,
pues la luz y el poder en la voz de Dios resplandecerán
desde el poderoso Hijo,
el ser cósmico, santo de Dios.

Ahora bien, para mí ese fue un mensaje muy personal. También debería ser un mensaje muy personal para ustedes, para su Ser Crístico descendiendo a su templo.

¡Y todos los hombres son la plenitud
de esa gran llama ardiente,
respuesta a la oración de una doncella,
la Madre Cósmica cuyo amor brilla
y llena el circuito con el sonido
del regocijo celestial y el acorde
que es la plenitud del Señor!

Su propia «oración de una doncella» para que el Cristo descienda en ustedes se cumple al convertirse ustedes en la Madre Cósmica que da a luz al Hijo Varón. Por tanto, su alma es la doncella, la parte femenina de su ser, que llama al Hijo Varón a que nazca en ustedes. Y cada vez que se representa el gran ritual, ello evoca la gran bendición del Cristo Cósmico.

En el nombre de Brahma, Vishnú y Shiva, en el nombre de la Madre, hecho está.

23 de febrero de 1979

NOTAS

PRIMER CAPÍTULO: El restablecimiento del hilo de contacto

1. Juan 8:58.
2. Juan 1:5. Véase la versión bíblica del Rey Jacobo: "La luz en las tinieblas resplandece, y las tinieblas no la comprendieron".
3. Juan 13:34.
4. Génesis 2:7.
5. Mateo 16:22.
6. Véase Arcángel Gabriel, *Mysteries of the Holy Grail (Misterios del Santo Grial)*, capítulos 10 y 11.
7. Juan 6:53.
8. Mateo 7:21.
9. Véase Hechos 10:42; 2 Timoteo 4:1; 1 Pedro 4:5.
10. La fecha de este dictado se pudo establecer después como el 18 de septiembre de 1960.
11. Durante el servicio del domingo del 7 de enero de 1979 se reprodujo el dictado de Maitreya del 31 de diciembre de 1978, "The Initiation of the Law of the One" ("La iniciación de la Ley del Uno").
12. Mateo 22:15-22; Marcos 12:13-17; Lucas 20:21-26.
13. Lucas 22:41-44.
14. Isaías 40:3; Mateo 3:3.
15. Juan 20:17.
16. Isaías 45:22, 23; Romanos 14:11; Filipenses 2:10, 11.
17. Mateo 6:10; Lucas 11:2.
18. Juan 8:25, 58.
19. Lucas 2:49; 18:1; 2 Corintios 4:1, 16; Gálatas 6:9; Efesios 3:13; Hebreos 12:3-5.
20. Juan 4:24.
21. Véase Mark L. Prophet y Elizabeth Clare Prophet, *La ciencia de la Palabra hablada*, capítulo 11, "El poder del 'diez mil por diez mil' ".
22. Juan 14:15.
23. Mateo 6:10; Lucas 11:2.

24. Como lo define *Merriam Webster's Collegiate Dictionary* (décima edición), el verbo inglés stump, 'ir de gira', significa "viajar (por una región) dando discursos políticos o apoyando una causa". Según *The Oxford English Dictionary,* el nombre inglés stump, 'gira', en su antiguo uso estadounidense se refería al "tocón del tronco de un árbol caído utilizado como apoyo o plataforma para un orador"; de ahí la palabra llegó a usarse como referencia a "un lugar o una ocasión de oratoria política". En un dictado emblemático del 30 de junio de 1976 en la ciudad de Washington, Palas Atenea inauguró la Revolución Venidera en Conciencia Superior. Poco después, El Morya pidió a la Mensajera que fuera "de gira". "Ve de gira —dijo— como si estuvieras haciendo una campaña política. Ve de gira por Jesús y Saint Germain y el mensaje del Cristo eterno". La conferencia de las giras que la mensajera dio en sus viajes de 1978 se publicó en un álbum en formato audio, *I'm Stumping for the Coming Revolution in Higher Consiousness (Voy de gira para la Revolución Venidera en Conciencia Superior).*
25. Juan 19:30.
26. "The Man Who Would Not Die" ("El hombre que no moría") fue un episodio en la serie televisiva *In Search of… (En busca de…),* presentado por Leonard Nimoy. Este episodio, que trataba del Conde de Saint Germain, el Hombre Prodigioso de Europa, contenía comentarios de la Mensajera sobre Saint Germain y un extracto del dictado de Saint Germain del 11 de junio de 1977. Se emitió por primera vez el 31 de diciembre de 1977.
27. La Mensajera se refiere al dictado del Señor Maitreya del 31 de diciembre de 1978, en el que dijo: "¿Creéis que fue un proceso evolutivo y que Maitreya no hubo pasado las iniciaciones?". Este dictado actualmente está publicado como "The Initiation of the Law of the One" ("La iniciación de la Ley del Uno"), *Perlas de Sabiduría,* vol. 33, n°. 25 y 36.
28. Juan 9:39.
29. Josué 24:15.
30. Mateo 7:14.
31. 1 Samuel 15:22.
32. Véase *Catalina de Siena: Los diálogos* (New York: Paulist Press, 1980).
33. Idi Amin fue un comandante del ejército de Uganda que expulsó al Presidente Milton Obote en 1971, aboliendo el parlamento y declarándose presidente de por vida. Se dice que durante su mandato de ocho años murieron hasta 300 000 ugandeses, huyeron a Kenia

otros 250 000 y muchos otros vivieron exiliados en Gran Bretaña.

"Big Daddy", como le gustaba llamarse, un excampeón militar de boxeo de más de 120 kilos atrajo la atención del mundo por su llamativa excentricidad en política exterior, su expresa beligerancia hacia otros países y sus líderes (en particular Israel y la vecina Tanzania) y sus purgas despiadadas. Estas consistieron en la periódica aniquilación de ugandeses prominentes y varios miles de miembros de las tribus Lango y Acholi, que habían apoyado a Obote. "Un día cualquiera, no era extraño que mataran a 100 o 150 ugandeses", reportó *Reader's Digest* en 1980. "Aldeas enteras desparecieron. Los cuerpos flotaban por el Nilo a centenares".

Descrito como un hombre que podía transformarse de un momento a otro de amable y carismático a demoníaco, el extraño comportamiento de Amin produjo continuos rumores sobre su inestabilidad mental. En una muestra indisimulada de racismo, Amin expulsó a 50 000 asiáticos que vivían en Uganda en 1972, consiguiendo con ello quitarle al país el personal preparado esencial para su economía. Cuando Gran Bretaña cortó todas las ayudas tras los nuevos reportes de torturas y brutalidad, Amin confiscó los negocios británicos en Uganda sin compensación, afirmando después que las relaciones con Gran Bretaña se estropearon porque no se quería casar con una mujer inglesa. En 1977, el arzobispo anglicano de Uganda Janani Luwum y dos ministros del gabinete de Amin fueron asesinados, dando comienzo a la persecución y matanza de muchos cristianos y no musulmanes (Amin era musulmán converso). La caída de Amin llegó cuando invadió Tanzania en octubre de 1978 en un intento de desviar la atención de los problemas internos. En abril de 1979, tropas tanzanas con exiliados ugandeses y rebeldes tomaron la capital, Kampala, siendo bien recibidos por los residentes. Amin huyó a Libia, dejando al país llamado en el pasado la "perla de África" con amargas divisiones tribales, una economía quebrada y una población desmoralizada por su reinado de terror. Amin acabó yendo a Arabia Saudí, donde murió en 2003.

34. "Los dioses, a quien quieren destruir, primero lo vuelven loco".

SEGUNDO CAPÍTULO: Una transferencia de poder

1. Romanos 8:38, 39.
2. Mateo 26:26; Marcos 14:22; Lucas 22:19; 1 Corintios 11:23, 24.
3. Juan 6:31-35, 41, 47-58.

4. Isaías 40:3; Mateo 3:3.
5. Isaías 30:20, 21.
6. Mateo 6:25-34; Lucas 12:22-32.
7. Isaías 11:9; 65:25.
8. Dictado de Daniel Rayborn, 14 de octubre de 1963, disponible en AscendedMasterLibrary.org.
9. Jeremías 13:23.
10. Mateo 27:46; Salmos 22; Marcos 15:34.
11. Juan 14:12.
12. Esá fue una organización fundada por Werner Erhard en 1971 que ofrecía unos seminarios muy intensos los fines de semana, supuestamente con la meta de dar a los participantes la capacidad de liberarse del pasado y de los modelos que los limitaban. En su *Exposición de enseñanzas falsas (Exposé of False Teachings),* Kuthumi describió a esta como "sesiones de lavado de cerebro y destrucción del alma" y advirtió sobre las "iniciaciones que tienen lugar cuando alguien que desea ser un estudiante entra formalmente a formar una relación con un instructor no autorizado, un iniciador autoelevado". (*Perlas de Sabiduría,* vol. 19, n°. 8, 22 de febrero de 1976)
13. Apocalipsis 6:16; Lucas 32:30.
14. Lucas 21:26.
15. Formaba parte del programa de las sesiones de doce semanas de Summit University que se celebraban en aquella época una serie de conferencias de la Mensajera sobre distintos tipos de entidades. Las conferencias contenían invocaciones para limpiarles a los estudiantes esas entidades.
16. *El señor de los anillos* era una película animada sobre la trilogía de Tolkien estrenada el 15 de noviembre de 1978. La película terminó siendo un éxito, pero recibió críticas opuestas. La criatura gris que se arrastra por el suelo es Gollum, y las hordas astrales representadas en la película son orcos. La trilogía de Peter Jackson, estrenada a principios de la década de 2000, representa de forma parecida estos aspectos del plano astral utilizando imagen real y computación gráfica.
17. Hechos 26:14; 9:5-6.
18. Lucas 24:49.
19. Juan 14:9-10.
20. Juan 20:17.
21. La relación de David con su Ser Crístico es uno de los temas de los salmos. Por ejemplo, el Salmo 110 contiene los siguientes versículos: "El SEÑOR [la poderosa Presencia YO SOY] dijo a mi Señor [mi Santo

Ser Crístico]: Siéntate a mi diestra, hasta que ponga a tus enemigos por estrado de tus pies… Juró el Señor, y no se arrepentirá: Tú eres sacerdote para siempre según el orden de Melquisedec".

TERCER CAPÍTULO: **La meta del discipulado**

1. Estas *Perlas de Sabiduría* del Arcángel Gabriel están publicadas en el libro *Misterios del Santo Grial (Mysteries of the Holy Grail)*.
2. Mateo 11:12.
3. Isaías 6:8.
4. 1 Corintios 15:41.
5. Kuthumi desarrolló la maestría en el campo de la psicología durante su última encarnación. Nacido a principios del siglo diecinueve, estudió en la universidad de Oxford en 1850 y vivió un tiempo considerable en Dresden, Würzburg, Nürnberg y, finalmente, en Leipzig, donde estudió en la universidad de Alemania en la década de 1870. En Leipzig se relacionó con el Dr. Gustav Theodor Fechner, el fundador de la investigación psicológica moderna.
6. Véase Segundo capítulo, nota 11.
7. Mark Prophet y Elizabeth Clare Prophet, *Understanding Yourself: A Spiritual Approach to Self-Discovery and Soul-Awareness (La comprensión de sí mismo: una perspectiva espiritual hacia el autodescubrimiento y la conciencia de sí mismo)*. El comentario de la Mensajera sobre este libro en forma de varias conferencias de Summit University se ha publicado en *Advanced Studies in Understanding Yourself (Estudios avanzados sobre la comprensión de sí mismo)*.
8. Arcángel Gabriel, "On the Mystery of the Sacred Eucharist" ("Sobre el misterio de la Santa Eucaristía), *Perlas de Sabiduría*, vol. 22, nº. 5, 4 de febrero de 1979; también publicado en *Mysteries of the Holy Grail (Misterios del Santo Grial)*, capítulo 11.
9. Mateo 9:12.
10. Véase el sermón de Elizabeth Clare Prophet, 21 de enero de 1979. Disponible en AscendedMasterLibrary.org.
11. Mateo 5:3.
12. 1 Juan 3:17.
13. Mateo 3:8; 7:19.
14. Marcos 10:18; Lucas 18:19.
15. Del 11 al 20 de enero de 1978, los mensajeros viajaron a Ghana y Liberia dando conferencias sobre las Enseñanzas de los Maestros Ascendidos. Ella se reunió con los líderes de los Gobiernos de ambos

países y apareció en radio y televisión nacional. En sus conferencias y reuniones con los funcionarios gubernamentales, les advirtió de los peligros de corrupción en el Gobierno y la sociedad y los peligros del comunismo. (En aquella época la Unión Soviética buscaba enérgicamente expandir su influencia en países tercermundistas a través del establecimiento de lazos políticos y económicos, además del apoyo a los movimientos de guerrilla comunista).

16. Éxodo 17:12.
17. El Consejo de Cooperación Internacional (International Cooperation Council) fue establecido por Leland Stewart en 1965. En 1980 fue reconocido con el nombre de Consejo Mundial de la Unidad y Diversidad (Unity-and-Diversity World Council).
18. Las conferencias de los Mensajeros sobre Karl Marx y Jesucristo se han publicado en el libro *The Economic Philosophy of Jesus Christ vs. The Religious Philosophy of Karl Marx* (*La filosofía económica de Jesucristo contra la filosofía religiosa de Karl Marx*). La conferencia, "Psychotronics: The Only Way to Go Is Up!" ("Lo psicotrónico: el único camino a seguir es hacia arriba") (5 de octubre de 1978) está disponible en AscendedMasterLibrary.org. La conferencia sobre el Club de Roma, "Limits to Growth, Exposed" ("Los límites del crecimiento, expuestos") (1 de enero de 1979) aún no se ha publicado.
19. Swami Satchidananda (1914-2002) fue un instructor, escritor y adepto al yoga religioso indio que enseñó un sistema llamado Yoga Integral y que fundó un Áshram llamado Yogaville en el estado de Virginia. Llegó a ser conocido en Occidente en 1969, cuando dio el discurso de apertura en el festival de música rock de Woodstock.
20. En este dictado Shiva dio una exhaustiva enseñanza sobre la música rock, incluyendo lo siguiente: "Amados, esos caídos han invadido los templos de los portadores de luz mediante el abuso de la energía y el ritmo. Se os ha dicho una y otra vez, pero lo repito: lo que ha pervertido la vida ha llegado a través del abuso del ritmo del núcleo del fuego blanco. Se desliza en la mente subconsciente mediante el abuso del cuerpo.

    "La presencia de azúcar, alcohol, nicotina y drogas de toda clase y de todo tipo en el templo debilita las fibras del cuerpo espiritual que permite que el cuerpo contenga luz; todo ello está agravado por el ritmo de esa música rock y rock ácido que se proyecta a la juventud. Y, amados, la muy seria consideración que hacen hoy los representantes del Espíritu Santo es si esta generación se perderá o no debido a la rebelión contra el amor por el abuso del ritmo en ese sonido pervertido que invade casi todos los hogares donde hay gente joven, y eso ocurre en los jóvenes debido a las energías del fuego sagrado.

"La invasión del templo, la invasión del Sanctasanctórum que hacen esos espíritus inmundos a través de la perversión del sonido, fue la causa del hundimiento de Lemuria y la Atlántida. Por tanto, que la enseñanza sobre el abuso de la música se disemine. Amados, no hay nada, y digo nada en absoluto, constructivo en cualquier forma de jazz. Y lo digo inequívocamente". [Shiva, "The Rythm of Shiva: The Trial by Fire" ("El ritmo de Shiva: La prueba de fuego") 1ª parte, *Perlas de Sabiduría,* vol. 21, nº. 37, 10 de septiembre de 1978]. El dictado también está disponible en AscendedMasterLibrary.org.

21. Elizabeth Clare Prophet, *The Science of Rhythm for the Mastery of the Sacred Energies of Life (La ciencia del ritmo para obtener la maestría sobre las energías sagradas de la vida),* disponible en AscededMaster Library.org; publicado también en DVD como *The Power of Music to Create or Destroy (El poder de la música para crear o destruir),* con ilustraciones de los efectos de varias piezas musicales sobre el aura.
22. Mateo 10:41; 11:27; Juan 12:45.
23. En un dictado del 7 de mayo de 1967, el Gran Director Divino dijo: "En el santo nombre de Dios hemos pedido al Consejo Kármico que todas las corrientes de vida que encuentren nuestro trabajo y servicio de contacto y comunión desagradable reciban la libertad de dejar de escuchar nuestra voz durante un espacio de cien años. Confío en que esta petición, a menos que sea contraria a alguna acción específica de una corriente de vida individual, sea concedida y que los que marchen para dejar de escuchar nuestras palabras descubran que no realizaremos ningún esfuerzo por buscarlas durante al menos cien años, lo cual en general afectaría a esa corriente de vida durante el resto de su encarnación". Disponible en AscendedMasterLibrary.org.
24. Los dos mandamientos de Jesús se encuentran en Mateo 22:37-40: "Jesús le dijo: Amarás al Señor tu Dios con todo tu corazón, y con toda tu alma, y con toda tu mente. Este es el primero y grande mandamiento. Y el segundo es semejante: Amarás a tu prójimo como a ti mismo. De estos dos mandamientos depende toda la ley y los profetas".
25. Éxodo 20:13.
26. Elizabeth Clare Prophet, 18 de marzo de 1973: "Obey Immediately!" ("¡Obedece inmediatamente!"). Disponible en AscendedMaster Library.org.
27. Apocalipsis 3:16.

28. Gálatas 6:5.
29. «Cada uno llevará su carga económica» era la norma para los miembros de la comunidad cuando la sede central estaba en Cámelot, en las afueras de Los Ángeles. La mayoría de los miembros de la comunidad no recibían salario. Afrontaban sus necesidades económicas trabajando a tiempo parcial en aquella zona mientras trabajaban a tiempo completo como miembros del personal de la Mensajera. Cuando la sede central se mudó al Rancho Royal Teton, esto dejó de ser posible porque las oportunidades de trabajo a tiempo parcial fuera de la comunidad eran muy reducidas debido a la ubicación rural y apartada de la comunidad.
30. Para obtener más información sobre las llama gemelas, véase Elizabeth Clare Prophet, *Almas compañeras y llamas gemelas: La dimensión espiritual del amor y las relaciones*.
31. Juan 16:7.
32. Hechos 2:1-4.
33. Lucas 24:49-53.
34. Juan 14:26.
35. Para obtener más información sobre cómo trazar los ciclos del reloj cósmico en su vida, véase Elizabeth Clare Prophet, *Predice tu futuro: Astrología de la Madre Divina*. Porcia ediciones.
36. El 8 de mayo de 1977, Gautama Buda inauguró un plan de diez años para revertir la marea de oscuridad en la Tierra. "La gente de Dios en la Tierra debe escuchar que la hora está cerca y que el Señor Buda os ha extendido como pueblo de Dios una década para revertir la marea; una década desde esta hora para diseminar las enseñanzas, para entrar en contacto con cientos de miles de almas que tomen la enseñanza y la ciencia de la Palabra hablada y la usen para la salvación de la Tierra. Cuando haya pasado una década a partir de esta hora, no hay garantías por parte de los Señores del Karma y del Guardián de los Pergaminos de que la marea pueda revertirse para evitar el destino que los oscuros han planeado". Gautama Buda, "One Decade for the Turning of the Tide: The Great Central Sun Messengers, the Cosmic Christs, and the Buddhas Come Forth" ("Una década para revertir la marea: Los Mensajeros del Gran Sol Central, los Cristos Cósmicos y los Budas aparecen"), en *Perlas de Sabiduría*, vol. 21, n°. 28 y 29, 9 de julio de 1978.
37. El 14 de enero de 1979, el Arcángel Gabriel anunció la Misión Joya Amatista para la reunión de discípulos en centros de enseñanza comunitarios de la Iglesia Universal y Triunfante. La Misión Joya

Amatista está basada en el principio de la llama violeta que arde en el corazón del chela. El chela es la joya. Y al reunirse los chelas, se forman grupos de joyas amatista que se convierten en nuevos grupos de estudio y centros de enseñanza alrededor del mundo.
38. 2 Corintios 12:4.
39. Apocalipsis 2:17.
40. Véase Virginia Fellows, *The Shakespeare Code (El código Shakespeare)*.
41. Mateo 10:6; 15:24.
42. Véase Hechos 10, 11.
43. Génesis 1:26.
44. El primer libro de la serie de ocho volúmenes de los dictados de Jesús se publicó en 2021. Véase Elizabeth Clare Prophet, *The Word: Mystical Revelations of Jesus through His Two Witnesses (La Palabra: Revelaciones místicas de Jesús a través de sus Dos Testigos), 8º volumen*, años 1993-1998.
45. Véase Elizabeth Clare Prophet, Enseñanzas de la escuela de misterios: Los discursos de Maitreya.
46. "Victoria en la Ciudad Santa" ("Victory in the Holy City") era el nombre de la campaña para recaudar fondos para el desarrollo de Cámelot.

CUARTO CAPÍTULO: **La iniciación del resplandor solar**
1. El seminario titulado *Become the Buddha (Conviértete en el Buda)* se celebró en San Francisco del 2 al 4 de diciembre de 1977. Los Budas que hablaron fueron Milarepa, Maitreya, Gautama, Lanello y Padma Sambhava.
2. Juan 6:32-35.
3. Juan 4:10, 14; Apocalipsis 7:16, 17; 21:6; 22:1, 17.
4. 2 Corintios 12:9.
5. 1 Corintios 15:53, 54.
6. Hebreos 11:6.
7. Véase Elizabeth Clare Prophet, *Ángeles caídos y el origen del mal,* que incluye una traducción del *Libro de Enoc*.
8. Mateo 12:9-14; Marcos 3:1-6; Lucas 6:6-11.
9. Marcos 5:34; Lucas 17:19; Juan 5:6, 8 ,9, 14, 15.
10. Mateo 9:18-26; Marcos 5:22-43; Lucas 7:11-15; 8:41-56; Juan 11:1-44.
11. Efesios 4:22-24; Colosenses 3:9, 10.
12. Isaías 55:1.

13. Santiago 1:17.
14. Juan 6:68.
15. Ezequiel 1:16; 10:10.
16. 1 Pedro 3:18-20; 4:6.
17. Lucas 23:43.
18. Juan 10:1-18.
19. Apocalipsis 21:4.
20. Romanos 6:4, 7:6
21. 2 Corintios 12:9.
22. 1 Corintios 15:53.
23. Efesios 4:22-44.
24. Mateo 27:62-66.
25. La biblioteca Nag Hammadi es una colección de textos cristianos primitivos y gnósticos hallados en 1945 en Nag Hammadi (Egipto), a unos 100 kilómetros al norte de Lúxor. Su primera traducción al inglés se publicó en 1977. Véase James M. Robinson, ed., *The Nag Hammadi Library in English*, 3ª ed., rev. (New York: Harper Collins Publishers, 1990). Para la traducción al español, véase Antonio Piñero, *Textos gnósticos: biblioteca de Nag Hamamdi,* obra completa (Madrid: Editorial Trotta).
26. El Evangelio de Felipe incluye lo siguiente: "La compañera del [salvador] es María Magdalena. El [salvador la amaba] más que a [todos] los discípulos [y solía] besarla a menudo en su [boca]". (Evangelio de Felipe, 63, tr. Marvin Meyer, http://gnosis.org/naghamm/GPhilip-Meyer.html). Las palabras en corchetes son la mejor aportación posible del traductor a falta de algunas partes del texto perdidas en el manuscrito original. El pasaje también se ha traducido como "María Magdalena era la compañera del Salvador. Él la amaba más que a los demás discípulos, y la besaba en su […] más de lo que besaba al resto de los discípulos". (https://gnosticismexplained.org/the-gospel-of-philip). También se ha sugerido que la palabra que falta podría ser "mejilla", "frente" o "pies", donde el beso es señal de respeto.
27. Mateo 13:24-30; 25:31-46.
28. Mateo 3:8-10.
29. Véase *The Mahatma Letters to A. P. Sinnett (Las cartas de los Mahatmas a A. P. Sinnett),* carta no. 65.
30. 2 Reyes 5.

QUINTO CAPÍTULO: **La iniciación del Espíritu Santo**

1. Esta conferencia está publicada en Elizabeth Clare Prophet, *Predice tu futuro: Astrología de la Madre Divina,* capítulo 10, "La psicología de la integridad".
2. Lanello, 8 de abril de 1979, disponible en AscendedMasterLibrary.org.
3. Juan 13:8.
4. Mateo 7:29; Marcos 1:22.
5. Mateo 26:53-54.
6. Juan 19:11.
7. Hechos 7:54-60.
8. Los diagramas siguen al capítulo 17 en Elizabeth Clare Prophet, *Misterios del Santo Grial.*
9. El Morya, *El discípulo y el sendero: Claves para la maestría del alma en la era de Acuario.*
10. Jesús y Kuthumi, *Prayer and Meditation (Oración y meditación).*
11. Mateo 12:24.
12. La Iglesia de la Unificación, a veces llamada coloquialmente los *Moonies,* fue fundada en Corea del Sur en 1954 por Sun Myung Moon, que afirmó que era el cumplimiento de la misión incompleta de Jesucristo. En su *Exposición sobre las falsas enseñanzas (Exposé of False Teachings),* Kuthumi describe a Moon como un "hijo de Belial". En la década de 1970, la iglesia se convirtió en el objetivo del movimiento antisectas. Miembros de la iglesia eran raptados por desprogramadores, mantenidos prisioneros y sometidos a presiones psicológicas hasta que renunciaban a sus creencias en las enseñanzas de la iglesia. Desprogramaciones así también se llevaron a cabo contra miembros de cualquier otro movimiento religioso nuevo en la década de 1970 y 1980.
13. El 18 de noviembre de 1978, 913 miembros del Templo del Pueblo en Jonestown, una comuna cuasi religiosa y socialista en Guyana (Sudamérica), cometió asesinatos y suicidios colectivos a las órdenes de líder, Jim Jones. Como resultado de la tragedia, muchas organizaciones religiosas se vieron obligadas a defender no solo sus creencias, sino su derecho a existir. Los autoproclamados "expertos" sobre una o más religiones adoptaron como causa propia la denominada "amenaza de las sectas". Como resultado, se extendieron y crecieron por el país las sospechas basadas en el temor subyacente de que todas las "sectas" utilizaban el lavado cerebral y, por tanto, cualquiera de ellas podía convertirse en "otro Jonestown". Con el aumento de la presión de las

normativas gubernamentales sobre las "sectas", tuvieron lugar varias investigaciones y audiencias por parte de los comités del Congreso y las asambleas legislativas estatales.

14. En 1982, Sun Myung Moon fue procesado por el Servicio de Impuestos Interno de Estados Unidos y sentenciado por evasión de impuestos, debiendo cumplir trece meses de cárcel en una prisión federal. Las prácticas de Moon por las que fue sentenciado eran utilizadas comúnmente por otras iglesias, y muchos líderes religiosos protestaron por considerar que el caso produjo un procesamiento selectivo motivado políticamente. Los fiscales ofrecieron retirar los cargos si Moon renunciaba a su permiso de residente en el país, algo que él se negó a hacer.
15. Por ejemplo, véase Elizabeth Clare Prophet, "Where Do We Go from Here?" ("A partir de aquí, ¿a dónde vamos?"), 5 de abril de 1977; disponible en AscendedMasterLibrary.org. Hay un extracto publicado en of *El sendero de la Hermandad,* págs. 95-101.
16. Lucas 10:7.
17. Jesús, "The Communication of the Word" ("La comunicación de la Palabra"), 23 de noviembre de 1978; disponible en AscendedMaster Library.org.
18. Virgen María, "Renew Your Sacred Covenant" ("Renovad vuestro pacto sagrado"), 12 de octubre de 1963; disponible en Ascended MasterLibrary.org y publicado en Mark L. Prophet y Elizabeth Clare Prophet, *Mary's Message of Divine Love (El mensaje de amor divino de la Virgen María),* 3ª parte, capítulo 2.
19. Lucas 1:35.
20. Para obtener un análisis histórico y teológico detallado de los pasajes bíblicos que se refieren al nacimiento de Jesús, véase Elizabeth Clare Prophet, *Los años perdidos de Jesús,* capítulo 1, nota 2.

SEXTO CAPÍTULO: **El manto del Cristo**

1. Romanos 8:26.
2. Mateo 6:33.
3. Mateo 6:31, 34.
4. Mateo 6:21.
5. Mateo 7:20.
6. Apocalipsis 12.
7. En octubre de 1977, se inició una campaña de protestas contra el Gobierno del shah de Irán, culminando en la huida al exilio del shah

el 16 de enero de 1979. El Gobierno regente que lo sustituyó invitó al Ayatolá Jomeini, un islamista radical y líder del movimiento de la oposición, a que regresara de su exilio en París. El Gobierno se derrumbó el 11 de febrero de 1979, cuando las guerrillas y tropas rebeldes fieles a Jomeini se impusieron a las fuerzas gubernamentales en batallas callejeras, dándole al poder al Ayatolá. En un referéndum celebrado en marzo, una gran mayoría votó a favor de crear la República Islámica de Irán, y una nueva constitución adoptada en diciembre de 1979 estableció un estado teocrático con Jomeini como «Líder Supremo». Jomeini estaba rabiosamente en contra de los Estados Unidos, país al que etiquetaba como el «Gran Satán». Transformó lo que había sido una de las sociedades más modernas y occidentales de Oriente Medio en un estado represivo y fundamentalista, que patrocinaba a grupos terroristas por toda la región y suprimía a los disidentes políticos y las libertades individuales (especialmente a las mujeres).
8. Lucas 23:18.
9. Mateo 6:28.
10. Apocalipsis 3:11.
11. Lucas 24:32.
12. Véase nota 7 de este capítulo.
13. Sanat Kumara, 18 de febrero de 1979, "Nuestra esfera de unión", *Perlas de Sabiduría,* vol. 42, n°. 19, 8 de mayo de 1999.
14. Salmos 23:1-4.
15. 1 Timoteo 6:15; Apocalipsis 17:14; 19:16.
16. En su dictado del 27 de marzo de 1964, el Dios Tabor honró a los "Silenciosos" o "Solitarios", cuyo "corazón, en comunión silenciosa, contempla en la quietud de su ser la infinita realidad de Dios", los que se han apartado "para comulgar con el poder derivado de su Fuente eterna".
17. Mateo 12:46-50; Marcos 3:31-35; Lucas 8:19-21.
18. Chananda es jefe del Consejo Indio de la Gran Hermandad Blanca. Su retiro, el Palacio de Luz, está situado en las montañas del Himalaya. Chananda también es jerarca de la Cueva de la Luz (foco del Gran Director Divino en la India), ubicado en la montaña detrás del Palacio de Luz.
19. 1 Samuel 16:12, 13.
20. Mateo 3:13-17; Marcos 1:9-11; Lucas 3:21, 22.
21. Apocalipsis 2:17; 3:12; 14:1; 21:2, 10, 16; 22:4.
22. Mateo 26:34; Marcos 14:30; Lucas 22:34; Juan 13:38.

23. Lucas 21:19.
24. *Urim y Tumim:* hebreo, lit. "luces y perfecciones", el brillo profético de las figuras en el pectoral del sumo sacerdote; también significativo de la Verdad. Véase Éxodo 28:30; Levítico 8:8; Deuteronomio 33:8; Ezra 2:63; Nehemías 7:65.
25. Apocalipsis 21:16.
26. Apocalipsis 21:2-4.

408 pp   ISBN 978-1-60988-420-8

Enseñanzas de la Escuela de Misterios
Los discursos de Maitreya
Elizabeth Clare Prophet

«*Venid y encontradme*».

Bienvenidos a la Escuela de Misterios del Señor Maitreya: el Buda de la misericordia, del amor y de la compasión.

Hace dos mil años, Maitreya le hizo una petición a su discípulo, Jesús, para que lo encontrara. Por eso, Jesús partió hacia los Himalayas para hallar al Padre, Maitreya, y recibir las enseñanzas que serían la clave para una era. Ahora, una vez más, Maitreya hace la petición. ¿Eres uno de estos espíritus fervientes a los que el Buda Maitreya llama?

En este libro encontrarás las claves para anclar la conciencia del Cristo Cósmico en tu vida. Maitreya dice: «Venid y encontradme».

Bienvenido a la aventura de las eras.

ELIZABETH CLARE PROPHET es una escritora de renombre mundial, instructora espiritual y pionera en la espiritualidad práctica. Sus innovadores libros se han publicado en más de treinta idiomas y se han vendido más de tres millones de ejemplares en todo el mundo.

Para obtener más información acerca de las obras de Elizabeth Clare Prophet, que incluye sus libros de bolsillo para la espiritualidad práctica y su serie sobre Las enseñanzas perdidas de Jesús y Los senderos místicos de las religiones del mundo visita SummitUniversityPress.com.

www.ingramcontent.com/pod-product-compliance
Lightning Source LLC
Chambersburg PA
CBHW070734170426
43200CB00007B/520